VICTOR COUSIN

ET SON ŒUVRE

CALMANN LÉVY, ÉDITEUR

DU MÊME AUTEUR

Format in-8°

LES PROBLÈMES DU XIXᵉ SIÈCLE.................... 1 vol.

Format grand in-18

LA FAMILLE... 1 vol.
LES MAITRES DE LA PENSÉE MODERNE............. 1 —
LA PHILOSOPHIE FRANÇAISE CONTEMPORAINE..... 1 —
PHILOSOPHIE DU BONHEUR........................ 1 —
LES PROBLÈMES DU XIXᵉ SIÈCLE................... 1 —

BOURLOTON — Imprimeries réunies, B.

PAUL JANET

DE L'INSTITUT

VICTOR COUSIN

ET

SON ŒUVRE

PARIS

CALMANN LÉVY ÉDITEUR

ANCIENNE MAISON MICHEL LÉVY FRÈRES

3, RUE AUBER, 3

1885

Droits de reproduction et de traduction réservés.

AVANT-PROPOS

Nous offrons au public un livre dont une grande partie a paru déjà dans une série d'articles de la *Revue des Deux Mondes*, mais que nous avons beaucoup accru et développé. Le moment nous paraissait venu d'exposer avec impartialité et équité la grande œuvre de restauration philosophique que le célèbre Victor Cousin avait accomplie au commencement de notre siècle, mais qui, grâce à beaucoup de malentendus, avait fini par être totalement oubliée ou singulièrement défigurée. Déjà, à plusieurs reprises, les amis les plus éminents de M. Cousin lui avaient rendu un légitime hommage. M. Mignet, dans une de ses plus belles notices, lue à l'Académie des sciences morales, M. Charles de Rémusat dans sa réponse au discours de Jules Favre reçu à la place de Cousin à l'Académie française, M. Ad. Franck, dans un complet et savant article du *Dictionnaire des sciences philosophiques*, M. Ernest Bersot dans de charmantes pages insérées au *Journal des Débats* et les dernières qui soient sorties de sa plume, enfin et avant eux, M. Ernest Renan, dans un travail très indépendant mais plein de déférence pour Victor Cousin, que l'on peut lire dans ses *Essais de morale et de critique;* en un mot les meilleurs juges et les plus compétents avaient dit l'essentiel; et nous n'avons pas la prétention de connaître mieux qu'eux un sujet qui leur était si familier. Mais, ce que nous avons voulu faire, c'est une monographie complète et détaillée, fondée sur les dates et sur les textes, et présentant dans toutes ses variétés et dans toutes ses vicissitudes l'ensemble de l'œuvre de Victor Cousin. Nous avons appliqué à notre sujet la méthode critique et historique qui rattache les idées à leurs antécédents et à leur milieu. Nous n'avons eu aucune intention polémique contre aucune école contemporaine. Nous avons laissé en dehors la solution des problèmes eux-mêmes. Notre but unique est une restitution historique qui remette à sa place une gloire nationale et un grand nom. Tous ceux qui pensent que nous ne devons pas trop facilement nous laisser dépouiller de nos gloires, et que l'honneur du pays se compose de l'honneur de ses enfants, accueilleront, je l'espère, cette étude avec sympathie et encouragement.

19 mars 1885.

VICTOR COUSIN

I

LES MAITRES DE VICTOR COUSIN. — SON PREMIER
ENSEIGNEMENT, 1815-1817

Il y a peu de choses à dire sur la biographie de Victor Cousin avant l'époque où il a débuté dans l'enseignement philosophique. Né en 1792 à Paris, dans la Cité, il était, comme J.-J. Rousseau, le fils d'un horloger. Il fit au lycée Charlemagne les études les plus brillantes. En 1810, il eut le prix d'honneur de rhétorique et tous les premiers prix au concours général, sauf un seul, le prix de vers latins; et encore raconte-t-on qu'il avait mérité ce prix, et qu'il l'aurait obtenu si, dans sa pièce de vers, dont le sujet était le cimetière du

Père-Lachaise, ayant rencontré sur sa route le tombeau d'Héloïse, il n'eût fait quelque allusion un peu trop vive aux amours de cette illustre héroïne. Immédiatement après sa rhétorique, il entra à l'École normale, qui venait de s'ouvrir, et il fut le premier de la première promotion. Il est donc en quelque sorte le chef de section de l'École normale tout entière dans toutes ses générations. Après ses deux années d'École (car on ne restait que deux ans alors[1]), il fut nommé répétiteur, mais pour la littérature et comme auxiliaire de Villemain, dont il avait été l'élève. C'est seulement en 1815 qu'appelé par Royer-Collard à la suppléance de la Faculté des lettres, il entra dans l'enseignement philosophique. Il avait vingt-trois ans. A ce moment, si décisif pour lui et pour la philosophie française, que savait-on autour de lui? que savait-il lui-même en philosophie?

La philosophie française, depuis le xviie siècle jusqu'au commencement du xixe, peut se diviser en deux grandes périodes et en deux grandes

---

1. Sur le régime de l'École normale, à cette époque, voir le livre publié récemment par les soins de M. Fustel de Coulanges, avec une savante notice de M. Paul Dupuy : *L'École normale (1810-1883)*.

écoles : l'École de Descartes, qui date de 1637 avec le *Discours de la méthode*, et l'école de Condillac, qui commence en 1754 avec le *Traité des sensations*. Ces deux écoles, si différentes pour tout le reste, ont cependant un caractère commun ; elles sont l'une et l'autre une rupture absolue avec le passé. Descartes avait complètement répudié la philosophie d'Aristote, à laquelle il ne reconnaissait aucune valeur et dont il n'y avait à tirer, suivant lui, aucune vérité[1]. Sous ce rapport, le XVIII° siècle resta fidèle, comme le XVII°, à la tradition cartésienne. Pas un philosophe, pas un penseur, au temps de Voltaire, n'aurait eu l'idée d'aller chercher quelque vérité dans la *Métaphysique* d'Aristote, dans sa *Physique,* dans son *Traité de l'âme.* Platon, du reste, n'était pas mieux traité ; en général, Descartes, Malebranche et les cartésiens avaient découragé les esprits de la lecture des livres et de l'étude des anciens. Mais, de même que Descartes avait détrôné les anciens en philosophie, de même Voltaire et Condillac détrônèrent Descartes et le reléguèrent dans le passé. Si Platon était un rêveur,

---

1. « Je dis hardiment que l'on n'a jamais donné la solution d'aucune question suivant les principes de la philosophie péripatéticienne que je ne puisse démontrer être fausse ou non recevable. » (Lettre au père Dinet, *Œuvres,* t. IX, p. 27.)

Descartes ne l'était pas moins. Sa physique était un roman, à plus forte raison sa métaphysique. Inutile de dire qu'à cette époque et jusqu'à nos jours, presque personne n'avait lu Spinoza. Diderot, qui aurait dû le connaître, puisqu'il s'en rapprochait tant, ne fit guère autre chose, dans l'*Encyclopédie* que copier presque textuellement l'article de Bayle[1]. Malebranche n'était admiré que pour son chapitre sur les erreurs des sens et de l'imagination. Leibniz n'était guère connu que par le *Candide* de Voltaire. Les *Nouveaux Essais*, parus en 1764, ne sont jamais cités. Il n'y avait alors ni grandes traductions des anciens, ni éditions populaires, ni œuvres complètes des grands philosophes. Non seulement l'école condillacienne ne connaissait pas l'antiquité, avait oublié le xviiᵉ siècle, lisait à peine Leibniz, point du tout Spinoza; mais elle ignorait même ce que faisaient alors les écoles contemporaines, en Angleterre et en Écosse, dans le même sens que la philosophie française. La philosophie de Hume, qui tout d'abord s'était introduite en Allemagne et avait réveillé Kant « du sommeil dogmatique », était inconnue parmi nous. Quoique les *Es-*

---

[1]. Condillac, dans son *Traité des systèmes*, n'examine que la première partie de l'*Éthique*, le *De Deo*. C'est cependant ce qu'il y a de plus solide sur le spinozisme dans ce siècle.

sais de Hume eussent été traduits en français (1764), ni Condillac, ni Destutt de Tracy, ni Laromiguière n'ont connaissance du fameux *Essai sur la causalité,* qui est une date de la philosophie moderne. Reid lui-même, quoique traduit également vers 1768, était resté oublié et inconnu jusqu'au moment où Royer-Collard l'introduisit dans la discussion philosophique en 1811. Quant à l'Allemagne, l'ignorance n'était pas moins grande; le vague et diffus ouvrage de Villers sur la *Philosophie de Kant,* le sec *Abrégé* de Kinker, traduit du hollandais, et, en 1814, quelques pages brillantes de madame de Staël, telles étaient les seules ressources que l'on eût à sa disposition.

Dans ce vide et ce dénuement des connaissances philosophiques, il faut faire une exception en faveur d'un livre des plus estimables, dont le prix est singulièrement relevé quand on le compare au milieu environnant : c'est l'ouvrage de M. de Gérando sur l'*Histoire comparée des systèmes de philosophie* (1804). Ce livre, malgré ses lacunes et malgré l'esprit un peu étroit qui l'anime, n'en était pas moins le seul alors où l'on pût apprendre quelque chose sur le passé et sur le présent. Gérando connaissait Leibniz, Hume, Reid, Kant, et même n'était pas étranger aux plus récents travaux de la philosophie allemande. Mais la froideur générale du style, l'absence de préparation chez les lecteurs, l'opinion, universellement admise, que toute philosophie n'avait été jusqu'à Condillac qu'un tissu de rêves, ôtaient toute influence à cet ouvrage, dont on ne remarque l'effet ni l'action sur aucun penseur contemporain.

Il y eut d'ailleurs encore à cette époque une autre cause de rupture et d'ignorance : ce fut la Révolution. En supprimant tous les établissements d'instruction publique sans les remplacer, si ce n'est d'une manière tout à fait insuffisante, la Révolution avait fait le vide dans les esprits et les avait réduits à l'état de table rase. On remarquera que Victor Cousin était entré à l'École normale sans avoir fait de classe de philosophie. C'est qu'il n'y en avait pas. Une philosophie élémentaire, si scolastique qu'elle soit, met cependant au courant des questions, conserve une certaine tradition, fait connaître, ne fût-ce que par la réfutation, diverses idées et divers systèmes. On n'avait même pas cet avantage en 1810. Il est donc permis de dire qu'à cette époque, lorsque Cousin entra à l'École, on ne savait plus rien, et qu'il ne savait rien lui-même en philosophie. Cousin n'eut d'autre éducation philosophique que celle qu'il dut à ses maîtres de l'École normale et de la Faculté des lettres, à savoir Laromiguière et Royer-Collard. A ces deux maîtres il en ajoute un troisième, Maine de Biran, et il nous apprend lui-même ce qu'il dut à chacun d'eux; car, disait-il, « je n'ai pas, grâce à Dieu, l'âme faite de manière à être jamais embarrassé de la reconnaissance ». Écoutons-le donc lui-même caractériser la philosophie de ses trois maîtres en des termes qui n'indiquent pas une nature envieuse de ceux qui l'ont précédé.

« Il est resté et restera toujours dans ma mémoire, avec une émotion reconnaissante, le jour où, pour la première fois, en 1810, élève de l'École normale, destiné à l'enseignement des lettres, j'entendis M. Laromiguière. Ce jour décida de toute ma vie; il m'enleva à mes premières études, qui me promettaient des succès paisibles, pour me jeter dans une carrière où les contrariétés et les orages ne m'ont point manqué. Je ne suis pas Malebranche; mais j'éprouvai, en écoutant M. Laromiguière, ce qu'on dit que Malebranche éprouva en ouvrant, par hasard, un traité de Descartes. M. Laromiguière enseignait la philosophie de Locke et de Condillac, heureusement modifiée sur quelques points, avec une clarté, une grâce qui ôtaient jusqu'à l'apparence des difficultés, et avec un charme de bonhomie spirituelle qui pénétrait et subjuguait. L'École normale lui appartenait tout entière. L'année suivante, un enseignement nouveau vint nous disputer au premier; et M. Royer-Collard, par la sévérité de sa logique, par la gravité et le poids de sa parole, nous détourna peu à peu, et non sans résistance[1], du chemin battu de Condillac, dans le sentier devenu depuis si facile, mais alors pénible et infréquenté, de la philosophie écossaise. A côté de ces deux éminents professeurs, j'eus l'avantage de trouver encore un homme sans égal en France pour le talent de l'observation intérieure, la finesse et la profondeur du sens psychologique, je veux parler de M. de Biran. Me voilà déjà, de compte fait, trois maîtres en France; je ne dirai jamais tout ce que je leur dois. M. Laromi-

---

1. Cousin fait allusion ici à la première période de ses études philosophiques, qui fut d'abord en effet toute condillacienne. Il en reste un témoignage curieux. C'est sa thèse latine : *De Methodo sive de Analysi*, qu'il soutint le 19 juillet 1813. Cette thèse est le résumé des leçons de Laromiguière, et contient un éloge tout à fait enthousiaste de Condillac : « Nisi Condillacus eo tempore nobis ereptus fuisset quo libros omnes suos iterum scribere, miramque illam et auream simplicitatem qua in elementis arithmeticæ algebræque usus est, in philosophiam transferre in animo habebat, forsitan tenebræ quibus metaphysica involvitur, pulsæ fugatæque evanuissent. »

guière m'initia à l'art de décomposer la pensée ; il m'enseigna à descendre des idées les plus abstraites et les plus générales que nous ayons aujourd'hui jusqu'aux sensations les plus vulgaires qui en sont la première origine, et à me rendre compte du jeu des facultés élémentaires ou composées qui interviennent successivement dans la formation des idées. M. Royer-Collard m'apprit que, si ces facultés ont, en effet, besoin d'être sollicitées par la sensation pour se développer et porter la moindre idée, elles sont soumises, dans leur action, à certaines conditions, à certaines lois, à certains principes que la sensation n'explique pas, qui résistent à toute analyse, et qui sont comme le patrimoine naturel de l'esprit humain. Avec M. de Biran, j'étudiai surtout les phénomènes de la volonté. Cet observateur admirable m'exerça à démêler, dans toutes nos connaissances, et même dans les faits les plus simples de conscience, la part de cette activité volontaire, de cette activité dans laquelle éclate notre personnalité. C'est sous cette triple discipline que je me suis formé : c'est ainsi préparé que je suis entré, en 1815, dans l'enseignement public de la philosophie à l'École normale et à la Faculté des lettres [1]. »

1. *Fragments philosophiques*, préface de la seconde édition, 1833, p. XXXIII.

Tel est le témoignage rendu par Victor Cousin à ses maîtres, à une époque où, devenu chef d'école à son tour, il aurait pu avoir la tentation si naturelle d'exagérer ses propres mérites aux dépens de ses prédécesseurs. On ne peut résumer avec plus de précision et plus de justesse les mérites propres à chacun de ces trois maîtres, et le genre de services dus à chacun d'eux. A Laromiguière il dut la distinction de la sensation et de l'attention ; à Royer-Collard, la distinction de la sensation et de la perception et l'affirmation des principes de la raison ; à Biran, le principe de la volonté. Tout ce qui a dépassé plus tard ces doctrines est venu de lui.

Quant à l'influence exercée sur la philosophie du siècle, quant au renouvellement des études philosophiques, il ne faut pas oublier que, sauf Laromiguière, les maîtres de Cousin n'avaient rien ou presque rien publié. Royer-Collard, après trois ans d'enseignement, abandonna la philosophie pour la politique. Il n'avait rien écrit ; les fragments que nous avons de lui furent publiés, douze ans plus tard, par les élèves de Cousin, et durent leur succès au succès même de l'école fondée par celui-ci. Quant à Maine de Biran, qui n'avait pas eu à sa disposition l'action de l'enseignement public, il n'avait publié de son vivant que le *Mémoire sur l'habitude*,

qui appartenait encore à l'école idéologique, et
deux écrits courts et obscurs pour ceux qui ne connaissaient pas sa nouvelle philosophie, à savoi
l'*Examen de Laromiguière* et l'article *Leibniz* dans
la *Biographie universelle*[1]. Il résulte de ces faits
qu'il y eut bien, en effet, au début de notre siècle,
un commencement de mouvement philosophique,
mais qui se borne, en réalité, d'une part, à trois
années d'enseignement bien vite perdues et oubliées
dans le tourbillon de la politique; et, de l'autre, à
deux écrits fort ignorés, et qui n'ont eu, à leur
date, aucune influence, Biran, comme Royer-Collard, n'ayant dû son succès ultérieur qu'à l'école
de Cousin, et surtout à Cousin lui-même[2].

---

[1]. L'un et l'autre furent publiés en 1817, par conséquent après
les débuts de Victor Cousin.

[2]. C'est Cousin qui, dans ses leçons de 1818, de 1828 et de 1829,
et dans sa préface de 1833, fit connaître le premier en France le
nom et la philosophie de Biran, qu'il proclama « le premier métaphysicien de son temps. » C'est lui qui publia ses écrits (1841).

Sur les rapports personnels avec Maine de Biran, voir le
Journal de celui-ci publié par M. E. Naville, 8 mai 1816,
p. 188-189. — Dans une lettre inédite, récemment publiée (*Annales de la Faculté de Bordeaux*), Maine de Biran parle en
ces termes du jeune professeur Cousin : « Le *certain* Cousin
dont vous me parlez est un jeune élève de Royer-Collard. Le
jeune Cousin a contracté avec moi dans ces derniers temps une
affinité particulière; et je m'honore d'avoir quelque influence sur
la direction de son cours. Vous voyez donc que, s'il chasse sur

Voilà, en toute exactitude, le bilan des connaissances philosophiques que l'on possédait en France [1] lorsque Victor Cousin vint prendre la direction du mouvement et lui imprimer l'action de sa puissante personnalité. Suivons-le donc dans cette chaire de la Sorbonne, où il vient de monter à l'âge de vingt-trois ans, et mesurons l'étendue des progrès dont il a été l'auteur.

L'enseignement de Cousin dura d'abord cinq ans, de 1815 à 1820, pour reprendre plus tard, de 1828

---

mes terres, c'est de mon plein consentement et que j'ai une bonne part du gibier. » Si Maine de Biran eut de l'influence sur Cousin, il paraît, d'un autre côté, que Cousin ne fut pas sans avoir quelque influence sur Biran : c'est ce qu'on peut conjecturer d'un passage d'Ampère dans sa *Correspondance* : « En vous parlant de l'indécision des idées de M. de Biran, j'avais l'esprit plein de ce qu'il hésite sans cesse pour compléter sa psychologie entre M. Cousin et moi. Nous nous réunissons tous les trois chez lui les lundis après dîner. Tantôt il penche du côté de M. Cousin, tantôt du mien. (*Correspondance* d'Ampère, publiée en 1875 par H. G., 28 mars 1817).

1. Pour être tout à fait complet, il faudrait signaler encore ; 1° les chefs de l'école physiologique, Cabanis et Bichat, les vrais maîtres de la psychophysique actuelle; 2° les fondateurs du traditionnalisme, de Maistre, Bonald et Lamennais ; 3° enfin les chefs du socialisme, Charles Fourier et Saint-Simon. Ce sont là des mouvements divergents dont nous sommes loin de méconnaître la valeur, mais ces trois grandes écoles ont eu pour caractère commun d'absorber la philosophie dans des études étrangères : les sciences, la religion, la réforme sociale. Nous nous plaçons ici au point de vue de la philosophie proprement dite.

à 1830. Il ne professa donc en tout que sept à huit années, en deux périodes distinctes. Nous possédons ces deux séries de cours. La première série (de 1815 à 1820) se compose de cinq volumes qui ont été publiés deux fois dans des conditions très différentes. La première édition a été donnée par les amis de Victor Cousin (MM. Garnier, Danton et Vacherot), sur les rédactions mêmes des élèves; elle est la reproduction, aussi exacte que possible, des cours primitifs, et comprend cinq volumes in-8 publiés chez l'éditeur Ladrange de 1836 à 1841, plus une petite brochure de cent cinquante pages, qui reproduit les premières leçons de 1820, et dont nous parlerons plus tard. La seconde édition a été faite par Cousin lui-même, qui a revu et remanié tous ses cours, en a perfectionné la forme et plus ou moins modifié le fond : elle se compose également de cinq volumes, mais de format in-18, publiés par l'éditeur Didier en 1846. C'est de cette nouvelle édition qu'a été détaché plus tard (1853) le livre *du Vrai, du Beau et du Bien,* qui, ayant eu beaucoup plus de succès que les autres volumes, a eu un grand nombre d'éditions.

Pour se rendre compte du véritable enseignement de Cousin, c'est la première édition qu'il faut consulter, celle qu'avaient donnée ses élèves de

1836 à 1841. Voici comment est composée cette édition. Le premier volume comprend les deux premières années de l'enseignement de Cousin à la Faculté des lettres, de 1815 à 1816, et de 1816 à 1817. Le second comprend le cours de 1818 : le Vrai, le Beau et le Bien. Le troisième reproduit la première partie du cours de 1819, à savoir la morale sensualiste du xviii° siècle; le quatrième, la seconde partie de ce cours, la morale de l'école écossaise. Le cinquième est enfin consacré à la philosophie de Kant. J'ai dit déjà qu'il y a en outre un demi-volume contenant les principes généraux de la morale et de la politique. En 1820, le professeur fut obligé de quitter sa chaire dans des circonstances et pour des raisons que nous exposerons plus tard. Alors commence pour lui une période nouvelle, dont il n'est pas encore temps de parler.

Le premier des cinq volumes précédents, qui comprend le cours de 1816 et de 1817, ne peut exciter aujourd'hui qu'un assez faible intérêt et nous ne pourrions guère l'analyser, pour deux raisons : la première, c'est que Victor Cousin n'y est pas encore lui-même; il n'est que l'élève, le répétiteur de Royer-Collard; la seconde, c'est que c'est un cours exclusivement historique, assez superficiel d'ailleurs, et qu'il serait peu utile pour nous de résumer des résumés. Mais il ne faut pas croire qu'à cette époque, Victor Cousin ne fût occupé que d'histoire et qu'il ne pensât pas aux problèmes eux-mêmes. Au contraire, il semble bien que ce fut alors que sa pensée a le plus travaillé à remuer les problèmes philosophiques et à les traiter théoriquement. Seulement ce travail n'avait pas lieu à la Faculté des lettres, où il occupait la chaire d'histoire, mais à l'intérieur de l'École normale, où il était resté maître de conférences. Ces cours intérieurs de l'École, nous ne les avons malheureusement pas; nous n'en avons que deux programmes [1] dont nous parlerons plus tard (chap. v); mais tout ce travail intérieur est venu aboutir au cours de 1818, et c'est en l'étudiant bientôt que nous pourrons nous rendre compte de la doctrine qui était sortie de cette élaboration intérieure.

Quant à présent, ce qui nous paraît le plus important à signaler et à étudier, c'est l'impression produite par ce premier enseignement intérieur de l'École sur ceux qui l'ont entendu : c'est l'appréciation qu'ils en ont donnée, le caractère qu'ils lui ont attribué. Avant d'interroger sur ce point les

1. Programme d'un cours de philosophie, 1817, et programme sur les vérités absolues, 1818, dans les *Fragments* (1826), p. 228 et suiv.

témoins fidèles et autorisés, demandons-nous d'abord quelle idée on se fait aujourd'hui de la philosophie éclectique, de la philosophie de Victor Cousin. Il règne sur cette philosophie une opinion courante et diffuse qu'un jeune philosophe distingué, dans un travail récent [1], a résumé ainsi en quelques lignes : « C'était la thèse de l'éclectisme, dit-il, sorte de religion laïque et appauvrie. *L'éclectisme était surtout préoccupé de sauvegarder les croyances morales de l'humanité.* Le libre arbitre fait l'homme responsable ; l'immortalité de l'âme permet le règne de la justice ; l'existence de Dieu l'assure. *La philosophie est faite pour ces dogmes.* » Ainsi, nous devons nous représenter l'éclectisme comme une philosophie ayant eu surtout un but pratique et moral, comme un déisme populaire analogue à celui du vicaire savoyard, comme une religion appauvrie : la philosophie n'y est pas cultivée pour elle-même ; elle n'existe que pour défendre et établir certains dogmes préconçus. Tel est le type sous lequel on se représente aujourd'hui la philosophie éclectique. Comparons maintenant ce type avec la réalité historique, telle qu'elle

1. *Revue philosophique : La philosophie de M. Lachelier*, janvier 1883.

résulte des témoignages les plus authentiques, et, nous le verrons, les plus désintéressés.

Nous avons, pour apprécier les cours de 1815 à 1817, un témoin aussi compétent que pénétrant, qui a assisté aux débuts de Victor Cousin, non seulement à la Faculté des lettres, mais à l'intérieur de l'École normale, c'est-à-dire qui a entendu précisément ces cours que nous n'avons plus. Ce témoin, c'est Théodore Jouffroy[1]. Jouffroy nous peint vivement l'attente provoquée dans la jeunesse d'alors par le prochain début du jeune philosophe. Comment cette attente fut-elle satisfaite? C'est ce que nous devons lui demander. Et d'abord, dans quel état d'esprit était Jouffroy lui-même lorsqu'il entendit ces premiers cours de Cousin? Qu'attendait-il en réalité? Qu'a-t-il trouvé?

Jouffroy nous dit qu'il était entré à l'École encore chrétien, ou du moins croyant l'être, car son esprit n'avait pu se dérober aux objections du XVIII° siècle, à ces objections, dit-il, « semées comme la poussière dans l'atmosphère de notre siècle ». Bientôt il se rendit compte du ravage que ces objections avaient fait dans son esprit; il s'aperçut que ces croyances chères et sacrées, qu'il

---

1. *Nouveaux mélanges philosophiques*, p. 110 et suiv.

se persuadait avoir conservées intactes, depuis longtemps il ne les avait plus ; il vit le fond de son âme, et il n'y trouva plus rien. Il a raconté cette ruine de ses croyances dans une page mémorable, l'une des plus belles de notre siècle. Il ne s'en était pas tenu au doute sur le christianisme. Toutes ses opinions reposant sur des bases chrétiennes, il lui fut impossible de se faire à lui-même aucune illusion ; et « la divinité du christianisme une fois mise en doute à ses yeux, il dut reconnaître qu'il n'y avait plus rien en lui qui restât debout. Ce moment, nous dit-il, fut affreux », et il fut bien près de tomber dans le désespoir. Mais, comme c'était une âme forte et un esprit ferme, il reprit courage et se proposa pour but de retrouver par la raison les croyances que la foi avait perdues. Il crut que le problème de la destinée humaine était le seul problème digne des recherches de l'homme ; et ce que la religion ne lui donnait plus, il crut devoir le demander à la philosophie. « En un mot, dit-il, mon intelligence, excitée par les besoins et élargie par les enseignements du christianisme, avait prêté à la philosophie le grand objet, les vastes cadres, la sublime portée de la religion. »

Tel était l'état d'esprit de Jouffroy lorsqu'il commença à entendre les leçons de Victor Cousin.

Assurément nul n'était mieux préparé pour recevoir les conclusions et les doctrines que l'on nous dit avoir été l'objet propre de l'éclectisme. Que voulait Jouffroy? Une sorte de religion. Qu'était-ce que l'éclectisme, d'après l'idée que l'on nous en donne? Une religion laïque, nous dit-on; à la vérité, une religion appauvrie. Mais par cela seul que l'on passe de la foi à la raison, il y a toujours un déchet pour l'imagination; une religion de raison sera toujours quelque chose d'appauvri et de desséché par rapport à une religion de sentiment. En un mot, Jouffroy avait besoin de croyance; et l'éclectisme avait, dit-on, pour but exclusif, de sauvegarder les croyances de l'humanité. Il semblait donc être une réponse toute prête aux questions posées par Jouffroy.

Maintenant, sachant ce que Jouffroy attendait, demandons-lui ce qu'il a trouvé. Nous avons dit quelles étaient ses espérances, apprenons ce que furent, ce sont ses propres expressions, « sa surprise et son désappointement ».

On remarquera que l'on n'a pas affaire ici à un témoin prévenu, qui idéalise les souvenirs de sa jeunesse, mais au contraire à un élève désappointé, à une âme avide de croyance et de religion, un Pascal frémissant dans l'attente d'une révélation nouvelle, et qui trouve, quoi? l'analyse de la perception extérieure et la question de l'origine des idées. « Condillac l'avait résolue d'une façon que M. Laromiguière avait reproduite en la modifiant. M. Royer-Collard l'avait résolue d'une autre, et M. Cousin, évoquant tous les systèmes, s'épuisait à démontrer que Royer-Collard avait raison et que Condillac avait tort. C'était là tout; et je ne pouvais revenir de mon étonnement qu'on s'occupât de l'origine des idées avec une ardeur si grande qu'on eût dit que toute la philosophie était là. Encore, si on eût commencé par nous montrer le vaste et brillant horizon de la philosophie, et, dans cette perspective, les grands problèmes humains chacun à leur place!... Mais non; le mouvement philosophique était alors trop jeune pour qu'on en sentît bien le besoin. Toute la philosophie était dans un trou. »

En quoi donc consista, à ce premier moment de l'éclectisme, la surprise, la déception de Jouffroy? Précisément en ceci qu'au lieu de trouver un cours répondant aux besoins de l'âme, cherchant à sauvegarder, comme on dit, les grandes croyances de l'humanité, il se vit pendant deux ans en face d'un problème abstrait, technique, qui lui était absolument indifférent, à savoir le passage du moi au non moi, et la réalité du monde extérieur ; à peu près, pour prendre un exemple de notre temps, comme si un jeune homme, travaillé comme Jouffroy par le doute, et dévoré du besoin de croire, entrait aujourd'hui à l'École normale dans l'espérance d'une doctrine nouvelle, et qu'il y trouvât pour toute nourriture la doctrine de l'idéalité de l'espace et du temps. En un mot, pour résumer l'antithèse, Jouffroy attendait précisément une doctrine semblable à celle que l'on nous dit avoir été l'éclectisme, une philosophie demi-croyante, dominée par les besoins de la pratique ; et il trouvait, au contraire, une philosophie toute spéculative, poursuivant, par les méthodes les plus abstraites, le problème du monde le plus inutile. Évidemment, au moins pour ce qui concerne cette première période, l'idée que l'on nous propose aujourd'hui comme l'expression de l'éclectisme est absolument infidèle.

Jouffroy, après cette première surprise, resta-t-il cependant hostile et indifférent aux leçons du jeune maître ? En se plaignant de n'avoir pas trouvé ce qu'il désirait, veut-il dire qu'il n'a rien trouvé du tout ? Bien loin de là ; peu à peu, il renonça à demander ce qu'il n'était pas question de lui donner ; et, laissant pour un temps la satisfaction des besoins de l'âme, il entra dans la voie qu'on lui ouvrait et prit goût aux questions posées. Il commença à s'apercevoir de l'importance de ces questions, importance qu'il n'avait pas comprise tout d'abord; et surtout son esprit éminemment scientifique se laissa bientôt subjuguer précisément par le caractère spéculatif, sévère, abstrait, du nouvel enseignement.

D'abord il découvrit que le problème de l'origine des idées n'était autre chose que le problème de la certitude : remarquez ici dans quel état de naïveté et d'inexpérience étaient ces nobles esprits qui ont fondé la philosophie de notre siècle. Ce que savent aujourd'hui les derniers des bacheliers, ils l'ignoraient : à savoir que, si les idées viennent des sens, la connaissance humaine est toute relative ; que si nous voulons admettre une certitude absolue, il faut quelque notion *a priori*. Jouffroy ne savait pas cela ; il nous apprend qu'il le découvrit avec un grand étonnement et une grande joie. « Car je commençai, dit-il, à me trouver moins perdu dans le coin de la philosophie où l'on m'avait jeté... »

Mais ce qui surtout le charma, l'entraîna, fit de lui un disciple, ce fut précisément la méthode, l'esprit de recherche, l'effort de la pensée pure et libre, en un mot, tout ce qu'on refuse aujourd'hui à l'éclectisme : « Jeune comme nous, dit-il, et, comme nous, nouveau venu dans la philosophie, M. Cousin, en débutant, partageait notre inexpérience. Ce que nous ignorions, il l'ignorait ; ce que nous aurions voulu apprendre, il aurait voulu le savoir... Il avait donc écarté et ajourné les questions générales et s'était replié sur les questions particulières. Une fois aux prises avec ces questions, il nous avait fait assister à ses propres recherches ; et, jeune comme il était, il avait porté dans ces recherches toute l'ardeur, toute l'analyse minutieuse, la scrupuleuse rigueur qui sont le propre des débutants. En suivant les recherches ardentes du maître, nous nous étions enflammés de son ardeur ; les excessives précautions que sa prudence avait répandues dans sa méthode nous avaient appris à fond tout le détail de l'art de poursuivre la vérité et de la trouver. La même prudence appliquée à l'examen des systèmes nous avait enseigné à pénétrer jusqu'aux entrailles de ces systèmes et à les juger profondément. Enfin, l'absence même de tout cadre, de tout plan, de toute idée faite sur l'ensemble de la philosophie, avait eu pour premier résultat, en nous la laissant inconnue, de la rendre plus séduisante à notre imagination et d'augmenter en nous le désir de pénétrer ces mytérieuses obscurités, et pour secours, de nous obliger à nous élever par nous-mêmes à ces hauteurs, à nous créer par nous-mêmes notre enseignement, *à penser par nous-mêmes, et à le faire avec liberté et originalité : voilà ce que nous devons à M. Cousin.* Je sortis de ses mains *sachant très peu, mais capable de chercher* et de trouver, et dévoré par l'ardeur de la science et de la foi en moi-même. »

Ainsi, suivant le témoignage de Jouffroy, ce qu'il reçut de Victor Cousin, ce ne fut pas une doctrine toute faite, un *Credo* philosophique et religieux, mais au contraire « l'art de penser par soi-même avec liberté et originalité ». Ce qui donne à ce témoignage sa haute autorité, c'est qu'il n'est pas précisément accompagné d'une bien grande bienveillance de l'élève à l'égard du maître. Tous ceux qui ont connu les rapports de Jouffroy avec Cousin comprendront facilement la page précédente. Ils n'étaient pas ensemble dans les meilleurs termes. Cousin tenait à honneur d'avoir Jouffroy pour disciple, et il le traitait comme tel : Jouffroy, au contraire, n'était pas satisfait de n'être qu'un disciple; il tenait fort à sa personnalité. C'est pourquoi il aimait à faire remarquer, et c'est le résumé du passage précédent, que Cousin ne lui avait pas appris grand'chose, et que la plus grande partie de ses pensées lui venaient de lui-même, ce qui, d'ailleurs, était vrai. On entrevoit donc, dans les pages précédentes, un désir secret de faire sa propre part plus grande, en réduisant autant que possible celle de son maître. Mais, s'il a fait ce calcul, il ne pouvait rendre un plus grand hommage à Cousin que de nous montrer avec quelle absence de ressources, quelle inexpérience (c'est le mot de Jouffroy), quels tâtonnements on marchait alors sous la conduite du jeune professeur. C'est aujourd'hui pour nous un témoignage inestimable, car c'est la réfutation péremptoire de ceux qui nous représentent la philosophie de Cousin comme une philosophie de parti-pris et de pondération habile entre la religion et la philosophie ; l'éclectisme fut tout autre chose : il fut, comme toute philosophie, le produit de la pensée libre et désintéressée.

Le témoignage de Jouffroy sur le caractère de l'enseignement de Cousin à l'École normale n'est pas le seul que nous possédions : il est corroboré par celui de Damiron, camarade de Jouffroy à l'École et qui nous représente les choses exactement de la même manière : « Ce qu'il y avait d'excellent dans sa méthode, dit Damiron, c'est qu'il faisait école sans lier ses disciples, c'est qu'après leur avoir donné l'impulsion et une direction, il les laissait aller et se plaisait à les voir user largement de leur indépendance; *nul n'a moins tenu que lui à ce qu'on jurât sur ses paroles; il voulait des hommes qui aimassent à penser par eux-mêmes,* et non des dévots qui n'eussent d'autre foi que celle qu'il leur donnait; il le voulait d'autant plus qu'il savait bien, surtout en commençant, qu'il n'avait pas un système assez arrêté pour prendre sur lui de dogmatiser et de former un *Credo;* comme chaque jour il avançait et changeait en avançant et qu'il ne pouvait prévoir où le mènerait cette suite de changements et de progrès, il se serait fait scrupule de dire à ceux qui le suivaient : Arrêtez-vous là. Rien de moins réglementaire que son enseignement. C'étaient la liberté et la franchise mêmes[1]. » Ajoutons enfin aux deux témoignages précédents celui de Cousin lui-même, confirmé, comme on vient de voir, par ceux de ses élèves : « Dans l'intérieur de l'École, dit-il, l'enseignement était plus didactique et plus serré ; le cours portait le nom de *Conférence* et le

---

1. *Histoire de la philosophie* au XIXe siècle, t. II, p. 155. Ce passage n'est nullement la répétition de celui de Jouffroy; il lui est antérieur et date de 1827. Il n'est question, à la vérité, ici que du premier enseignement de Cousin (de 1815 à 1820); mais

méritait... Formés à la méthode philosophique, les élèves s'en servaient avec les professeurs comme avec eux-mêmes ; ils doutaient, résistaient, argumentaient avec une entière liberté, et, par là, s'exerçaient à cet esprit de critique et d'indépendance, qui, je l'espère, portera ses fruits ; une confiance vraiment fraternelle unissait le professeur et les élèves. Nous aimons tous aujourd'hui à nous rappeler ce temps de mémoire chérie où, ignorant le monde et ignorés de lui, ensevelis dans la méditation des problèmes éternels de l'esprit humain, nous passions notre vie à en essayer des solutions qui, depuis, se sont bien modifiées, mais qui nous intéressent encore par les efforts qu'elles nous ont coûtés et les recherches sincères, animées, persévérantes dont elles étaient le résultat [1]. »

Nous pouvons maintenant nous rendre compte avec fidélité du caractère propre du premier enseignement philosophique de Victor Cousin. Nulle doctrine arrêtée ; pas l'ombre de préjugé dogmatique ; recherche ardente, passionnée, désintéressée de la vérité pure. Cependant les éléments d'une

---

c'est justement celui qu'il importe le plus de caractériser et d'apprécier avec exactitude, parce que c'est de lui que date la grande influence du maître.

1. *Fragments philosophiques* (1826), appendice, p. 352.

doctrine étaient peu à peu préparés et rapprochés : ils allaient bientôt se réunir en système. Le disciple de Royer-Collard allait devenir maître à son tour et ouvrir à la philosophie un champ nouveau. Mais, entre le cours de 1817 et celui de 1818, se place un épisode significatif, qui a eu la plus grande importance dans la carrière philosophique de Cousin, et qui a contribué à déplacer l'axe de la philosophie française; c'est le voyage de Victor Cousin en Allemagne, pendant les vacances de 1817. Ce voyage a été de si grande conséquence qu'il importe de nous y arrêter quelques instants.

II

VOYAGE EN ALLEMAGNE

Il est probable que c'est de madame de Staël que Victor Cousin reçut le premier aiguillon de la curiosité des choses allemandes. Le livre *De l'Allemagne*, imprimé pour la première fois en 1810, mais étouffé par la censure impériale, venait de reparaître avec succès en 1814 et avait inspiré un vif intérêt pour ce monde nouveau et inconnu. Dans l'hiver de 1817, Cousin nous apprend lui-même qu'il avait été reçu chez madame de Staël, rue Royale, quelques mois avant sa mort, et qu'il y avait causé avec Auguste Schlegel. Le jeune professeur, alors dans tout l'éclat de son succès et de son talent, pouvait-il n'avoir pas conversé aussi avec la maîtresse du lieu? Et celle-ci, dont l'éloquence était au moins égale à celle de son auditeur, et dont la conversation, nous dit-on, était plus souvent un monologue qu'un dialogue, avait-elle pu ne pas lui parler de philosophie et, en particulier, de philosophie allemande? N'était-elle pas là sur son véritable terrain et aussi sur celui de Cousin, qui précisément, à la même époque, enseignait à la Faculté des lettres la philosophie de Kant? Je ne doute pas que ce ne soit dans ces conversations avec madame de Staël ou avec Auguste Schlegel, dans la lecture de *l'Allemagne*[1], que Victor Cousin prit sa première idée de voir cette Allemagne qui, après nous avoir battus sur les champs de bataille, allait encore nous conquérir par la pensée et dans le domaine des lettres. Goethe, comme Shakespeare, allait devenir l'idole de la jeune école romantique. Schelling et Hegel, de leur côté, allaient devenir les inspirateurs de la nouvelle philosophie. Mais n'allons pas si vite; nous n'en sommes encore qu'à la curiosité. Néanmoins l'idée seule d'aller en

---

1. Il y avait encore à cette époque, en France, quelqu'un qui connaissait très bien l'Allemagne : c'est Stapfer. Cousin l'a-t-il connu? Nous ne le savons pas directement; mais comme Stapfer était lié avec Maine de Biran, avec Royer-Collard, avec Guizot, il est bien peu probable que Cousin ne l'ait pas connu et rencontré quelque part.

Allemagne indiquait de la part du jeune professeur une vue claire des nécessités nouvelles de la philosophie. La France commençait à échapper à l'empire de Condillac. Depuis cinq ou six ans, elle s'était tournée du côté de l'Écosse ; mais la philosophie de Reid devenait à son tour aussi épuisée en Écosse que la philosophie de Condillac en France. Cousin lui-même en était un peu las : « J'en avais assez, nous dit-il, de la philosophie écossaise. » Au contraire, la vie philosophique était, en Allemagne, dans toute sa verdeur et sa fécondité. Kant, Fichte et Schelling étaient encore tout vivants ; Hegel allait paraître et remplir de son empire les quinze ans qui le séparaient encore de la mort. Connaître par soi-même ce grand mouvement, voir les hommes, causer avec eux, s'inspirer de leurs idées pour enrichir le génie français, c'était là un genre de curiosité qu'aucun philosophe n'avait encore eu en France, et qui rappelle les voyages des anciens philosophes grecs. Victor Cousin nous a laissé de ce voyage un journal qui est un écrit charmant[1]. La vie, le mouvement, la liberté de ton,

---

1. Dans la *Revue des Deux-Mondes*, sous ce titre : *Promenade philosophique en Allemagne*, 1ᵉʳ octobre 1857 ; une seconde partie, sous ce titre : *Voyage en Allemagne*, parut le 16 août 1866. Ces deux morceaux réunis furent introduits plus tard : soit dans

la précision brève des descriptions, les portraits des hommes, quelques anecdotes çà et là, tout cela compose un tableau aussi vrai qu'attachant de l'Allemagne en 1817, surtout au point de vue philosophique, mais sans que l'auteur ait négligé le point de vue littéraire et politique, et même le côté pittoresque. Ce morceau est particulièrement intéressant pour l'histoire de la philosophie française, car il nous donne la date à laquelle il faut faire remonter l'action immédiate de la philosophie allemande sur la nôtre. Depuis, et bien souvent, on a invoqué parmi nous l'autorité et le prestige des idées allemandes précisément contre la philosophie de Cousin : la justice veut que l'on reconnaisse que ces idées mêmes, retournées contre lui, viennent de lui, qu'il en a été le premier promoteur et initiateur [1].

les *Fragments littéraires*, soit dans les *Fragments de philosophie contemporaine* (1866) mais toujours, suivant l'usage de Cousin, avec des corrections qui en modifient plus ou moins le caractère.

1. On a dit que M. Victor Cousin n'a pris de la philosophie allemande que des généralités, et qu'il n'est pas entré dans la technique des questions. Cela est vrai, mais ceux qui l'ont suivi n'ont guère fait autrement MM. Vacherot, Renan, Ravaisson, qui, après une éclipse momentanée des idées allemandes préconisées par Victor Cousin, ont remis de nouveau ces idées en circulation, se sont également bornés aux sommités des questions ; ils se sont inspirés de l'esprit et ont laissé la lettre. A plus forte raison, cela était-il permis à celui qui ouvrait la voie.

Non seulement ce voyage en Allemagne indiquait, dans la curiosité opportune dont il était le signe, une sagacité peu commune et une vue clairvoyante sur les besoins de la philosophie nouvelle, mais il fallait, pour en tirer les fruits que Victor Cousin en a recueillis, les qualités propres de celui-ci, à savoir l'esprit d'audace, d'entreprise, d'autorité impérieuse et en même temps fascinante qui étaient les traits de son caractère. Pour un jeune homme de vingt-cinq ans, avoir l'audace d'aller trouver les hommes les plus illustres de l'Europe, les faire parler dans un mauvais français (ce qui humilie toujours quelque peu l'étranger), quelquefois en latin, quelquefois avec la nécessité de parler soi-même un mauvais allemand, arracher à des Allemands peu causeurs, peu communicatifs, leurs confidences sur les idées, les systèmes, les personnes, il fallait pour cela la hardiesse, la volonté et l'esprit de domination et de séduction de Victor Cousin. Il voulait et cela suffisait. Cette curiosité juvénile, ardente, toute française, à l'égard de l'Allemagne, charmait et entraînait ces vieux professeurs. L'Allemagne, en feignant de mépriser la France, l'a toujours enviée ; elle envie cette liberté, cette aisance, cette clarté, ce goût que nous portons en toute chose, et, quelque fière qu'elle soit de sa profondeur, elle se sent gauche et embarrassée. Plaire à la France a toujours été l'ambition des grands Allemands : Frédéric, Goethe, Humboldt, Wagner (lequel ne nous a jamais pardonné de ne nous avoir pas plu). De là le succès de Cousin dans son voyage d'Allemagne. Lui-même a décrit dans une page admirable le charme de ces confidences philosophiques, arrachées par la jeunesse et que l'âge mûr n'obtiendrait pas. « J'avais aussi, nous dit-il, un bien grand avantage. J'étais jeune et obscur; je ne faisais ombrage à personne; j'attirais les hommes les plus opposés par l'espoir d'enrôler sous leurs drapeaux cet écolier ardent et intelligent que leur envoyait la France. Privilège de la jeunesse perdu sans retour avec le charme de ces conversations où l'âme d'un homme se montre à l'âme d'un autre homme sans aucun voile, parce qu'elle la croit encore vierge de préjugés contraires, où chacun vous ouvre le sanctuaire de ses pensées et de sa foi la plus intime, parce que vous-même vous n'avez pas encore sur le front le signe d'une religion différente! Aujourd'hui que j'ai un nom, que je suis l'homme de mes écrits et d'un système, si peu personnel d'ailleurs que je me sois efforcé de le rendre, on s'observe avec moi; les esprits se retirent dans leurs convictions particulières; les cœurs mêmes se resserrent, et, rançon assurée d'une réputation incertaine, à force d'être connu en Allemagne, j'y suis devenu étranger. Mais alors, au delà du Rhin, j'étais accueilli comme l'espérance ; j'osais proposer toutes les questions, et on y répondait avec un entier abandon. Il n'y a qu'un printemps dans l'année, une jeunesse dans la vie, un fugitif instant de confiance entre les membres de la famille humaine. »

Victor Cousin commença son voyage par Francfort. Il y vit d'abord l'historien Schlosser, assez peu favorable à la philosophie de son pays. « Ce que vous connaissez de la philosophie allemande, lui dit-il, c'est-à-dire Kant, est précisément ce qu'elle a de mieux. Le reste ne vaut pas la peine d'être appris. » Il vit encore le philosophe Passavant, disciple du mystique Baader, qui essaya de lui faire connaître la philosophie de son maître. Baader était un disciple de Schelling passé au mysticisme et revenu au catholicisme. Passavant donna à Cousin un petit traité de Baader sur l'eucharistie, dans lequel, entre autres profondeurs, on apprenait que *Eva* nous perdit et que *Ave* doit nous sauver, car *Ave* est l'anagramme de *Eva*. Mais la conversation la plus intéressante que Cousin ait eue à Francfort est celle de Frédéric Schlegel. Celui-ci était un écrivain très brillant qui avait débuté par un roman immoral, *Lucinde*, avait poussé à l'extrême la philosophie de Fichte, et était devenu, avec son frère Auguste et le philosophe Novalis, l'un des chefs de l'école romantique. Plein d'imagination et de mobilité, il avait épousé une femme juive qu'il avait convertie d'abord au protestantisme, puis au catholicisme, auquel il s'était converti lui-même. « Aujourd'hui, dit Cousin, ils convertissent tous deux à qui mieux mieux. » Il dit à Cousin qu'une fois engagé dans Kant, il devait aller jusqu'à Schelling, et que la raison ne pouvait conduire qu'au panthéisme. Jacobi lui-même, inventeur de cet aphorisme, en était devenu la preuve. Auguste Schlegel, frère de Frédéric, avait dit la même chose à Paris l'hiver précédent, en affirmant que Kant avait rendu un immense service à la philosophie en la débarrassant des arguments pour ou contre l'existence de Dieu. Il ajoutait d'ailleurs que la raison pratique ne prouvait pas plus Dieu que la raison spéculative. La foi seule peut conduire à Dieu. Telle était alors la philosophie commune aux deux frères Schlegel. Frédéric Schlegel résumait ensuite en ces termes son jugement sur les philosophes de son temps : « Fries et Krug (kantiens) sont des hommes médiocres; Bouterweck (jacobiste) est superficiel, Hegel est subtil. A Berlin, il faut voir Schleiermacher. Les seuls hommes éminents de l'Allemagne sont Jacobi, Schelling et Baader. »

De Francfort, Victor Cousin alla à Heidelberg, voir le théologien Daub, que Schlosser lui avait recommandé. Daub lui dit que, s'il était curieux de philosophie, ce n'était pas à lui qu'il fallait s'adresser, mais à son collègue, le professeur de philosophie Hegel. Cousin connaissait à peine ce nom ; il l'avait seulement entendu prononcer par Schlegel, qui lui avait dit en passant que Hegel était subtil. Il hésitait donc à aller le voir, car il n'avait que peu d'heures à sa disposition ; il y alla cependant, « et ce jour-là, nous dit-il, la voiture partit sans moi, ainsi que le lendemain ». Il resta deux jours à Heidelberg, et noua ainsi avec Hegel une liaison et même une amitié intime qui ne se démentit jamais et dura jusqu'à la mort de celui-ci. Ce qu'il aima, ce qu'il admira dans Hegel, ce fut, nous dit-il, « un esprit de liberté sans bornes, qui soumettait à ses spéculations toute chose, gouvernements, religions, arts, sciences, et qui plaçait au-dessus de tout la philosophie ». Cousin fut donc subjugué et captivé, malgré le langage scolastique de Hegel, « par ces propositions plus hardies et plus étranges les unes que les autres, qui lui faisaient l'effet des ténèbres visibles de Dante ». Cette connaissance faite à Heidelberg décida Cousin à modifier le plan de son voyage. Il remit à l'année suivante l'Allemagne du midi, c'est-à-dire Schelling et Jacobi ; il se borna à l'Allemagne du Nord, et se proposa de revenir à Heidelberg pour revoir encore une fois Hegel avant de rentrer en France.

A Marbourg, il s'entretint avec Tennemann, le célèbre historien de la philosophie. « C'est un homme, dit-il, d'environ cinquante-cinq à soixante ans, de taille moyenne, grêle de corps et chétif de figure, d'une politesse extrême et qui me reçut fort bien. Malheureusement il ne parle pas français. J'essayai un peu d'allemand, que je ne pus soutenir, et nous fûmes réduits à nous entretenir en latin. » Tennemann, en philosophie, s'était arrêté à Kant, et il regardait sa philosophie comme la dernière conquête de l'esprit humain. Il niait que le kantisme fût le scepticisme. Lorsqu'il apprit que Cousin, l'année précédente, avait enseigné Kant à Paris, il n'en revenait pas, et il lui dit que, si ce n'était pas lui qui le disait, il ne l'aurait pas cru. Il lui prit les mains en le comblant de caresses. Il lui recommanda d'aller à Iéna voir le philosophe Fries, comme celui qui entendait le mieux la doctrine de Kant. A Goettingue, il vit deux hommes distingués : Schulze et Bouterweck. Schulze était une célébrité : son nom même fait époque dans l'histoire de la philosophie allemande. Son livre d'*Énésidème*, où il avait poussé le criticisme de Kant jusqu'au scepticisme absolu, avait décidé la transformation du kantisme en idéalisme subjectif. Le premier écrit de Fichte a été précisément une critique d'*Énésidème*. Schulze dit à Cousin qu'il n'y avait que trois philosophies en Allemagne : le vieux kantisme, le panthéisme de Schelling et la doctrine du sentiment de Jacobi ; mais à ces trois philosophies il ajoutait la sienne, qui, disait-il, « détruit toutes les autres ». Il était surtout opposé à la philosophie de Schelling, et, de concert avec son collègue Bouterweck, il s'efforçait de lui fermer l'université de Goettingue. Malheureusement Schulze parlait très peu et très mal le français ; au contraire, Bouterweck s'exprimait avec finesse et avec grâce. Le philosophe de Bouterweck était Jacobi ; l'homme le plus dangereux, selon lui, était Schelling. « Tous ses disciples, disait-il, ont corrompu les sciences : Oken, l'histoire naturelle ; Creuzer et Goerres, la théologie, et voilà que Hegel fait de la scolastique sur la poésie de son maître. »

A Berlin, les hommes éminents étaient Ancillon, Schleiermacher et le théologien de Wette. Cousin nous fait d'Ancillon un portrait frappant et vivant : « C'est, dit-il, un homme d'une grande stature, assez gros, tête et figure larges ; quelque chose de distingué, mais aussi de composé jusqu'à l'affectation dans toute sa personne. Il parle très bien, mais comme un livre, il s'écoute et désire qu'on l'écoute ; il procède par phrases détachées où il place toujours quelque chose de saillant, une pensée, ou au moins une tournure spirituelle. » Ce philosophe, de famille française réfugiée, ayant écrit et bien écrit en français, semblait devoir fournir à Cousin un interlocuteur intéressant ; mais celui-ci eut beaucoup de peine à l'attirer sur le terrain de la philosophie. « Je n'ai pu en tirer, dit-il, que des propositions très générales, que la raison n'est pas le raisonnement, que le système de l'existence universelle est la plaie de la philosophie allemande. » Il n'aimait pas son collègue Schleiermacher ; il rendait justice à sa traduction de Platon, mais avec des réserves fines et justes : « C'est un bel ouvrage, disait-il, qui entre profondément dans le sens de Platon, mais n'en reproduit pas la grâce. L'ironie de Platon s'exprime par un sourire ; celle de Schleiermacher est un rire amer. » Solger, autre philosophe qu'il vit à Berlin, lui parla sévèrement de tous les philosophes du temps, et lui dit que la philosophie allemande était dans une période de crise, qu'un seul philosophe pouvait enfin remplacer Fichte : c'était Hegel.

Schleiermacher fut un des hommes qui frappèrent le plus vivement Cousin. Le récit de la visite qu'il lui fit mérite d'être reproduit textuellement : « J'éprouvais une certaine inquiétude à l'idée de me trouver en face d'un des hommes les plus illustres de l'Allemagne. Métaphysicien hardi, moraliste, théologien, politique, orateur, érudit, mon imagination rassemblait tous ces titres sur quelque imposant personnage. La porte s'ouvre et, dans le fond d'un cabinet mal éclairé, j'entrevis un petit homme chétif et bossu : c'était Schleiermacher. Je demeurai immobile d'étonnement; je me remis peu à peu; et ce commencement ne m'ayant pas égayé, j'entrai en matière avec un grand sérieux... notre conversation dura deux heures qui furent bien remplies. Ce qui m'a le plus frappé dans M. Schleiermacher, c'est ce qu'on m'avait aussi le plus vanté en lui, la prodigieuse subtilité de son esprit. On ne saurait être plus habile, plus délié et pousser plus loin une idée. Si je pouvais reproduire sa conversation, on y verrait un modèle d'adresse; il ne voulait pas me dire sa pensée; mais sans cesse il me plaçait sur des pentes qui y conduisaient. J'aurais dû y consentir et me donner le spectacle de l'esprit de M. Schleiermacher, mais les choses m'occupaient tout entier; je lui demandai trop et trop vite. Il me vanta beaucoup le système de Spinoza. Je faisais mille objections : « Eh bien ! alors, prenez Platon au lieu de » Spinoza. Admettez que la matière n'est pas un at- » tribut de Dieu, mais une substance à part. Êtes- » vous bien sûr que la matière soit étendue? » Et il insinuait que le moi pourrait bien être aussi étendu que le non-moi. Nous nous sommes enfoncés dans la question de la création : « Il est aisé de s'élever » à Dieu; mais il est difficile d'en descendre, il faut » sauter de l'infini dans le fini. » Je lui demandai s'il concevait l'état d'immortalité sans conscience, sans réminiscence ? « — Oui. — On peut, lui dis-je, attri- » buer cette doctrine à Aristote; mais croyez-vous » que ce soit celle de Platon ? — Oui; il faut distin- » guer dans Platon la partie systématique et la partie » populaire. Dans le *Phédon*, il n'y a rien qu'on ne » puisse ramener à l'existence sans conscience. » — On peut juger de quel attrait et de quelle influence sur une jeune imagination pouvaient être, en 1817, de telles conversations. Recueillir à la source et de la bouche même des maîtres des idées neuves alors, et que personne ne connaissait en France :

l'apologie discrète, mais convaincue, du spinozisme, le rapprochement de Spinoza et de Platon, l'idée d'une immortalité impersonnelle, la non-étendue de la matière, tout cela devait être pour le disciple de Royer-Collard une surprise et une fascination dont il n'est pas facile de nous faire une idée, aujourd'hui que de telles idées sont devenues banales, et que tout le monde les a plus ou moins traversées. Ce n'en est pas moins un événement important pour l'histoire de la philosophie, car c'est de ce moment, et par l'intermédiaire de notre voyageur, que date l'infiltration en France des idées allemandes. Cousin revit une seconde fois Schleiermacher et jugea plus favorablement cette fois de sa personne physique : « Je m'étais trompé, dit-il, sur sa personne; je l'avais mal vu le soir; le jour, il m'a paru mieux. Il est vrai qu'il est un peu bossu; mais il a des yeux de génie. Il a près de cinquante ans, et il est marié avec une femme encore jeune et belle. Il m'a conseillé de traduire un ouvrage de Lessing : l'*Éducation du genre humain.* » Après Schleiermacher, Cousin vit encore à Berlin le théologien de Wette, rationaliste célèbre, mais peu indulgent pour la philosophie de son temps, qu'il exécutait sans façon et d'une manière tranchante : « Que pensez-vous de la philosophie de Schelling?—Que c'est un délire. — Et de M. Hegel? — Qu'il a mis en évidence l'absurdité de Schelling. J'ai lu les écrits de Hegel; ils m'ont tous paru des non-sens. »

De Berlin, Victor Cousin alla à Leipzig, et là il eut le plaisir de rencontrer un curieux vestige de la philosophie antérieure à Kant : ce fut le vieux Platner, psychologue et médecin, qui avait été élevé dans la philosophie de Leibniz. Cousin crut lui faire plaisir en lui parlant de cette philosophie de sa jeunesse; mais Platner l'avait déjà oubliée; quoiqu'il eût soixante-treize ans, il était tout entier aux querelles du temps; il ne pensait qu'à Kant et à ses successeurs; très opposé d'ailleurs à la philosophie de Schelling, il était décidé à lui fermer l'université de Leipzig, comme on l'avait fait à Goettingue. Rien de plus piquant que ce vieux philosophe qui, sur le bord de la tombe, était encore tout entier aux luttes philosophiques de son temps, et qui, tout en combattant les nouveautés, avait oublié un peu lui-même ce qu'il avait cru autrefois. Cousin vit encore à Leipzig un disciple de Kant, le philosophe Krug, très ennemi de la philosophie nouvelle, de la philosophie de la nature : mais il parla avec lui de politique plus que de philosophie. A Iéna, autre kantien, M. Fries; même difficulté de s'expliquer, à cause de la langue. Cependant, chose curieuse, Fries, qui s'exprimait péniblement en français sur la philosophie, s'animait et se passionnait pour la politique. Il était profondément libéral : la France, même vaincue, était alors un idéal et un objet d'envie pour ses vainqueurs, à cause de sa constitution et de sa liberté : « Plus heureux que nous, disait-il, vous êtes une nation ! »

La plus grande figure que Cousin ait rencontrée pendant son voyage est celle de Goethe. Ici, les paroles rapportées ont peu d'importance : ce qui est intéressant, c'est l'impression vive que le voyageur avait conservée et qu'il nous a transmise du grand homme qu'il venait de visiter. Il le revit encore une fois plus tard en 1824; et, quoique n'ayant pas écrit ce second voyage, il en a extrait tout ce qui concerne Goethe, et il a ajouté cet extrait à ses souvenirs de 1817. Ce ne sont que des détails personnels sur Goethe et sa famille, mais ils sont pleins de vie, de vérité et de couleur ; et tout intéresse lorsqu'il s'agit d'un aussi grand personnage. Bornons-nous au récit de la première visite. Nous le publions d'après une lettre insérée au journal *le Globe*, le 2 juin 1827. Victor Cousin l'introduisit plus tard avec quelques modifications dans ses *Fragments* (1866)[1].

1. Le récit de la première visite ayant déjà paru dans *le Globe*,

« Goethe est un vieillard d'environ soixante-neuf ans; il ne m'a pas paru en avoir soixante. Il a la taille de Talma avec un peu plus d'embonpoint; peut-être aussi est-il un peu plus grand. Les lignes de son visage sont grandes et bien marquées, front haut, figure assez large, mais bien proportionnée : bouche sévère, yeux pénétrants, teint sombre, expression générale de force et de réflexion.

» Sa démarche est calme et lente comme son parler; mais à quelques gestes rares et forts qui lui échappent, on sent que l'intérieur est plus agité que l'extérieur. La conversation d'abord froide, s'anime peu à peu; il parut ne pas trop s'y déplaire; j'ai joui quelques instants de Goethe se développant avec plaisir. Il marchait et s'arrêtait pour m'examiner ou se recueillir et enfoncer toujours plus profondément sa pensée, en chercher une expression, en donner un exemple et des détails. Le geste rare, mais pittoresque, et l'attitude générale grave et forte.

» Nous restâmes ensemble à peu près une heure. Je fus surtout frappé de son grand sens. Il ne m'a énoncé aucun paradoxe, aucune proposition étrange, quoiqu'il ne m'ait dit que des choses

ne se trouve pas dans le premier article de la *Revue* (1857), il n'est que dans les *Fragments*.

neuves. Son imagination perçait de temps en temps : beaucoup d'esprit dans le détail et le développement : un vrai génie dans le corps de l'idée ; ce qui me paraît le caractériser, c'est l'étendue.

» Je lui exposai l'état de la philosophie en France et mes projets[1]. Il me dit que jamais la France ne s'occuperait de philosophie[2], mais seulement quelques individus, tels que Villiers dont il déplora la perte[3].

1. Addition de 1866 : « Ils n'étaient pas tout à fait de nature à plaire au Voltaire de l'Allemagne, à l'admirateur de *Diderot*. »

2. Addition de 1866 : « Je lui répondis qu'au contraire la philosophie était dans l'essence du génie français, témoin tant de philosophes illustres qu'à produits la France depuis Descartes jusqu'à M. Royer-Collard. Goethe m'eut tout l'air de ne connaître ni l'un ni l'autre. »

3. Addition de 1866 : « Monsieur, lui répliquai-je, M. de Villiers était émigré et il ne connaissait pas la France nouvelle. Moi, je suis un enfant de la Révolution ; je suis libéral comme tous mes camarades, et bien résolu à ne pas reculer devant aucune difficulté. J'ai d'ailleurs la ferme conviction que j'ai raison, et que le matérialisme et l'athéisme du xviii° siècle sont des erreurs funestes, incompatibles avec le sentiment et les mœurs d'un peuple libre. Ce ton de jeune homme, qui eût irrité Voltaire, fit sourire Goethe. »

Nous ne savons si ces additions, que nous abrégeons, sont des détails supprimés dans le premier texte pour des raisons quelconques, ou ajoutés après coup, sur des souvenirs vagues et lointains. Ce que Cousin dit du matérialisme et de l'athéisme pourrait bien être de ce genre, et en tout cas ne se trouve pas dans la rédaction première de 1827.

» Ceci nous conduisit à l'état de la philosophie en Allemagne. Il passa en revue tous les philosophes distingués qui étaient sortis de Iéna et de Saxe-Weimar, Rheinhold, Fichte, Schelling, Wieland qui était aussi philosophe à sa manière. J'ai tout vu, dit-il, en Allemagne, depuis la raison jusqu'au mysticisme. J'ai assisté à toutes les révolutions.

» Il y a quelques mois (c'est toujours Goethe qui parle), je me suis mis à relire Kant ; rien n'est si clair depuis qu'on a tiré toutes les conséquences de ses principes. Le système de Kant n'est pas détruit. Ce système ou plutôt cette méthode consiste à distinguer le sujet de l'objet, le moi qui juge de la chose jugée, avec cette réflexion que c'est moi qui juge. Ainsi les sujets ou principes du jugement étant différents, il est tout simple que les jugements le soient. La méthode de Kant est un principe d'humanité et de tolérance [1].

» La philosophie allemande, me dit-il encore, c'est la manifestation des diverses qualités de l'es-

---

1. On est étonné d'entendre Goethe parler du système de Kant, comme d'un relativisme tout individuel, tel que serait par exemple le phénoménisme de nos jours. Mais on comprend qu'un poète, un humoriste comme Goethe n'attachàt pas grande importance aux distinctions techniques, et traduisît Kant dans un sens tout pratique, comme une sorte de Montaigne et de Voltaire *a priori*. En tout cas, c'est un jugement intéressant, de même que celui qui

prit. Nous avons vu paraître tour à tour la raison, l'imagination, le sentiment, l'enthousiasme.

» Il m'a beaucoup entretenu de physique. Selon lui, l'ouvrage de M. Biot, qui venait de paraître, a deux parties écrites dans deux systèmes différents dont un esprit exercé peut voir l'opposition perpétuelle. Il m'a parlé avec vivacité contre le système atomique.

» Je ne puis qu'indiquer ici les principaux points de notre conversation. Il m'est impossible de donner une idée du charme de la parole de Goethe. Tout est individuel, et cependant tout a la magie de l'infini ; la précision et l'étendue, la netteté et la force, l'abondance et la simplicité, et une grâce indéfinissable sont dans ses paroles. Je l'écoutais avec délices. Il passait sans effort d'une idée à une autre, répandant sur chacune une lumière vaste et douce qui m'éclairait et m'enchantait ; son esprit se développait devant moi avec la pureté, la facilité, l'éclat tempéré et l'énergique simplicité d'Homère. »

A son retour, et en passant de nouveau par Hei-

---

porte sur la physique de Biot. Il est vraisemblable que Goethe voyait dans cette physique une lutte entre le mécanisme et le dynamisme, étant lui-même opposé par-dessus tout au système atomiste.

delberg, Cousin revit Hegel comme il se l'était promis, et, cette fois, ce ne fut pas quelques heures et quelques jours, mais plusieurs semaines qu'il passa auprès de lui. Hegel venait de publier son *Encyclopédie;* Cousin essaya de la déchiffrer à l'aide d'un des disciples du maître, Carové, avec qui il se promenait tous les matins dans l'Allée des philosophes, le manuel de Hegel à la main, l'un interrogeant, l'autre répondant. Le soir, on allait prendre le thé chez Hegel, que l'on consultait sur les endroits obscurs, mais « l'oracle lui-même n'était pas toujours fort intelligible ». Cousin profite de cette circonstance pour nous raconter la vie de Hegel, nous résumer sa philosophie et nous exposer les objections qu'il lui faisait, disait-il, mais qui nous paraissent un peu antidatées. Cette seconde partie du voyage [1] n'a plus le même caractère de fidélité et de vérité que la première. Ce ne sont plus des notes de voyage, c'est un travail sur Hegel fait après coup à propos de quelques souvenirs. Cependant, on peut y recueillir encore quelques traits intéressants. La conversation de Hegel était variée; il aimait à causer d'art, d'his-

---

[1]. Voyez cette seconde partie dans la *Revue* du 1ᵉʳ août 1866, *Souvenirs d'un voyage en Allemagne.*

toire, de religion, de politique. Il traçait à grands traits une philosophie de l'histoire. En politique, il était libéral constitutionnel, mais grand ami aussi de l'autorité : à peine approuva-t-il plus tard la révolution de 1830. Il avait des préventions invincibles contre la religion catholique. Un jour, à Cologne, devant la cathédrale, voyant le petit commerce qui se fait à la porte des églises : « Mourrai-je, dit-il, sans avoir vu tomber tout cela ? » Il était indulgent pour les matérialistes du xviii° siècle, que Cousin combattait si vivement en France : « Ce sont, disait Hegel, les enfants perdus de notre cause ! » Dans l'histoire de la philosophie, il penchait du côté d'Aristote plutôt que du côté de Platon. Il avait une grande admiration pour le génie de Descartes : « Votre nation, disait-il, a assez fait pour la philosophie en lui donnant Descartes. » Il n'aimait pas Leibniz et ne le mettait pas dans la compagnie des grands philosophes, au moins de ceux de premier ordre. Ces traits épars, conformes d'ailleurs à l'idée générale que l'on se fait de Hegel, ont un grand prix, et complètent d'une manière intéressante la physionomie de ce grand esprit.

En résumé, l'état de la philosophie en Allemagne, en 1817, à l'époque du voyage de Cousin, était le suivant. Il y avait deux camps : d'un côté les partisans de Kant à tous les degrés, plus ou moins réconciliés avec les partisans de Jacobi, comme Fries et Bouterweck ; par conséquent, l'école critique et l'école du sentiment ; — de l'autre, la philosophie de la nature, l'école de Schelling, c'est-à-dire le panthéisme. La lutte était vive entre ces deux écoles. Cousin n'ayant vu cette fois que l'Allemagne du Nord, n'avait guère rencontré que Schleiermacher et Goethe qui fussent dans des tendances philosophiques analogues à celles de Schelling. C'était seulement l'année suivante qu'il devait voir à Munich Schelling et Jacobi. Malheureusement, il ne nous a pas donné le récit de ce second voyage.

Il est donc vraisemblable que, de cette première tournée en Allemagne, Cousin n'eût rapporté qu'une impression assez peu favorable pour la philosophie de la nature, comme on appelait alors la philosophie de Schelling, si le hasard ne l'avait pas mis précisément en rapport avec l'homme qui, non seulement représentait alors de la manière la plus originale la philosophie de Schelling, mais qui même commençait déjà à le supplanter et le dépasser. En 1817, la grande gloire de Schelling prévalait encore ; mais le nom de Hegel allait bientôt triompher. Cousin connut donc Hegel, non seulement le premier en France, mais en Allemagne même, un des premiers. M. Rosenkranz lui a reproché d'avoir écrit plus tard qu'il avait en quelque sorte « prophétisé » Hegel dans son propre pays ; il y a là sans doute quelque exagération ; mais il paraît certain cependant par l'histoire, que Hegel n'était pas encore en 1817 ce qu'il est devenu plus tard. On était encore plus préoccupé de Schelling que de Hegel ; et il est fort vraisemblable que de vieux professeurs comme Schulze et Fries, qui en étaient encore à Kant, et pour qui l'ennemi était Schelling, n'avaient pas encore eu le temps de découvrir ce nouvel adversaire dont les formules inextricables furent d'abord, même en Allemagne, un sujet d'étonnement. Quoi qu'il en soit, par Hegel, Cousin fut initié à la philosophie de Schelling ; il reçut d'eux, et cette année même et l'année suivante, une influence commune dont nous retrouvons les traces dans les années qui vont suivre.

Les vacances finissaient. Cousin était rappelé à Paris par les obligations de ses fonctions. Il raconte qu'en quittant l'Allemagne, et au retour, il s'interrogea lui-même ; il se demanda s'il allait troubler la naissante école spiritualiste française en la jetant brusquement dans l'étude prématurée de ces doctrines étrangères; et il pensa, dit-il, qu'il valait mieux laisser la nouvelle philosophie se développer librement et spontanément. Nous ne savons s'il fit ce raisonnement d'une manière aussi explicite; mais il est évident que cette résolution était dans la nature des choses; car ce n'est pas à la suite de quelques conversations de vacances que l'on peut changer le cours entier de ses idées et introduire des systèmes que l'on ne s'est pas encore assimilés. Cependant, si on ne doit pas s'attendre à l'introduction subite du système hégélien dans la philosophie française, on aurait tort toutefois, malgré ce que dit Cousin, de croire que l'influence des doctrines allemandes ne se soit pas fait sentir, même dans le cours de 1818. En tout cas, ce qu'il est permis de supposer, c'est que le contact de l'esprit allemand a dû contribuer à élargir la pensée du jeune philosophe et à développer la flamme qui était en lui et qui allait éclater avec tant de puissance et de succès dans son prochain enseignement. Ce qui serait intéressant, ce que Cousin ne nous a pas dit, ce serait de savoir, si le sujet vaste et élevé qu'il allait traiter dans son cours de cette année, (le Vrai, le Beau, le Bien), si ce sujet avait été choisi par lui avant son voyage, ou si, au contraire, il en a été le produit et le fruit. Nous inclinons vers cette seconde hypothèse. Que Cousin, à la fin du cours précédent, eût déjà formé le projet de consacrer son nouveau cours, non plus à l'histoire, mais à la philosophie elle-même, qu'il se soit proposé d'essayer devant le grand public les solutions qu'il avait élaborées jusque-là avec des élèves dans le sanctuaire secret de l'École, cela est probable. Mais, autant que je puis connaître les habitudes des professeurs, le cadre du cours qu'il devait faire n'a pas dû être tout d'abord fixé : ce n'est pas en effet au moment où l'esprit est fatigué d'un enseignement qu'il est capable d'en construire tout de suite un nouveau. Cousin était donc décidé, je le crois, à traiter cette année-là de philosophie théorique; mais je suis porté à croire aussi que c'est de son commerce avec l'Allemagne et de ses conversations avec Hegel et avec Schleiermacher qu'est sortie dans son esprit cette trilogie célèbre qui restera son titre d'honneur dans l'histoire de la philosophie française, et dont nous essaierons de faire comprendre, pour l'époque où elle s'est produite, l'importance et la nouveauté.

III

LE COURS DE 1818 : *DU VRAI, DU BEAU ET DU BIEN*. — LA MÉTAPHYSIQUE : LA THÉORIE DE LA RAISON

La doctrine philosophique élaborée par Victor Cousin dans l'intérieur de l'École normale, avec ses élèves Jouffroy, Damiron et Bautain, en 1816 et 1817, agrandie et enrichie par un commerce de quelques mois avec l'Allemagne, fut enfin portée devant le public à la fin de cette dernière année. Nous avons, pour étudier et pour apprécier cette doctrine, deux documents importants : d'abord le cours de 1818 lui-même, publié plus tard sous ce titre : *Du Vrai, du Beau et du Bien*, commenté par les deux *Programmes* de 1817 à 1818[1] ; en se-

[1] Ces programmes se trouvent dans les *Fragments philosophiques* de 1826.

cond lieu, l'*Introduction* au cours de 1820, publiée en 1841, mais seulement d'une manière partielle et dont nous avons retrouvé le texte complet et original. Nous allons faire connaître ces deux documents; je dis : faire connaître, car le premier, quoique très célèbre, est à peu près aussi ignoré que le second.

Si nous demandions aujourd'hui à l'un de nos jeunes philosophes ce qu'il pense du livre : *Du Vrai du Beau et du Bien*, il répondrait vraisemblablement (s'il était impartial et bienveillant) que c'est un livre élégamment écrit, éloquent par endroits, d'un sentiment élevé, mais, en somme, d'une philosophie superficielle, un peu banale, toute littéraire, d'une philosophie de sens commun.

Cependant, ceux qui avaient assisté aux premiers enseignements de Cousin, et qui nous en ont transmis le souvenir, en avaient conservé une impression bien différente. Sa philosophie passait alors, et même encore dans notre jeunesse, pour une philosophie profonde, obscure, mystérieuse; lui-même paraissait une sorte d'hiérophante venant d'un monde invisible annoncer des choses inconnues. Un des rares survivants de cette première époque nous disait encore récemment que l'impression dominante qui restait de l'enseignement de Cousin était celle de « transcendantalisme[1] ». C'était donc une philosophie transcendante, et nullement populaire, qu'on attribuait au professeur.

Non seulement les élèves, plus ou moins captivés par le prestige de la parole du maître, avaient eu et ont gardé cette impression; mais elle paraît avoir été partagée par un juge de la plus haute compétence et non suspect en matière de transcendance, par le philosophe Hegel lui-même. Voici comment celui-ci parlait de Cousin à cette époque : « En l'année 1817 et en 1818, le professeur Cousin de Paris, dans les deux voyages qu'il fit alors en Allemagne, vint me rendre visite à Heidelberg. Dans les relations que j'eus avec lui pendant un séjour de quelques semaines, je le connus comme un homme qui s'intéressait très sérieusement à toutes les connaissances humaines, et notamment au genre d'études qui nous étaient communes à lui et à moi, et qui avait un ardent désir de se rendre compte avec exactitude de la manière dont la philosophie était traitée en Allemagne. Son ardeur si précieuse pour moi, surtout chez un Français, de

---

1. Le terme de transcendantal est ici employé comme synonyme de transcendant.

plus la *profondeur* (die Gründlichkeit) avec laquelle il entrait dans notre manière plus abstruse d'entendre la philosophie, et *que je ne pouvais non plus méconnaître dans ses leçons de philosophie faites à Paris, et dont il m'entretenait*, m'inspirèrent le plus vif intérêt pour sa personne[1]. »

Comment s'expliquer maintenant que des idées que Hegel jugeait profondes paraissent aujourd'hui superficielles à nos jeunes écoliers? Aurions-nous donc fait tant de progrès en philosophie? Sans doute il faut faire une part à l'action personnelle et au prestige de Victor Cousin; il faut reconnaître aussi que beaucoup d'idées alors nouvelles ont pu devenir banales avec le temps, par le fait même d'un enseignement très généralisé de la philosophie : c'est précisément le propre et la suite de tout enseigne-

---

[1]. *Hegel's Werke*, biographie, t. XIX, p. 308. Ce qui donne à ce jugement de Hegel toute sa valeur, c'est la nature du document d'où il est tiré. Il ne s'agit pas ici d'un article de complaisance, d'un écrit de politesse, mais d'une *lettre au ministre de la police* lors de la fameuse arrestation de Cousin à Berlin, dont nous parlerons plus tard. Or il importait fort peu au ministre de la police que Cousin fût profond ou non. Ce n'était donc pas pour le besoin de sa cause, mais spontanément, sans réflexion et sans calcul, que Hegel portait ce jugement. Qu'il se fît illusion ou non, c'est une autre question ; mais l'illusion d'un Hegel est déjà une forte présomption de supériorité chez celui qui a pu causer cette illusion.

ment de changer bien vite les nouveautés en lieux communs ; et il serait de la dernière injustice d'en faire rejaillir la défaveur sur celui-là même qui a introduit ces nouveautés et fondé cet enseignement ; mais il y a, pour expliquer la contradiction précédente, d'autres raisons plus décisives et plus péremptoires.

L'ouvrage qui a pour titre : *Du Vrai, du Beau et du Bien*, n'est guère connu aujourd'hui que par l'édition remaniée en 1845, et plus tard encore en 1853, par Victor Cousin lui-même : c'est la seule qui ait cours ; mais il ne faut pas oublier que, dans la seconde période de sa carrière, à partir précisément de 1845, Cousin, soit par des scrupules de doctrine, soit par des scrupules littéraires, a fait lui-même les plus grands efforts pour atténuer, amortir, éteindre les traces de sa propre originalité.

Nous entrerons dans plus de détails sur ce point quand nous arriverons à cette période de sa vie. Ce qui suffit quant à présent, c'est de savoir que, si l'on veut se rendre compte du cours de 1818 et de l'effet produit à cette époque, il faut lire non l'édition récrite après coup, quoique plus belle peut-être au point de vue littéraire, mais l'édition première, celle de 1836, publiée par Ad. Garnier sur les rédactions mêmes des élèves de l'École normale[1].

Si l'on compare l'édition de 1836[2] à celle de 1845 ou de 1853, voici le fait qui frappe tout d'abord : c'est que la première partie du livre, celle qui traite du Vrai, remplit la moitié du cours primitif, tandis qu'elle n'occupe que le quart de l'ouvrage corrigé; et cela ne tient pas seulement à quelques additions dans le reste du volume, mais à des suppressions considérables dans la première partie. Pour ne pas fatiguer le lecteur par des précisions trop matérielles, disons que, toute comparaison faite, il résulte qu'une centaine de pages, et des plus importantes, ont disparu du texte, et que le reste, ainsi mutilé et appauvri (je ne parle que de la première partie), a perdu toute signification. Or ces cent pages supprimées contiennent toute une métaphysique. La métaphysique, qui avait été la moitié du cours et l'objet de tout le semestre d'hiver (on sait que c'est de beaucoup le plus impor-

---

1. Cette publication était la reproduction littérale des rédactions de l'École normale, comme j'ai pu m'en assurer moi-même en 1845, ayant eu ces rédactions entre les mains pendant près d'une année. Elles ont disparu depuis.

2. Dans l'édition de 1836, la première partie, *Du Vrai*, comprend 180 pages sur 390. Dans l'édition de 1853, elle comprend 130 pages sur 464. C'est presque la différence de la moitié au quart

tant dans les facultés), la métaphysique, dis-je, n'est plus, dans l'édition de 1846, qu'une sorte d'introduction générale; et l'ouvrage nouveau est presque exclusivement une esthétique et une morale. Ce qui était le fond est devenu la préface; ce qui n'était qu'application et conséquence est devenu le corps du livre. Par là s'explique ce caractère littéraire et oratoire que l'on a pu signaler avec raison dans l'édition définitive, mais qui n'est pas du tout, bien au contraire, le caractère de l'ouvrage primitif.

En mutilant ainsi la partie métaphysique de son œuvre, Victor Cousin nous paraît avoir été véritablement injuste et en quelque sorte ingrat envers lui-même; car il sacrifiait ce qui avait fait sa gloire et son succès. La grande nouveauté du cours de 1818 a été précisément la renaissance en France de la métaphysique. Que venait, en effet, ajouter le jeune professeur à la philosophie de son maître, Royer-Collard, si ce n'est la métaphysique elle-même? Depuis longtemps, cette science avait disparu en France. Avec Condillac, elle s'était réduite à être l'analyse des sensations. Maine de Biran, que Cousin appela plus tard « le premier métaphysicien de son temps », n'avait publié aucun de de ses ouvrages et était presque entièrement inconnu. Laromiguière n'était encore qu'un idéologue, et Royer-Collard lui-même un psychologue à la manière écossaisse, avec plus de dialectique. Ce n'est pas Cabanis ni Destutt de Tracy que l'on appellera des métaphysiciens. Au xviiie siècle, Voltaire, d'Alembert, Condorcet, ont eu sur la métaphysique les mêmes idées que nos positivistes modernes. Le seul métaphysicien du xviiie siècle est Diderot, et encore à l'état confus et rudimentaire. Ajoutez-y quelques philosophes oubliés, Lignac, Gerdil (celui-ci plus Italien que Français), voilà le bilan de la métaphysique dans ce siècle de critique et d'empirisme. En un mot, il faut remonter jusqu'à Malebranche pour renouer la chaîne, et il ne serait pas exagéré de dire que, depuis les *Entretiens métaphysiques* de 1688, la première réapparition éclatante de la métaphysique en France a été le cours de 1818. Ce fut du reste l'impression du temps. Ce que Broussais combattit dans Victor Cousin, ce fut le métaphysicien. A l'étranger, ce qui représenta la métaphysique française pendant vingt années (pour Schelling, Hamilton, Gioberti), ce fut la philosophie de Cousin. Lorsque, plus récemment, on a cru devoir réagir contre Cousin au nom de la métaphysique, on n'a fait que revenir à la source. C'est un phénomène d'atavisme.

Abordons maintenant l'analyse du cours de 1818, d'après l'édition de 1836. Dès la première leçon, Victor Cousin pose le principe de l'*éclectisme*. « Il vient, dit-il, proposer à toutes les écoles un traité de paix. Puisque l'esprit exclusif nous a si mal réussi jusqu'à présent, essayons de l'esprit de conciliation. L'éclectisme n'est pas le syncrétisme, qui rapproche forcément des doctrines contraires : c'est un choix éclairé qui, dans toutes les doctrines, emprunte ce qu'elles ont de commun et de vrai, et néglige ce qu'elles ont d'opposé et de faux. » Tel est le principe que Cousin développe, dès cette première leçon, à l'aide de considérations neuves et intéressantes. Il cite l'exemple des sciences positives. C'est l'esprit éclectique, disait Cousin, qui est l'esprit des sciences positives, qui les a créées et les a fait grandir. Unité de méthode, diversité de recherches et de théories, triage parmi ces théories de ce qui est solide et juste, liaison de toutes ces parties de vérité les unes avec les autres : voilà ce qui a fait le succès des sciences physiques. Pourquoi la philosophie n'a-t-elle pas fait des progrès égaux ? Que lui a-t-il manqué ? D'être fidèle à son propre principe, à savoir la méthode d'observation, d'avoir su tolérer des dissidences apparentes pour en tirer les vérités communes, en un mot, d'avoir bien entendu ses véritables intérêts.

Depuis l'époque où Cousin s'exprimait ainsi, le principe de l'éclectisme, c'est-à-dire le devoir et le droit pour la philosophie de prendre partout son bien où elle le trouve, de s'enrichir en puisant à toutes les sources, a paru si évident, qu'on ne lui a plus fait qu'un reproche, c'est de l'être trop. Qui est-ce qui n'est pas éclectique ? a-t-on dit. Les faits prouvent que c'est précisément le contraire qui est la vérité. Jusqu'à notre siècle, la philosophie française a toujours pratiqué la méthode révolutionnaire. Descartes avait rejeté les anciens sans aucune réserve ; Condillac et Voltaire avaient rejeté Descartes avec les anciens. Pour Descartes, la philosophie d'Aristote était comme l'astrologie à l'égard de l'astronomie; pour Condillac, la philosophie de Descartes était comme l'alchimie à l'égard de la chimie. L'idée d'une tradition en philosophie était absolument ignorée ; l'idée d'un rapprochement et d'un concordat entre les diverses écoles ne l'était pas moins. L'éclectisme était donc une grande nouveauté et une nouveauté vraie. Il plaidait pour l'honneur de la raison humaine, qui ne serait autre chose qu'une immense folie si elle n'était capable que d'enfanter des conceptions contradictoires se détruisant sans cesse l'une l'autre et entassant ruines sur ruines. On a cru que, pour Victor Cousin, l'éclectisme était fondé sur l'histoire et n'était que la conséquence de l'histoire des systèmes. La philosophie n'eût été alors que l'histoire de la philosophie. Il se peut que cette confusion ait été faite à la longue : à force d'étudier les systèmes, on a pu être amené à croire qu'il n'y avait pas d'autre philosophie que cette étude. Mais ce n'est pas ainsi que le principe s'est présenté tout d'abord. Cousin, fidèle à l'école de Royer-Collard, ne sépara jamais le principe de l'éclectisme de la méthode psychologique. La vraie méthode, pour la philosophie comme pour les sciences, est la méthode d'observation, et c'est le mérite du xviii° siècle de l'avoir posée ; mais cette observation, qui porte sur la conscience, ne doit pas être exclusive ; elle doit exprimer ce qui est dans la conscience, rien que ce qui y est et tout ce qui y est. Ainsi, le point de départ de la science, c'est bien toujours la méthode du xviii° siècle, mais pratiquée dans un esprit nouveau, dans l'esprit éclectique. Or, c'est ce qui n'avait pas été fait. Toutes les écoles du xviii° siècle avaient pratiqué la méthode psychologique, mais dans un esprit exclusif, en insistant sur un seul élément de la conscience, en niant les autres. La vérité, c'est ce qu'elles affirment ; l'erreur, c'est ce qu'elles nient.

Il y a d'abord deux grandes écoles au XVIIIe siècle : d'une part, celle de Locke et de Condillac ; de l'autre, celle de Reid et de Kant. Les unes expliquent l'intelligence tout entière par la sensation et font de la pensée ou du moi le reflet du monde matériel. A cette première école Cousin fait trois objections : 1° le moi, suivant Locke, ne travaille que sur des objets changeants et contingents ; comment arrive-t-il au nécessaire et à l'absolu ? 2° le moi, dispersé dans le multiple, ne peut se trouver lui-même ; il ne peut atteindre à l'unité et, par conséquent, il ne peut pas apporter l'unité à la multiplicité. 3° le moi de Locke et de Condillac ne peut pas même arriver à l'idée de la sensation ; car s'il n'est qu'un redoublement de l'impression sensible, cette impression restera toujours impression sans s'élever à l'idée. Le moi n'est pas le produit du dehors ; il réagit sur le dehors ; c'est lui « qui impose l'unité à la matière » au lieu de la recevoir [1].

---

1. Ces idées ne sont pas si faibles, à ce qu'il nous semble, même pour notre temps, et nous voudrions bien savoir de quels autres arguments on se sert aujourd'hui dans les philosophies réputées les plus profondes, pour écarter la doctrine de la sensation.

L'autre école, celle de Kant, développée et systématisée par Fichte, part du moi, elle en trouve la preuve dans le fait irrécusable de la liberté. Mais comment du moi peut-on s'élever à l'absolu, et aussi comment du moi peut-on passer au non-moi ? Dans cette doctrine, les principes absolus ne peuvent être que les formes du moi. De deux choses l'une : ou il faut que le moi crée l'absolu de toutes pièces par un acte pur et libre (c'est la doctrine de Fichte), ou qu'il le subisse comme une loi nécessaire (c'est la doctrine de Kant). Dans les deux cas, l'absolu devient relatif, subjectif; le non-moi est absorbé par le moi.

Indépendamment de cette objection générale contre les écoles subjectivistes, Victor Cousin dirigeait un argument particulier contre celle de Fichte. L'erreur de Fichte est de ne pas avoir aperçu, dans le développement du moi, deux moments, le moment réfléchi et le moment spontané. Il dit que le moi se pose et pose le non-moi; mais cela n'est vrai que du moi réfléchi. Oui, lorsque la réflexion arrive, le moi, prenant possession de lui-même, peut être dit *se posant*, et, en tant qu'il s'oppose au non-moi, on peut dire aussi qu'il pose le non-moi. Mais, avant de se poser par un acte réfléchi, il se *trouve* d'abord par un acte spontané. De même, avant d'avoir posé le non-moi par sa lutte contre lui, il faut d'abord qu'il l'ait aperçu sans l'avoir posé. Ainsi le fait signalé par Fichte est vrai, mais ce n'est pas le premier fait de conscience. Dans tout fait de conscience, il faut toujours distinguer deux formes : la spontanéité et la réflexion.

Cette distinction importante, sur laquelle Cousin est revenu très souvent dans sa philosophie, avait échappé en général à toutes les Écoles antérieures, au moins aux Écoles modernes ; car elle est déjà dans la distinction célèbre d'Aristote de l'acte et de la puissance. Mais précisément, par suite de la chute de l'École péripatéticienne, l'élément du virtuel, du potentiel, de l'instinctif avait disparu des Écoles. Le point de vue spontané fait entièrement défaut dans la philosophie de Condillac ; il n'apparaît guère dans la philosophie de Descartes. Celui-ci ramenait tout au mécanisme et aux idées claires et distinctes ; celui-là expliquait tout par l'analyse. Il n'est pas moins vrai aussi que Fichte avait sacrifié le point de vue spontané au point de vue réfléchi. C'est l'école de Schelling (après Leibniz) qui a rétabli le principe de la spontanéité. On peut, si l'on veut, rattacher sur ce point Cousin à Schelling. N'oublions pas cependant que, dans son récent voyage en Allemagne, Cousin n'avait pas vu Schelling : ce ne pourrait donc être que par Hegel qu'il aurait pu être mis sur la voie de cette importante distinction ; mais Hegel lui-même, en ramenant tout à la logique, paraissait encore faire prédominer le principe réfléchi sur le principe spontané. En supposant d'ailleurs que cette idée eût son origine en Allemagne, ne serait-ce pas encore un service rendu que de l'avoir introduite et popularisée parmi nous ? L'enrichissement de la philosophie ne se fait-il pas de peuple à peuple par des emprunts réciproques ? Et quelle sagacité, pour un jeune homme qui vient de causer quelques jours avec un grand esprit, malgré tous les obstacles qu'opposait la diversité des langues, de démêler et de recueillir, dans ces conversations brisées, un principe nouveau !

Quoi qu'il en soit de ce point historique, ce qui est certain, c'est que, pour Victor Cousin comme pour Schelling et Hegel, les deux écoles du XVIIIe siècle étaient incomplètes et qu'elles avaient négligé un troisième monde qui plane au-dessus du moi et de la nature extérieure et qui est aussi nécessaire que les deux autres : c'est l'absolu. C'est par Victor Cousin que cette expression fait son apparition dans la langue philosophique de la France ; on ne peut dire cependant qu'il l'ait rapportée

d'Allemagne, car elle était déjà dans le cours de
1817[1]. Le moi ne crée pas l'absolu : il se l'oppose.
La raison n'est pas seulement, comme le veut Kant,
la raison humaine : c'est purement et simplement
la raison. Du moi et du non-moi réduits à eux seuls
on ne peut faire sortir ni une morale, ni une
esthétique, ni une religion. Ce sont deux éléments
relatifs qui n'existent que dans leur rapport réciproque. Ils ne peuvent aboutir, en morale, qu'à
l'intérêt, en esthétique, qu'au plaisir, en religion,
qu'au fétichisme et à l'anthropomorphisme. Voilà
Dieu ramené à la mesure du relatif et du fini. Au-dessus de ces deux éléments, le moi et le non-moi,
il faut donc en admettre un troisième, « l'infini ou
l'absolu, qui est le fondement et la raison ontologique des deux autres ». Ce troisième élément
n'est pas seulement nécessaire pour fonder la
morale, l'art et la religion; il l'est encore pour
rendre possible la connaissance, et même la connaissance du fini. Sans doute il est vrai de dire avec
Fichte : « Sans moi, pas de non-moi; sans non-moi,
pas de moi; » mais ces deux formules sont insuffisantes, il faut ajouter : « Pas de fini sans infini, et

---

1. Maine de Biran parle de l'absolu dans un fragment publié
par M. Gérard (*Maine de Biran*, appendice), fragment qui paraît
avoir été écrit en 1812, mais qui n'était pas connu.

réciproquement[1]. » Les deux écoles précédentes ont donc été dans l'impuissance d'expliquer ces trois faits : 1° le moi (pour les sensualistes) et le non-moi (pour les idéalistes); 2° l'unité de la conscience; 3° les vérités absolues. La doctrine de la raison donne satisfaction à ces trois difficultés : car, d'une part, elle donne évidemment l'absolu; mais de plus, elle explique l'unité de conscience, car « l'unité de conscience est le reflet de l'unité absolue ». Quant au moi et au non-moi, ils sont donnés comme deux faits corrélatifs coexistants dans l'absolu : aucun d'eux ne peut engendrer l'autre, il faut donc les admettre tous les deux, mais alors d'où vient leur unité ? Cette unité est dans le troisième principe : « L'être absolu qui, renfermant dans son sein le moi et le non-moi finis et formant, pour ainsi dire, le fond identique de toute chose, un et plusieurs tout à la fois, un par la substance, plusieurs par les phénomènes, *s'apparaît à lui-même dans la conscience humaine.* » Cette dernière formule, tout imprégnée d'hégélianisme, nous révèle l'influence certaine et immédiate de cette philosophie sur Victor Cousin. N'oublions pas toutefois qu'il était tout prêt à ressentir cette influence, et que, dès

---

1. C'est du reste ce qu'avait dit Fichte lui-même.

l'année précédente, sa philosophie s'était développée dans cette direction. Lorsqu'il disait en 1817 que « la notion du moi était la manifestation du principe de substance dans la conscience », confondant déjà la substance avec l'absolu, il n'était pas loin de la formule hégélienne.

Cette théorie de la raison soulevait un grand problème, celui de l'objectivité de la connaissance: c'est le problème auquel Cousin a le plus pensé et qu'il a le plus creusé; c'est là le point culminant de sa philosophie. Quelle que soit d'ailleurs la valeur de la solution qu'il a proposée, ce qu'il faut reconnaître, c'est qu'il est le premier qui ait posé ce problème en France, à savoir le problème du passage de l'idée à l'être. Condillac, Laromiguière, Royer-Collard, avaient ignoré ce problème, et Biran même ne l'avait traité que d'une manière assez étroite. Cousin le posa le premier, non seulement pour la France, mais encore pour l'Europe, l'Allemagne exceptée. Il l'a fait avant Hamilton (1828), avant Rosmini (1831), et on peut dire que c'est en partie par lui que ce problème, parti de l'Allemagne, a été répandu dans l'Europe entière [1].

1. Le problème de l'objectivité est déjà dans Descartes : le *Cogito*, le principe de la véracité divine, la doctrine de l'adéquation de l'idée avec son objet, sont des formes diverses de solu-

A quoi reconnaît-on qu'une vérité est absolue ? A deux caractères que Kant a signalés après Leibniz, à savoir la nécessité et l'universalité : chacun de ces caractères est un critérium, mais de valeur inégale. L'un est relatif; l'autre est absolu. La nécessité est relative, parce qu'elle n'exprime qu'un rapport avec notre intelligence : elle n'est que l'impossibilité pour l'intelligence humaine de nier une vérité. L'universalité, que Cousin appelle aussi « l'indépendance », est un critérium absolu, parce qu'elle pose l'indépendance de la vérité en soi, abstraction faite de notre intelligence. Pour qu'une vérité soit une vérité, il faut qu'elle puisse être conçue comme existant en soi, supposé qu'il n'y eût pas d'intelligence humaine. Quand une vérité subit cette épreuve et peut se dégager ainsi des lois de l'esprit, elle passe de l'état de notion nécessaire à l'état de notion absolue. Maintenant, est-ce de l'absolu que l'on doit aller au nécessaire, ou du nécessaire à l'absolu ? Kant a cru qu'il fallait partir du nécessaire; mais c'est faire tomber l'absolu dans le relatif, c'est confondre la vérité

---

tion données à ce problème. Cependant il est permis de dire que, même dans Descartes, le problème n'est pas aperçu dans sa généralité et qu'il n'est pas traité, comme dirait Hegel, en soi et pour soi.

avec les formes de tout. Si vous partez du nécessaire, vous n'en pourrez plus sortir. La nécessité n'est que le signe de quelque chose d'antérieur : le nécessaire n'est pas la raison de l'absolu, c'est l'absolu qui est la raison du nécessaire. Il faut renverser la méthode de la philosophie écossaise et de la philosophie kantienne; au lieu d'établir la vérité sur la croyance (c'est-à-dire sur l'impossibilité de nier), il faut établir la croyance sur la vérité. Il faut donc qu'il y ait un état primitif antérieur à la nécessité d'affirmer : cet état est ce que Cousin appelle « l'aperception pure de la vérité »; cet état est très difficile à saisir par la conscience; il passe comme un éclair, mais on peut l'induire de ce qui est donné; on peut encore le retrouver dans le souvenir.

Pour établir l'existence de cette aperception pure, Cousin donnait une théorie remarquable du jugement. Il y a deux sortes de jugements : affirmatifs et négatifs. On dit souvent que les jugements négatifs sont affirmatifs; cela est vrai, mais, ce qui n'est pas moins vrai, c'est que le jugement affirmatif est en même temps négatif; car, lorsque j'affirme qu'une chose est vraie, j'affirme par là même que le contraire est faux, c'est-à-dire que je nie ce contraire; on peut même dire qu'on n'éprouve le besoin d'affirmer que lorsque la vérité a été niée d'abord, soit par nous-mêmes, soit par autrui. L'affirmation suppose le doute. C'est après avoir essayé de mettre une vérité en doute que je dis : *Non*, cela n'est pas douteux; la chose est comme je la vois; elle est, je l'affirme. L'affirmation, ou jugement réfléchi, est donc « le résultat laborieux de deux négations[1] ». C'est à ce moment qu'apparaît la nécessité de la croyance; une croyance nécessaire est une croyance qui résiste à l'épreuve du doute. C'est le même critérium que M. Spencer a proposé sous cette forme, « l'inconcevabilité du contraire ». Un tel critérium est tout subjectif; si l'on s'en tient là, les principes ne sont plus que les formes de l'entendement, les lois constitutives de l'esprit humain. Mais ce caractère de nécessité correspond, on l'a vu, à un état ultérieur de l'esprit, à l'état réflexif : c'est la réflexion qui introduit la subjectivité dans la connaissance.

---

1. Programme de 1818 (*Fragments*, p. 281). Cette théorie, aussi solide qu'ingénieuse, se vérifie parfaitement sur le *Cogito ergo sum* de Descartes. C'est après avoir tout mis en doute et essayé de douter du *Cogito*, que Descartes ajoute : « Mais il est impossible que je ne sois pas, moi qui pense. » On voit que c'est la négation d'une négation ; et c'est en cela que consiste l'affirmation réfléchie ; or n'est-il pas vrai que cette affirmation réfléchie suppose une affirmation spontanée, antérieure au doute?

Avant cette période de subjectivité et de réflexivité, il doit y avoir eu un état antérieur, un acte qui ne se met pas lui-même en question, un acte spontané. C'est donc encore dans la distinction de la spontanéité et de la réflexion que Cousin trouve la solution du problème de l'objectif. C'est seulement lorsque cette aperception première vient à être combattue et contestée, que l'intelligence étonnée se donne elle-même pour preuve de la vérité. C'est alors, mais alors seulement, qu'apparaissent les formes subjectives de l'entendement, les catégories. Primitivement la « raison est une table rase »; elle ne contient pas plus de principes innés que la sensibilité et la liberté. La vérité n'est pas une forme innée de la raison : c'est elle qui impose à la raison ces formes qui deviennent les nécessités, les lois de la raison. Cousin n'admet pas même les virtualités de Leibniz, tant il craint que l'innéité n'amène la subjectivité. « La raison est vide, » dit-il. Ainsi, primitivement, la vérité n'apparaît pas comme nécessaire, mais simplement comme vraie. C'est le domaine de l'aperception, qui n'est pas subjective. « Toute subjectivité expire, dit Cousin, dans l'aperception spontanée de la raison pure. » La nécessité n'est donc que la forme extérieure de la vérité. Démontrer la vérité par la nécessité, c'est renfermer la vérité dans l'enceinte du moi; c'est subjectiver l'absolu; c'est prendre le signe pour la chose signifiée; c'est conclure du dehors au dedans. L'absolu étant le principe du nécessaire, ne peut être démontré par le nécessaire. L'absolu est en dehors et au-dessus de la portée de la démonstration.

Cette théorie de l'aperception pure, de l'aperception spontanée, a beaucoup de rapports avec la doctrine de *l'intuition intellectuelle* de Schelling. Faut-il dire cependant qu'elle vienne de cette source et que Cousin l'aurait recueillie, en passant, dans son voyage d'Allemagne? Cela est bien peu probable. D'une part, comme nous l'avons dit, Cousin, cette année-là, n'a pas vu Schelling et il n'a guère rencontré que ses adversaires. Hegel lui-même était fort peu partisan de l'intuition intellectuelle. D'un autre côté, si l'on compare le cours de 1818 avec le *programme* de 1817, antérieur au voyage d'Allemagne, on voit que si cette théorie ne s'y trouve pas en termes explicites, elle y est du moins toute préparée. « L'absolu, disait-il en 1817, apparaît à ma conscience, mais il lui apparaît indépendant de la conscience et du moi. Un principe ne perd pas son autorité parce qu'il apparaît dans un sujet;

de ce qu'il tombe dans la conscience d'un être déterminé, il ne s'ensuit pas qu'il devienne relatif à cet être. *Nous croyons à l'absolu sur la foi de l'absolu, à l'objectif sur la foi de l'objectif.* » On voit combien il s'en fallait peu que la théorie de l'aperception pure ne fût condensée et formulée comme elle le fut l'année suivante. Que ce voyage d'Allemagne ait été l'incident qui a poussé en avant la pensée spéculative de Victor Cousin, et qui a provoqué l'éclosion du germe, nous le croyons; mais il ne l'a pas produit; et la théorie de l'aperception, quelle qu'en soit la valeur intrinsèque, doit être considérée comme le résultat d'un développement parallèle à celui de Schelling, mais non dérivé.

Après avoir établi l'existence de l'absolu dans la conscience, comme condition et corrélatif nécessaire du moi et du non-moi, Victor Cousin essayait de donner une théorie des principales formes que prend, dans la pensée humaine, cette notion de l'absolu. En d'autres termes, il entreprenait une théorie des catégories. Il propose de réduire toutes les catégories à deux : la cause et la substance, il montre que toutes les catégories kantiennes se réduisent à ces deux-là. D'autre part, il ne parle pas de l'espace et du temps dont Kant faisait les formes de la sensibilité. Quant à l'inconditionnel ou absolu dont Kant faisait une *idée*, distincte des catégories et supérieure à elles, Cousin la confond avec la notion de substance. La substance, c'est l'être, l'universel, l'infini : c'est encore l'unité, le nécessaire, l'existence en un mot. Elle résume en elle non seulement les idées de la raison pure, mais encore les principales catégories de l'entendement. Quant à la cause, qui n'est autre chose que l'action, et qui suppose toujours la réaction, il la confond avec le phénomène, avec le multiple et le variable. Il n'y a pas d'être sans action, ni d'action sans être. La substance implique la cause, comme la cause implique la substance. On peut se demander comment il se fait que la cause soit une notion absolue, si elle se confond avec le phénomène et la variété? C'est qu'il faut distinguer l'idée de cause et le principe de causalité. C'est le principe de causalité qui est une vérité absolue : c'est l'idée de cause qui est relative. Cousin admettait à la fois la doctrine de Kant, qui fait du principe de causalité un principe à priori, et la doctrine de Maine de Biran, qui fait sortir la notion de cause de la conscience de notre pouvoir personnel. De là une difficulté qui n'a pas échappé à Victor Cousin et que Locke opposait déjà à Leibniz : comment des principes à priori peuvent-ils être composés de notions à posteriori? Il ne répondait pas à cette difficulté, et se contentait de soutenir que le concept de cause, puisé dans la conscience, n'expliquait pas le principe de causalité, puisque celui-ci est absolu, tandis que l'autre est confiné dans les limites de notre expérience personnelle. Il faut donc les admettre à la fois tous les deux.

La réduction de toutes les vérités absolues au principe de substance et au principe de causalité, la réduction de l'idée de substance à l'idée de l'absolu et de l'idée de cause à l'idée du phénomène et du relatif était marquée d'un caractère spinoziste et panthéistique déjà prononcé; et c'est pourquoi elle a disparu plus tard dans le remaniement de 1845. Elle doit être restituée historiquement, et, quelque jugement qu'on en porte, elle nous apprend toutefois quel vol avait pris la pensée de Cousin à cette époque, combien il s'élevait au-dessus de la philosophie des Écossais et de Laromiguière, dont un ou deux ans auparavant il se déclarait encore le disciple.

IV

LE COURS DE 1818. — LA THÉOLOGIE, L'ESTHÉTIQUE
ET LA MORALE

Le principal service, avons-nous dit, rendu par Victor Cousin en 1818, a été de ramener en France la métaphysique, si discréditée par la philosophie du xviiie siècle. Un autre service, non moins considérable, a été d'introduire ou de rappeler en France l'une des notions les plus hautes de la métaphysique, la notion de l'idéal. La métaphysique ne pouvait rester longtemps pour Cousin à l'état de science abstraite et logique. Son esprit éminemment enthousiaste s'animait et s'enflammait en face de l'absolu. La métaphysique devenait pour lui théologie, esthétique et morale. A l'esprit allemand, kantien et demi hégélien venait s'unir l'esprit platonicien, étonné de reparaître en France dans la patrie de Condillac et d'Helvétius.

La philosophie française, en général, a été peu platonicienne; aucun des maîtres de Cousin n'était platonicien, ni Laromiguière, ni Royer-Collard, ni même Maine de Biran; Voltaire, Diderot, d'Alembert, Condillac l'étaient encore moins; Descartes lui-même ne l'était pas beaucoup. Il faut encore remonter jusqu'à Malebranche pour ressaisir la tradition qui vient se renouer à Victor Cousin. Encore le platonisme de Malebranche est-il un platonisme très différent de celui de Cousin, un platonisme mystique, un peu sec, dénué du sentiment de la nature, de l'amour des beaux-arts, de l'amour de la vie. Au contraire, Victor Cousin n'avait pas le tempérament mystique. C'était une nature concrète et vivante, qui, tout en plaçant dans le divin la source de l'idéal, le cherchait cependant plus près de l'homme, dans la science, dans l'art, dans la liberté politique et sociale, en un mot dans la nature et dans la vie. C'est toute la différence du xixe et du xviie siècles. Néanmoins le fond de la doctrine vient en droite ligne de Platon. La pensée même du cours, la trilogie du vrai, du beau et du bien, était une pensée platonicienne.

Cette formule était une véritable trouvaille; elle est entrée depuis dans la raison commune; nous n'avons plus besoin de l'apprendre, nous la recevons, sans y penser, de tout ce que nous lisons, de tout ce que nous entendons. Pour mesurer ici la valeur du service rendu, sans engager cependant la question de fond, rappelons que l'esprit platonicien est un élément essentiel de l'humanité, comme l'esprit stoïcien, l'esprit chrétien, l'esprit cartésien. Chez les anciens, c'est le platonisme qui, dans la dissolution universelle des doctrines et des croyances, a rendu quatre siècles de vie à la pensée grecque. Au XVe et au XVIe siècle, après dix siècles de barbarie et de sécheresse scolastique, c'est le platonisme qui a donné l'essor à l'esprit moderne. Après le XVIIIe siècle, après la lassitude où l'on était des excès du matérialisme et des pauvretés du sensualisme, c'était du platonisme que l'esprit avait besoin pour recommencer à penser. A une société nouvelle sortie des ruines de la révolution il fallait un idéal. Depuis, il s'est fait une réaction en sens inverse; on s'est lassé de l'idéal et on a éprouvé le besoin de se retremper dans le réel. Peut-être cela a-t-il eu sa raison; mais, au temps dont nous parlons, la notion d'idéal était encore toute fraîche et toute neuve; on n'en avait point fait abus : elle enflammait les âmes, et ce fut elle qui attira autour de la chaire du jeune professeur un concours d'auditeurs tel qu'on n'en avait pas vu depuis Abélard.

Après avoir posé la triple idée du vrai, du bien et du beau comme l'objet idéal de la volonté, de la sensibilité et de la raison, Cousin était encore fidèle à la pensée platonicienne en rattachant ces trois idées à Dieu comme à leur substance commune. Ce sont les trois formes de l'absolu, les trois manifestations de l'absolu dans la raison humaine. C'est par là que sa doctrine se distinguait, disait-il, de celle des mystiques. Le mysticisme prétend connaître Dieu ou l'absolu face à face, le saisir en lui-même indépendamment de ses formes. Mais, suivant Victor Cousin, nous ne pouvons pas apercevoir Dieu en lui-même, nous ne savons qu'une chose de lui, « c'est qu'il est ». Nous ne le saisissons que dans la science, dans l'art ou dans la vertu. Toute pensée contient Dieu. Il n'y a point d'athée. La logique, les mathématiques, la physique sont autant de temples élevés à la divinité. On peut trouver cette doctrine passablement panthéistique, mais ce n'était pas le temps d'entrer dans les précisions. Il s'agissait de réintroduire la notion de Dieu dans la science métaphysique, d'où le matérialisme et le sensualisme du dernier siècle l'avaient chassée. Le matérialisme niait Dieu, le sensualisme n'en parlait pas. Dieu était rentré dans la philosophie populaire et dans la littérature par Rousseau et Bernardin de Saint-Pierre. Il fallait lui faire sa place en philosophie à titre de notion scientifique; Cousin le fit à l'aide de la conception platonicienne des idées. Comme Platon, il démontra que toutes les idées supposent une idée première et suprême, dont elles sont les émanations ou les degrés. La raison, qui nous révèle Dieu, le fait par le moyen du vrai, du beau et du bien. C'est Dieu que nous poursuivons, que nous aimons, que nous nous assimilons dans les sciences, dans l'art, dans la vertu. On peut dire que, dans cette conception, la religion est en quelque sorte immanente; elle réside, non dans la contemplation et la jouissance de l'absolu en lui-même, mais dans la contemplation et dans la jouissance de ses formes : la raison qui nous le révèle est identique au Λόγος divin; elle est, suivant l'expression de Cousin, « le médiateur ».

Cousin n'hésite pas à déclarer que c'est à Platon qu'il emprunte cette doctrine du médiateur et cette relation des trois idées fondamentales à la substance divine; mais il fait en même temps à Platon un reproche assez étrange, et qui prouve qu'à cette époque, il ne l'avait pas encore beaucoup lu. Il lui reproche d'avoir tout sacrifié à la raison, et d'avoir méconnu le rôle de l'amour; on ne peut pas se tromper davantage sur la philosophie platonicienne; on sait au contraire quel est le rôle de l'ἔρως dans la philosophie de Platon. Cousin croit que le principe de l'amour vient du christianisme, et qu'il faut ajouter au platonisme un élément chrétien. Il y a ici une méprise sur le sens du mot amour : si, par amour, on entend la charité, c'est-à-dire ce sentiment tendre qui consiste à faire du bien aux hommes ou même à s'unir à Dieu par le cœur, c'est là, sans doute, un sentiment éminemment chrétien et qui n'est pas dans Platon, dont la philosophie a quelque chose d'abstrait et de médiocrement tendre. Mais, si par amour on entend enthousiasme, joie ressentie en présence de l'idéal, et même ravissement provoqué par la beauté suprême ou par le bien en soi, non seulement un tel sentiment n'est pas absent de Platon, mais on peut dire que c'est lui qui l'a découvert dans la conscience humaine, qui l'a provoqué en quelque sorte et qui lui a donné son nom. Amour platonique signifiera toujours amour de l'idéal, supérieur à l'amour sensible. Or, de quel amour est-il question ici? Précisément de l'amour pour l'idéal et pour l'infini. Victor Cousin fera sans doute plus tard une grande part au dévouement et à la charité dans sa morale; mais ce n'est pas encore dans ce cours de 1818 [1]. Il n'est donc pas ici question du principe du dévouement, mais du principe de l'enthousiasme ; c'est-à-dire de l'ἔρως platonicien dans son vrai sens. C'est donc encore de Platon que Cousin s'inspire sans le savoir, même lorsqu'il prétend s'en séparer.

Il exposait une théorie de l'amour et de la sensibilité parallèle à la théorie de la raison. De même qu'il y a deux raisons, la raison spontanée et la raison réfléchie, il y a deux amours, l'amour spontané et l'amour réfléchi. L'amour spontané est pur et innocent ; il croit au bonheur et il est plein d'espérance. C'est un mouvement vers le dehors, un mouvement d'expansion. L'homme se confond encore avec la nature. On a confondu à tort ce premier amour avec le dévouement : ce n'est pas le dévouement c'est « l'oubli de soi ; c'est le mysticisme du matérialisme ». Bientôt au mouvement d'expansion succède un mouvement de concentration ; l'amour devient réfléchi ; il perd son innocence première et son bonheur. C'est le sens du mystère de Psyché. Par la réflexion l'amour revient sur lui-

---

[1]. Le chapitre qui traite de la *Charité* dans l'édition actuelle a été ajouté en 1845.

même : c'est le moment de l'égoïsme. A ce moment, l'amour est mêlé de haine. Dans l'amour spontané, le moi tend à s'unir au non-moi ; dans l'amour réfléchi, c'est le non-moi que nous voulons assimiler au moi : c'est en quoi il est égoïste. Ces vues sont justes, mais ce que Cousin aurait dû ajouter, c'est que ce second moment qui est celui de l'égoïsme, peut être aussi celui du dévouement. Il a bien vu que le vrai dévouement n'est pas dans l'amour irréfléchi : où pourrait-il donc être si ce n'est dans l'amour réfléchi ? Enfin, de même que dans l'intelligence, au-dessus du moi et du non-moi, il y a un troisième terme qui est l'absolu, il y a aussi un absolu pour l'amour ; et cet amour de l'absolu a deux degrés, comme la raison elle-même : au premier degré, le vrai, le beau et le bien ; au degré supérieur, l'être lui-même ou Dieu. C'est toujours l'absolu et l'infini que nous cherchons en toutes choses : l'artiste languit à la vue de ses chefs-d'œuvre parce qu'il en conçoit de plus beaux. « L'enfant poursuit les biens extérieurs, mais il s'en lasse ; la rose qu'il aimait lui devient indifférente ; il l'effeuille, la sème à ses pieds et passe à d'autres plaisirs. » Ainsi, l'infini est au fond de tous nos désirs ; et c'est lui qui nous rend tout vide et amer. Mais l'amour de l'infini se dégage et devient pur, quand la sensibilité se met au service de la raison et que nous sommes animés par l'enthousiasme du beau et du vrai. Cependant même alors le plaisir n'est pas sans mélange de douleur; car les idées ont leur contraire. Toute idée est double; le beau et le laid, le bien et le mal, le vrai et le faux. De là deux sentiments contraires, soit parce que nous ne voyons jamais le bien ou le beau sans mélange, soit parce que l'amour du beau, du bien et du vrai nous oblige toujours de lutter contre le faux, le mal et le laid. Mais à un degré de plus, l'amour devient tout à fait pur; c'est quand il a pour objet l'être, l'absolu, l'infini : car l'être est un et ne peut exciter qu'un seul sentiment. Là est le calme absolu, le repos sans agitation, la joie sans peine.

En résumé, il y a suivant Cousin quatre points de vue différents dans la vie humaine : 1° la vie se renferme, soit pour l'intelligence, soit pour le sentiment, dans le cercle du moi et du non-moi; 2° on s'élève au-dessus du moi et du non-moi; mais on s'arrête à l'idée du bien, sans tenir compte du beau et du vrai, et sans rattacher le bien à sa source qui est l'être : c'est le point de vue stoïcien. Cette interprétation du stoïcisme peut être contestée historiquement; mais le point de vue signalé par Cousin n'en est pas moins réel : et c'est l'état de beaucoup d'âmes à notre époque ; 3° on passe aux trois idées absolues en les rattachant à la substance Dieu, mais par la raison seule et sans amour : c'est ce que Cousin appelle à tort le point de vue platonicien, mais ce qui peut s'appliquer à certaines philosophies purement rationnelles comme celle de Hegel ; 4° enfin, l'amour se joint à la raison : c'est le point de vue chrétien, le plus élevé et le plus complet de tous.

Tel est le fonds d'idées contenu dans la première partie du cours de 1818, celle qui porte sur le vrai. Il est facile de voir qu'il n'en est resté que la plus faible partie dans le livre de 1846, le seul que Cousin ait revendiqué comme l'expression de sa doctrine dans les dernières années de sa vie. C'était son droit ; et, parvenus à cette période de sa carrière philosophique, nous aurons à tenir compte de ses rectifications. Mais ce qu'il n'a pu faire, c'est de détruire l'histoire. Ce qu'il a enseigné véritablement en 1818 est consigné de la manière la plus authentique dans une publication autorisée par lui et que nous attestons pour notre part, les ayant eus sous les yeux, absolument conforme aux documents primitifs. Maintenant, en défendant contre lui-même le Cousin véritable de l'histoire, lui manquons-nous de respect ? Serions-nous coupable d'infidélité ? Au contraire, nous croyons que sa mémoire et sa gloire ne peuvent que profiter à cette restitution. Pendant dix-huit ans, de 1815 à 1833, Cousin a eu au plus haut degré la fièvre métaphysique. Comme Platon, comme Malebranche et comme Hegel, il a cru à la puissance et à la vertu de la pensée spéculative : il n'a pas cru devoir enchaîner sa pensée dans les limites du sens commun ou dans les convenances de la foi religieuse. Il a suivi l'esprit où celui-ci le portait ; et c'est par là qu'il a été l'initiateur de la philosophie de son siècle.

Les deux dernières parties du cours, celles qui traitent du beau et du bien, sont moins intéressantes pour nous que la première, parce qu'elles sont plus connues et que les idées qui y sont exposées sont toutes passées dans l'enseignement et dans la littérature philosophique, et se sont par là vulgarisées. Bornons-nous à quelques observations.

L'esthétique de Cousin, quoiqu'elle puisse nous paraître aujourd'hui vague et superficielle, n'en est pas moins le premier essai d'esthétique théorique qui ait été tenté en France depuis Diderot, qui n'avait guère répandu que des vues éparses, et le P. André, alors très oublié. Pendant le règne de la philosophie de Condillac, l'esthétique avait été complètement négligée. C'est donc ici encore une création ou une renaissance qu'il faut attribuer à l'auteur *Du Vrai, du Beau et du Bien* : c'est lui qui a introduit l'esthétique dans la science et qui lui a assigné sa place dans le cadre de la spéculation philosophique. De plus, il a constitué l'esthétique comme science en en décomposant l'objet, en instituant et en ordonnant les diverses questions dont elle se compose, à savoir : le beau dans l'esprit humain, le beau dans la nature et le beau dans l'art. Il a insisté sur la différence du beau réel et du beau idéal, et cela beaucoup plus dans les leçons de 1818 que dans l'ouvrage remanié de 1846 ; on lui doit la théorie de l'expression, et le classement des arts en vertu de leur valeur expressive, la doctrine que tous les genres de beauté se ramènent à la beauté spirituelle et morale, enfin la théorie de l'indépendance de l'art qui ne doit être ni un instrument de sensualité, ni l'auxiliaire exclusif de la morale et de la religion[1].

---

1. Il faut signaler encore, avant 1818, une thèse de Jouffroy sur le sentiment du beau (1816). Mais cette thèse est encore un produit de l'enseignement de Cousin. Rappelons enfin pour être complet, le beau livre de Quatremère de Quincy sur l'*Idéal dans l'art* que Cousin cite souvent.

Si nous passons à la morale, le service rendu par Victor Cousin a été l'introduction en France de la morale de Kant, c'est-à-dire de la morale du devoir jusqu'alors absolument inconnue. Qu'y avait-il eu en France sur cette matière depuis la morale passablement mystique de Malebranche? — Rien que la morale du plaisir et de l'intérêt soutenue par Helvétius, et mise en catéchisme par Volney et Saint-Lambert, et la morale du sentiment développée éloquemment par Rousseau. L'idée d'une loi morale absolue commandant aux hommes au nom de la raison était alors une grande nouveauté. On remarquera surtout dans cette partie de l'ouvrage une savante analyse des principes divers desquels on peut faire dériver l'idée du devoir, par exemple, le sentiment de la vie, le sentiment de l'activité spontanée ou de l'activité réfléchie, le plaisir du développement intellectuel, la satisfaction morale et le remords, l'éducation, la volonté divine, les peines et les récompenses à venir. Toutes ces analyses étaient alors très neuves, et, bien développées, elles pourraient avoir encore leur intérêt aujourd'hui. On remarquera aussi la manière étrange dont Cousin pose le problème moral. On peut la trouver peu scientifique; mais elle est bien caractéristique de l'époque. « La vraie morale, dit-il, est celle qui conduit à la liberté politique, la fausse morale est celle qui conduit au despotisme et à l'arbitraire. » Ainsi, la politique devenait le critérium de la morale; les principes de 89 étaient l'*aliquid inconcussum* sur lequel on fondait la philosophie. Notre scepticisme politique s'accommoderait mal aujourd'hui de ce genre de démonstration; mais combien la Charte, ce monument si incomplet et si fragile de liberté politique, n'avait-elle pas enflammé les âmes par la conception d'un idéal nouveau, pour que cette conception devînt la mesure à laquelle on comparait l'idéal moral? Dans ce temps-là, les esprits éclairés et cultivés aimaient la société dans laquelle ils étaient nés, et ils y croyaient : ils n'en étaient pas encore venus à se servir de l'érudition et de la critique pour vanter les beautés de l'ancien régime et dénoncer les illusions des libertés modernes. Ils croyaient avoir une tâche à remplir : réaliser la pensée de 1789; et ce but leur paraissait tellement grand, que pour eux la morale elle-même s'y subordonnait et devait s'y accommoder.

Signalons enfin la manière remarquable dont Cousin posait et résolvait le problème de la liberté, j'entends cette fois du libre arbitre, de la liberté morale et métaphysique. Il opposait, comme Kant, la causalité et la liberté : l'une entraînant avec elle l'enchaînement nécessaire et indéfini des phénomènes, tandis que l'autre est un commencement absolu. « Le moi ne serait plus une personne, mais une chose, si la liberté commençait et finissait comme les phénomènes. » Mais comment résoudre cette opposition entre la causalité et la liberté ? c'est qu'il y a deux lois, la loi de causalité et la loi de substance : le principe de substance limite le principe de causalité ; les substances ne sont pas soumises à la loi des causes efficientes. Cette solution ressemble beaucoup à celle de Kant qui retranche la liberté des phénomènes pour la réserver aux noumènes. On dira que Cousin n'avait pas le droit d'invoquer cette solution qui est liée au système de l'idéalisme transcendental : croyant à la réalité objective du principe de causalité, il devait croire par là même à la réalité du déterminisme. Mais il prétend que, de même que c'est une fausse induction de transporter en dehors de nous la cause intentionnelle, la volonté, de même c'est aussi une fausse induction de transporter en dedans de nous la cause fatale, la cause matérielle : il croit que les deux mondes, le monde des choses et le monde des personnes, ne doivent pas se réduire l'un à l'autre, mais qu'ils doivent être acceptés tous deux : l'un régi par la loi des substances, l'autre par la loi des causes. Comment ces deux mondes s'accordent-ils entre eux? c'est ce que Cousin n'a pas cherché à éclaircir. Mais il est vraisemblable, et par ce que nous avons dit déjà et par ce que nous verrons bientôt, que la solution devait être cherchée dans la doctrine de l'unité de substance. La liberté ne serait donc en nous que la conscience de l'absolu.

Si nous cherchons à résumer la doctrine de Victor Cousin en 1818, en la faisant rentrer dans un type connu, nous dirons que cette philosophie ne peut être appelée autrement qu'un *idéalisme*, si toutefois on entend par idéalisme, comme cela devrait être, la doctrine de l'idéal. Ce terme d'idéalisme le caractérise beaucoup mieux que celui de spiritualisme, que jamais Cousin n'employait luimême à cette époque pour caractériser sa philosophie. Le spiritualisme se rapporte plus spécialement à la question de l'âme et du corps, de l'esprit et de la matière : Victor Cousin ne s'occupe pas une seule fois de cette question en 1818; et même, dans tout le cours de sa philosophie, il n'y a jamais beaucoup touché. Son principal objet a toujours été d'établir des idées pures, distinctes des idées sensibles. Ces idées pures sont pour lui comme pour Platon l'expression de la raison éternelle qui se manifeste en nous sans être nous et qu'il appellera plus tard la raison impersonnelle. Or une telle philosophie est essentiellement idéaliste : ce n'est pas un idéalisme subjectif à la manière de Kant ou de Fichte, mais un idéalisme absolu à la manière de Platon et de Schelling. Telle était la métaphysique, l'esthétique et la morale du cours de 1818, doctrine dont il reste bien peu de traces dans l'édition de 1846. Sans doute, l'esprit platonicien y est toujours présent, mais à peu près dépouillé de tout ce qui en faisait la substance. La réconciliation de l'empirisme baconien et du subjectivisme de Kant dans la doctrine de l'immanence ou de l'unité de substance a tout à fait disparu : c'est bien là cependant le fond du cours de 1818, c'est ce que nos études ultérieures démontreront encore mieux.

V

L'ENSEIGNEMENT DE L'ÉCOLE NORMALE.
LES DEUX PROGRAMMES : 1817-1818

Pendant le cours de 1818 à la Faculté des lettres, Victor Cousin n'avait pas interrompu son enseignement de l'École normale, et nous avons les programmes de cet enseignement, sans en avoir le développement. Il est intéressant de comparer ces programmes avec le cours de la Faculté : c'est le même sujet et le même fond d'idées, mais sous une forme plus systématique, plus liée, et encore plus abstraite. On voit qu'à l'École, Cousin approfondissait les doctrines de la Faculté; et ainsi, malgré tous nos efforts pour ressaisir la pensée première de Victor Cousin, il nous en manque encore la partie la plus intime et la plus savante, celle qui était l'objet des éclaircissements intérieurs de l'École. Évidemment, c'est pendant ce semestre de 1818 que Cousin a poussé le plus avant, avec le plus de confiance et de foi, ses recherches métaphysiques. N'eût-il donné à cette science que ces six mois de dévouement pur et absolu, il devrait encore être compté parmi ceux de notre siècle qui ont illustré cette science : Descartes lui-même nous déclare qu'il n'en a jamais donné plus dans toute sa vie aux recherches métaphysiques.

Si incomplet, du reste, que soit le programme de 1818, il peut nous servir à compléter ce que le cours de la même date nous a déjà fait connaître. De plus, en le comparant aussi au programme de l'année précédente (1817), nous pourrons mesurer avec plus d'exactitude le changement opéré dans les idées de Cousin par son voyage d'Allemagne[1].

Cousin commence par déterminer l'idée de la science en général. Toutes les sciences particulières, dit-il, ont un caractère commun : c'est d'être *sciences*. Toutes les vérités particulières ont

---

1. Voir ces deux *programmes* dans les *Fragments philosophiques* (1re édition, p. 228).

aussi un caractère commun : c'est d'être *vérités*. De là un problème : qu'est-ce que la vérité comme telle, qu'est-ce que la science comme telle? C'est là l'objet d'une science qui est distincte de toutes les autres et qui est *la science de la science*, et par conséquent la science par excellence, la science première.

On voit que Cousin se place, tout d'abord, au point de vue de Fichte. C'est à lui évidemment qu'il emprunte cette idée d'une science de la science qui n'est autre que la métaphysique.

Quel est maintenant l'objet de la science en soi, de la science de la science? Cet objet, c'est l'absolu : car il n'y a pas de science de ce qui passe. Ce point de vue est, comme on le voit, le contrepied de ce que l'on a appelé plus tard le positivisme, pour qui, on le sait, il n'y a de science que du relatif. C'est sur ce terrain que, plus tard, le philosophe écossais Hamilton a pris Cousin à partie dans un morceau célèbre : *Cousin-Schelling* (1828). Jouffroy en France, qui n'était pas très éloigné des vues d'Hamilton, compte aussi, non sans quelque ironie, Victor Cousin parmi les chercheurs d'absolu[1]. Mais il est plus facile de critiquer et de

---

1. Jouffroy, *préface* de la traduction du Reid, p. cxc et cxcii.

railler ce point de vue que de démontrer comment il peut y avoir science sans quelque chose d'immuable et de fixe, et comment il pourrait y avoir vérité dans un flux perpétuel qui ne serait jamais semblable à lui-même, comment il pourrait y avoir quelque similitude et quelque constance dans les phénomènes, sans un principe d'unité et d'immutabilité qui est précisément ce qu'on appelle l'absolu. En supposant même (ce que je ne crois en aucune façon) que le positivisme dût devenir la philosophie de l'avenir, il n'en était pas moins nécessaire, ne fût-ce que pour donner un élan nouveau à l'expérience et à la faire sortir du trou condillacien, qu'une forte réaction se fît en faveur de la métaphysique et de la notion d'absolu. Victor Cousin fut l'organe de cette réaction; et aucun autre philosophe de son temps ne peut être mentionné, au même titre que lui, comme le défenseur de la notion d'absolu, en tant que clef de voûte de la philosophie.

L'absolu étant l'objet final de la science, l'esprit scientifique consiste « à chercher partout l'absolu dans le relatif, à élever partout le relatif à l'absolu ». Tel est, en effet, le problème posé par Victor Cousin.

Maintenant avec inflexibilité la méthode d'observation du xviiie siècle, ne séparant jamais l'idéal du réel, il pensait que l'absolu doit être cherché dans le relatif, et que le problème consiste « à trouver *a posteriori* quelque chose qui soit *a priori* ». Par là, sa méthode se distinguait de celle des philosophes allemands, et Hamilton a bien vu cette différence. Les Allemands pensaient que l'*a priori* ne peut être trouvé qu'*a priori*, c'est-à-dire sans aucun contact avec l'expérience. Hamilton, à la vérité, dans l'article cité, soutient que les deux procédés sont également impossibles. On ne peut nier toutefois que Cousin ne se rapprochât plus de la réalité en cherchant, dans l'analyse des faits, c'est-à-dire dans l'analyse de la conscience et de la raison, le passage du relatif à l'absolu.

L'absolu peut donner lieu à trois recherches différentes : 1° l'absolu, en tant qu'idée, considéré dans son rapport avec la raison : c'est l'objet de la Psychologie rationnelle ; 2° l'absolu, dans son rapport avec l'existence : c'est l'objet de l'Ontologie ; 3° enfin, la légitimité du passage de l'idée à l'être : c'est l'objet de la Logique. Ces trois points de vue sont très nettement et très justement distingués l'un de l'autre. Seulement, comme il arrive presque toujours en philosophie pure, ils se confondent plus ou moins l'un avec l'autre dans la discussion.

La psychologie rationnelle, ou science des principes rationnels, contient, dans le programme de 1818, une partie qui se trouve déjà dans celui de 1817, et une autre qui est nouvelle et qui marque le progrès d'une année à l'autre.

Ce qui appartient déjà à 1817, avant le voyage d'Allemagne, c'est la distinction de l'actuel et du primitif, du concret et de l'abstrait. Ce qui appartient à 1818, c'est la distinction du spontané et du réfléchi.

En 1817[1], Cousin enseignait déjà qu'il faut constater d'abord les caractères actuels avant de remonter à leur origine. Il distinguait l'ordre logique et l'ordre chronologique, le primitif logique et le primitif psychologique. Dans le premier cas, une connaissance est dite antérieure à une autre, en tant qu'elle l'autorise et la justifie; dans le second cas, elle lui est antérieure, en tant qu'elle la précède. Logiquement, les connaissances contingentes supposent les nécessaires : celles-ci sont l'antécédent logique de celles-là; mais, psychologiquement, les connaissances nécessaires supposent

---

1. Le programme de 1817 porte pour titre : *Programme d'un cours de philosophie;* le programme de 1818, celui de : *Programme d'un cours sur les vérités absolues.*

les perceptions individuelles et celles-ci sont l'antécédent chronologique de celles-là[1].

Reste maintenant la différence de l'abstrait et du concret. Nous commençons par le concret pour nous élever à l'abstrait. Mais il y a deux sortes d'abstraction : l'abstraction immédiate et l'abstraction médiate. Celle-ci n'est autre que ce que l'on appelle la généralisation et l'induction : celle-là est l'œuvre de la raison, de l'aperception spontanée : l'une a pour objet les généralités contingentes ; l'autre les principes nécessaires. Les généralités contingentes supposent un nombre indéterminé, mais croissant, de faits individuels, les principes nécessaires n'ont besoin que d'un seul fait pour se révéler. C'est que ce fait individuel (par exemple le mouvement volontaire) est un fait concret composé de deux éléments : l'un, éminemment individuel et particulier ; l'autre, qui n'est individuel que par son contact avec le premier, mais qui en

1. Cette distinction de l'ordre chronologique et de l'ordre logique est une des idées que Cousin a dues à Maine de Biran, comme on le voit par le *Journal* de celui-ci (8 mai, p. 188) : « J'ai exposé, avec assez de netteté et de précision, ma manière de concevoir l'ordre réel de la génération et de l'acquisition de nos connaissances, tout différent de l'ordre logique ou de la dépendance de nos idées, à commencer par l'absolu... Voici ce que j'ai expliqué à mon jeune professeur (Cousin), qui l'a saisi à merveille. »

soi est universel et absolu. Ainsi l'acte de ma volonté produisant un mouvement est un fait individuel ; mais ce fait contient en soi un rapport du mouvement produit à la volonté productrice et ce rapport est général. Faites varier les éléments contingents, il restera toujours le même rapport, qui, m'apparaissant comme nécessaire, devient le principe de causalité. Appliquant cette doctrine aux quatre grands principes signalés déjà (substance, cause, unité, finalité), Cousin montrait comment le principe abstrait se dégage du concret dans l'expérience individuelle.

Par cette doctrine, il approchait d'aussi près que possible de la conception de Maine de Biran, mais il s'en séparait cependant sur un point essentiel. Il admettait avec Biran que « le rapport qui lie la cause déterminée à l'effet déterminé, de la fin déterminée au moyen déterminé, est une aperception de conscience ». Mais il n'admettait pas la même chose pour les principes de substance, d'unité et de durée. Ces trois idées se réduisaient pour lui à une seule. La substance dans le concret, dans l'affirmation du moi individuel, « n'est pas une aperception de conscience, mais une manifestation du principe de substance » ; et de même « le rapport qui unit le moi, un et identique, à la succession et à la pluralité des phénomènes », n'était pas non plus pour lui une aperception de conscience, mais « une manifestation instinctive du principe d'unité dans la mémoire ». La raison que donne Cousin de cette différence entre le principe de cause et les principes de substance et d'unité, est assez remarquable; car elle nous montre que, dès 1817, il était disposé à confondre la substance avec l'absolu lui-même, ce qui était un acheminement à la théorie de l'unité de substance. Voici, en effet, comment il s'exprimait dès 1817 : « L'absolu, étant avant nous, nous domine primitivement, sans nous apparaître primitivement dans sa forme pure, et nous force de concevoir sous une qualité déterminée un être déterminé qui est le moi : hypothèse naturelle. Mais aussitôt que ce rapport nous a été suggéré par la force de l'absolu dans un concret primitif déterminé dont le moi est un des termes, il se dégage du moi et nous apparaît sous sa forme pure et dans son évidence universelle qui explique et justifie l'hypothèse primitive. » Évidemment, si Victor Cousin eût admis, à cette époque, la possibilité de substances finies, il n'aurait pas trouvé plus de difficulté à dire que le moi se perçoit comme substance et comme unité distincte, qu'à dire qu'il se perçoit comme cause. Mais, la substance et l'unité se confondant déjà dans sa pensée avec l'absolu luimême, il ne voyait dans l'affirmation du moi qu'une manifestation du principe de substance et non une aperception de conscience, tandis que la cause appartenant, selon lui, au domaine du phénoménal, pouvait être aperçue par la conscience.

Toutes ces théories avaient été enseignées à l'École en 1817. Ce que Victor Cousin y ajouta en 1818, c'est la théorie de l'aperception pure, de l'aperception spontanée.

Nous avons exposé déjà, d'après le cours de 1818, cette théorie de l'aperception spontanée : mais nous trouvons ici quelques développements nouveaux. Il disait que la raison, à l'égard de l'absolu, peut passer par quatre phases ou par quatre positions nécessaires : 1° aperception pure spontanée : lumière et obscurité; lumière au point de vue de la spontanéité, obscurité au point de vue de la réflexion; 2° aperception pure réfléchie : elle commence à prendre conscience d'ellemême; elle s'éclaircit, mais elle s'éclaircit en se subjectivant; 3° la conséquence de la réflexion : c'est l'impossibilité de nier; l'aperception pure devient conception nécessaire; elle s'éclaircit pour la réflexion, mais elle s'obscurcit comme intuition spontanée ; 4° la conception nécessaire passe en habitude : elle cesse d'être réfléchie ; elle devient croyance et prend la fausse apparence de l'intuition spontanée : c'est le point de vue du sens commun.

Ces quatre points de vue, dit ingénieusement Cousin, correspondent aux diverses écoles psychologiques modernes. Le quatrième degré, celui du sens commun, est celui de Reid ; le troisième, celui de la conception nécessaire, est le point de vue de Kant ; le second ou aperception réfléchie, non encore passée à l'état de conception nécessaire, est celui de Fichte. Enfin, le premier point de vue, qui est le vrai, est celui de Cousin lui-même.

Le passage du subjectif à l'objectif l'avait déjà préoccupé en 1817. Il disait : « Nous croyons à l'absolu sur la foi de l'absolu, à l'objectif sur la foi de l'objectif. » Mais c'est ce passage qui est l'objet principal de ses recherches dans l'année de 1818 ; nous trouvons ici, dans le *programme*, des développements qui manquaient au *cours*, probablement parce qu'ils ont paru à Cousin trop abstraits pour être abordés devant un grand public. Malheureusement, ces vues ne nous sont connues que par un résumé obscur, dont il n'est pas toujours facile de retrouver le véritable sens.

C'est déjà un mérite d'avoir dégagé le problème précédent des deux autres dont il est le lien ; 1° la vérité dans la raison ; 2° la vérité dans l'être. Le premier problème appartient encore à la psychologie, ou du moins à cette partie de la psychologie que l'auteur appelle rationnelle ; le second à l'ontologie. Quant à la question du passage, c'est l'objet de la logique. On voit que Cousin entend ici la logique dans le sens de Kant, c'est-à-dire comme la science de la vérité dans son rapport avec l'objet.

Mais, en cherchant dans la logique le passage à l'ontologie, ne risque-t-on pas de subjectiver l'ontologie et par conséquent de la détruire ? Non ; car si, au point de vue de la méthode, on est obligé de passer de la logique à l'ontologie, il n'en est pas moins vrai qu'en soi et dans la nature des choses, c'est l'ontologie qui fonde la logique. Il y a là une sorte de cercle analogue à celui qui a été reproché à Descartes ; mais ce n'est un cercle qu'en apparence : il tient seulement à la différence de la vérité en soi et de la vérité par rapport à nous.

Non seulement Victor Cousin distingue la logique de l'ontologie ; mais, dans la logique elle-même, il distingue la logique proprement dite qui va de la vérité à l'être et la dialectique qui va du contingent à l'absolu. Ici, l'influence récente de Hegel devient manifeste et se traduit même dans les expressions du philosophe français : « Simultanéité actuelle et primitive, et, en même temps, perpétuelle discordance du contingent et de l'absolu, du particulier et de l'universel, du fini et de l'infini. *La dialectique les met en harmonie;* et là, comme partout, l'emploi de la science est de lever l'apparente contradiction qui éclate partout et accable l'intelligence. » La logique a pour objet la raison; la dialectique a pour objet le raisonnement qui consiste à ramener le contingent et le particulier à l'universel et à l'absolu.

Une fois que la logique, par la distinction de l'affirmation spontanée et de l'affirmation réfléchie, a montré le caractère objectif de la raison, par là même on entre dans l'ontologie. Le principe qui fonde l'ontologie est celui-ci : « Toute vérité suppose un être en qui elle réside; » proposition que Cousin ramène à celle-ci : « Toute qualité suppose un sujet. » Le fondement de la métaphysique est donc le principe de substance.

On ne voit pas clairement, et Cousin néglige de le montrer, comment ces deux principes peuvent se ramener l'un à l'autre. Dire que toute vérité suppose un être, par la raison que toute qualité suppose une substance, n'est-ce pas dire que la vérité est une qualité? Or peut-on dire que : *deux et deux font quatre* soit une qualité ? C'est là une difficulté qui méritait d'être éclaircie. Cependant, si nous négligeons la forme de cet argument, pour en saisir le fond, nous verrons qu'il a plus de solidité qu'il ne semble au premier abord. S'il est vrai en effet que, dans la multitude des phénomènes contingents qui nous environnent, nous surprenons et dégageons des rapports nécessaires qui ne dépendent pas du contingent, comment ces rapports constants et universels seraient-ils possibles sans un fondement autre que les phénomènes eux-mêmes? Ces rapports peuvent-ils subsister dans le vide, entre les phénomènes dont ils ne peuvent être la propriété et la résultante, et le rien, puisqu'il n'y aurait pas de substance? Ne ferait-on pas par là de ces rapports mêmes de véritables substances? ce qui reviendrait précisément au principe en question. Toutes ces vérités si diverses ne forment qu'une seule vérité. Or cette vérité une et indivisible dans laquelle toutes les autres résident, en serait réellement le substratum.

Quoi qu'il en soit sur ce point, en appuyant toute

l'ontologie sur le principe de substance, Cousin reconnaît qu'il donne prise à l'objection et en particulier qu'il peut être accusé de cercle vicieux.

En effet, ce principe qu'il n'y a pas de vérité sans être, n'implique-t-il pas déjà la notion d'être? Et n'est-ce pas là s'appuyer sur l'être pour arriver à l'être? D'ailleurs le principe lui-même peut être taxé de tautologie : car qui dit *qualité* dit par là même *être*, et s'il n'y a pas d'être, il n'y a pas de qualité. Enfin, en s'appuyant sur un principe logique, on s'appuie par là même sur un principe subjectif; car tout ce qui est logique et réfléchi est par là même subjectif. N'est ce pas subjectiver l'ontologie que de la fonder sur un principe abstrait ?

On n'accusera pas Victor Cousin d'avoir méconnu la difficulté du problème, et ces objections qu'il se fait à lui-même nous prouvent qu'il l'a creusé très avant. S'il n'a pas marqué sa trace en philosophie par ses recherches sur cette question, c'est qu'il ne nous a laissé que sous une forme abrégée et sommaire ce qui avait dû être probablement pour lui l'objet de longs développements dans un cours de l'École. Cependant ce qu'il a laissé suffit pour prouver qu'il a fait les plus sérieux efforts pour satisfaire aux objections précédentes.

Sans doute, si on admettait que le principe de

8

substance (toute qualité suppose un être) est le fait primitif, les trois objections précédentes seraient fondées. En effet, ce principe étant un principe logique et réfléchi est par là même subjectif, et on ne peut rien fonder sur lui que de subjectif. De plus, il est, comme on l'a dit, une tautologie, puisqu'il n'y a pas de qualité s'il n'y a pas d'être. Enfin, il serait un cercle vicieux, puisqu'il fait reposer l'être sur l'être. Voici par quelles raisons Victor Cousin essaie d'écarter cette objection du cercle vicieux et avec elle les deux autres :

« La raison pure n'implique pas un cercle vicieux ; elle ne suppose point ce qui est en question ; elle ne fait point d'être avec l'être ; car la raison pure dans son aperception primitive aperçoit ce qu'un jour on appellera qualité et être, non pas en vertu du principe que toute qualité suppose un être, mais par sa propre vertu qui lui découvre ce qu'auparavant elle ignorait. Nous confondons toujours le point de départ de la science avec le but. Le point de départ ontologique est ce fait : la raison pure aperçoit d'abord une qualité et la substance de cette qualité. Voilà le fait primitif, fait obscur sur lequel par conséquent la science ne peut opérer immédiatement, mais qu'elle doit reconnaître. Vient ensuite l'abstraction qui sépare la forme de la connaissance de la matière, négligeant le déterminé du phénomène et de l'être qu'elle élève à cette formule générale : *tout phénomène suppose l'être*, vérité qui, à parler rigoureusement, n'est autre chose que l'expression générale du fait primitif. Loin de nous donner l'être primitivement, le principe logique de la substance résulte de l'aperception primitive et pure de l'être, aperception primitive sans laquelle il n'eût jamais été conçu. Mais, une fois cette formule générale obtenue, la science, qui ne procède pas comme la nature, s'en empare et s'en sert, non comme de point de départ primitif, mais comme de fondement pour ses développements ultérieurs. La science repose sur la nature; si elle ne confesse pas que l'existence dont elle s'occupe est connue antérieurement à elle, elle agit sans matière et se perd dans des formes vides. Si, au contraire, elle reconnaît à la connaissance humaine un point de départ qui la précède et qui la surpasse, et sur lequel elle établit ses développements, elle leur donne une base légitime et la réalité de la nature.

» Ainsi, si l'on prend le principe de substance pour autre chose que l'expression scientifique de l'aperception primitive, il est faux et vain. Frappé de subjectivité, enchaîné dans un cercle vicieux, il ne produira que des illusions. S'il se soumet à l'aperception primitive, il la réfléchit légitimement et sert de fondement solide à l'ontologie.

» De même pour cette autre proposition : « Toute » vérité suppose un être en qui elle réside. » Si nous croyons que ce soit à l'aide de ce principe que la raison conçoit d'abord l'être, nous la condamnons à un paralogisme. Mais si nous reconnaissons qu'antérieurement à cette proposition abstraite, la raison pure avait obtenu l'être avec la vérité sans le secours de la science, la science, en se subordonnant à la nature, en devient une répétition et une généralisation légitime[1]. »

Après le problème du passage à l'objectivité, Cousin passait à l'ontologie proprement dite; et la principale doctrine qu'il y établissait était la doctrine de l'unité de substance : « Point de substance, disait-il, ou une seule; une substance est absolument substance ou elle n'est pas; l'idée d'absolu écarte celle de pluralité. » La substance en effet étant identifiée avec l'absolu, il ne peut y en avoir qu'une. C'était le principe de Spinoza. De plus, la substance étant une, est indivisible; elle n'est ni première, ni dernière; ou du moins elle ne reçoit ces

---

1. *Fragments* (1826) p. 284.

dénominations que par rapport aux phénomènes : « Quand on la tire de son essence absolue, quand on la met en regard avec la succession des phénomènes, l'unité les précède et leur survit. L'unité comprend alors celle du premier absolu et du dernier absolu, qui n'est que le premier absolu redoublé en lui-même. » Peut-être faut-il entendre par là, comme dans la doctrine de Hegel, l'absolu dans l'esprit et dans la raison, l'absolu se réfléchissant lui-même. L'unité se distingue de la totalité : « La totalité est le développement de l'unité. Confusion de l'unité et de la totalité, erreur fondamentale du panthéisme. » Nous voyons ici que Cousin commence à se préoccuper du panthéisme ; nous voyons aussi comment il repousse l'accusation de panthéisme en caractérisant cette doctrine par la confusion de Dieu et du monde, de l'unité et de la totalité.

La substance étant une et indivisible, il n'y a rien à en dire de déterminé, et toute l'ontologie se réduit à cette proposition : *Il y a de l'être.* Cousin semble donc aboutir à l'éléatisme, et il dirait volontiers comme Parménide : *L'être est* voilà toute la vérité. Mais si nous ne pouvons rien dire de l'être en lui-même, si ce n'est qu'il est (*Dieu est celui qui est*), nous pouvons du moins le connaître par ses attributs, qui sont ses manifestations en nous, c'est-à-dire par les vérités absolues. Or, les vérités absolues ne nous sont connues que par la conscience, c'est-à-dire par la psychologie rationnelle. Si l'ontologie est la première partie de la théologie, la psychologie rationnelle en est la seconde. Elle traite des attributs divins, c'est-à-dire des vérités absolues.

La doctrine de l'aperception pure se résout donc en une « théorie de la vision en Dieu ». Seulement, au lieu que Malebranche semble admettre une intuition immédiate et directe de la substance de Dieu, Victor Cousin n'admet qu'une intuition dérivée et indirecte :

« Comme la vérité se rapporte nécessairement à l'être, toute connaissance de l'une est une connaissance de l'autre; la seule différence qui les sépare est celle du direct à l'indirect, de l'immédiat au médiat, de l'explicite à l'implicite; d'où il suit que toute connaissance de la vérité est une connaissance de Dieu, et que l'aperception directe de la vérité absolue enveloppe une aperception indirecte et obscure de Dieu même... La science est divine de sa nature; plus on sait en général, plus on sait de Dieu; la science et la religion sont identiques... La religion, dans son point de vue le plus élevé, étant le rapport de la vérité à l'être, il s'ensuit que la religion est essentielle à la raison; comme il y a de l'être dans toute pensée, toute pensée est essentiellement religieuse. Toute pensée, toute parole est un acte de foi, une religion tout entière[1]. »

Tels sont les fondements et les propositions essentielles de cette partie supérieure des sciences que Cousin appelle, après Fichte, la science de la science.

« Elle ne s'applique à aucune science en particulier, mais à toutes en général. Elle est tout entière dans chacune d'elle, et chacune d'elle n'est vraie qu'en tant qu'elle la contient. L'arithmétique la possède tout autant que la théologie proprement dite, la morale comme la géométrie. Là est le centre, le terme et le point de départ de toute recherche scientifique. »

Si nous comparons maintenant le programme de 1818, d'une part, au cours de la même année à la Faculté des lettres, et, de l'autre, au programme de 1817, résumé du cours antérieur de l'École, voici les résultats que nous obtenons :

Sur le premier point, nous trouvons dans le pro-

1. *Fragments*, p. 291.

gramme de 1818 : 1° une théorie plus complète de l'aperception pure, ramenée à quatre moments différents (Voy. plus haut p. 108) ; 2° une analyse également plus approfondie du passage de la pensée à l'être ; et surtout cette remarque fondamentale que si, au point de vue scientifique, la logique précède l'ontologie, inversement, en soi et avant toute science, c'est l'ontologie qui fonde la logique.

Sur le second point, le programme de 1818, comparé à celui de 1817, nous manifeste une influence incontestable de Schelling et de Hegel, notamment dans ces deux doctrines : 1° celle de l'aperception pure ; 2° celle de l'unité de substance. Ces deux doctrines ne sont pas dans le programme de 1817 ; elles représentent le fruit des méditations philosophiques de Victor Cousin en 1818 sous le stimulant de son voyage d'Allemagne. Mais si ces doctrines ne sont pas encore explicitement dans le programme de 1817, elles y sont en germe et toutes préparées. Il a lui-même très exactement résumé la situation de son esprit lors du voyage d'Allemagne et l'influence qu'il en a ressentie. « Je puis dire qu'à cette époque de ma vie, j'étais précisément dans l'état où s'était trouvée l'Allemagne au commencement du siècle, après Kant et Fichte, et à l'apparition de la philosophie de la nature. Ma méthode, ma direction, ma psychologie, mes vues générales étaient arrêtées, et elles me conduisaient à la philosophie de la nature. Je ne vis qu'elle en Allemagne[1]. »

Cette influence va se manifester d'une manière plus frappante encore dans les années qui vont suivre et tout d'abord dans le cours de 1819.

---

1. *Préface* de la seconde édition des *Fragments* (1833), p. xxxv.

VI

COURS DE 1820. — LEÇONS INÉDITES.
LA MÉTAPHYSIQUE

Le *cours* et le *programme* de 1818 ne sont pas les seuls documents que nous ayons à notre disposition pour reconstituer la première philosophie de Victor Cousin. Quoique obligé par le titre de sa chaire de rentrer dans l'histoire de la philosophie, cependant, dans les premiers mois de son dernier cours, du 6 décembre 1819 à la fin de mars 1820, Cousin, avant d'aborder la philosophie de Kant, qui devait être le sujet de ses leçons, essaya encore de résumer, dans une sorte d'Introduction, les principes fondamentaux de sa métaphysique, de sa psychologie et de sa morale. Ces leçons sont fort peu connues, et même pour une bonne part entièrement inconnues. Elles n'ont point été jointes au cours sur Kant, qu'elles avaient précédé, mais avec lequel elles n'avaient aucun rapport. En 1841, M. Vacherot a publié quelques-unes de ces leçons dans une brochure de cent cinquante pages, devenue fort rare, et qui est restée ignorée : ces leçons, d'ailleurs mutilées comme nous allons le voir, ont perdu toute signification. Nous avons eu la bonne fortune de mettre la main sur le cours original [1] et complet qui contient beaucoup plus que la publication de M. Vacherot. Celle-ci, en effet, ne renferme que sept leçons et le cours primitif en avait douze : deux de ces leçons ayant été réunies en une seule dans la publication imprimée, il reste quatre leçons entièrement inédites, et dans toutes les autres, de nombreuses différences et d'impor-

---

1. Nous devons cette communication à l'obligeance de M. Delcasso, ancien élève de l'École normale, ancien recteur de Strasbourg, l'un des rares témoins de ce premier enseignement de Cousin, et qui en parle encore aujourd'hui avec l'enthousiasme de la jeunesse. Grâce à la libéralité de M. Delcasso, le cours manuscrit de 1820 appartient aujourd'hui à la Faculté des lettres de Paris. — Nous avons retrouvé depuis une seconde rédaction du même cours par M. Charles Cuvier, ancien professeur à la Faculté de Strasbourg. Cette seconde rédaction a été également donnée à notre Faculté par son possesseur, M. Louis de Raynal, ancien procureur général à la Cour de cassation.

tantes additions. Le cours inédit renferme en réalité presque le double, ou tout au moins un tiers en sus du cours publié. Ces documents nous permettent de caractériser la première philosophie de Cousin avec plus de précision qu'on ne l'a fait jusqu'ici.

La première question est de savoir quelle a été la raison de ces suppressions. J'ai interrogé sur ce point l'éditeur de 1841 ; mais il n'a conservé aucun souvenir qui puisse servir à expliquer le fait. Il est très probable que ces documents étaient déjà triés lorsqu'ils ont été remis entre ses mains. Pour nous, qui pouvons les consulter tels qu'ils ont été rédigés au moment même du cours par les élèves de l'École normale, nous n'hésitons pas à affirmer que ce sont des raisons doctrinales qui ont fait supprimer le tiers du cours primitif. A l'époque où cette publication eut lieu, en 1841, il y avait en effet des raisons sérieuses, et que nous expliquerons en temps et lieu, qui forçaient M. Cousin à une grande réserve. Cette publication pouvait être mal interprétée à ce moment, où venait précisément d'éclater la lutte si violente alors de l'Université et du Clergé. De là la précaution prise de supprimer tout ce qui, à tort ou à raison, pouvait paraître suspect. Ainsi, par une rencontre piquante, dans le temps même où Victor Cousin dénonçait avec tant d'éclat la mutilation de Pascal par ses amis de Port-Royal, il pratiquait sur lui-même et sur les pensées de sa jeunesse une mutilation analogue; et si « la paix de l'Église » avait été pour les éditeurs du Port-Royal la cause des suppressions et altérations qui leur étaient si sévèrement reprochées, cette fois c'était la guerre de l'Église qui était la cause d'une opération semblable.

De telles raisons n'existent plus aujourd'hui, et nous ne croyons pas manquer à la discrétion historique en faisant connaître des leçons qui, dans leur temps, ont été publiques et dont les idées sont restées la propriété de ceux qui les ont entendues et recueillies. Il y a d'ailleurs, à ce qu'il semble, quelque intérêt à faire revivre des paroles qui n'ont pas vu le jour depuis soixante ans, et qui ne sont pas si mortes qu'elles ne respirent encore le souffle de la vie ou même de la jeunesse, car on y retrouve les deux traits qui caractérisent le mieux la jeunesse : l'ivresse de l'abstraction et l'ivresse de l'enthousiasme. Nous négligerons dans cette analyse les parties du cours déjà publiées pour nous borner aux documents nouveaux et aux plus significatifs.

Nous avons déjà signalé dans le cours de 1818 le principe de l'unité de substance. Toutes les idées de la raison ramenées à la substance et à la cause, et ces deux idées réduites elles-mêmes à celles de l'infini et du fini, de l'absolu et du relatif; Dieu présent dans toute la nature et se manifestant surtout dans la science, dans l'art et dans la vertu, c'était bien là, à n'en pas douter, un ensemble de doctrines fortement empreintes de l'esprit panthéistique. Cependant le principe de l'unité de substance ne se montrait encore que sous une forme indistincte et voilée, et en quelque sorte inconsciente. Dans nos leçons inédites, au contraire, nous allons voir paraître ce principe sous sa forme la plus énergique et la plus précise. Seulement, par scrupule de méthode, et toujours fidèle à l'esprit psychologique de Royer-Collard, le jeune philosophe ajournait cette doctrine plutôt qu'il ne l'enseignait. Il la glissait sous forme de prétermission et simplement à titre d'hypothèse. Mais il était facile de voir que cette hypothèse était le fond même de sa pensée.

« La pensée ou le moi, disait-il[1], est donc le point de départ nécessaire de la science humaine.

---

1. Nous tenons à dire que nous reproduisons le texte d'une manière absolument littérale. On voudra bien se souvenir que ce sont des improvisations rédigées par des élèves; il faut donc s'attendre à beaucoup de négligences; et il y a même lieu de s'étonner que le tissu soit encore si ferme et si cohérent.

Tant que la pensée est encore en rapport avec quelque chose qui n'est pas elle, elle s'ignore et ne se connaît point telle qu'elle est. Il faut, pour cela, qu'elle soit à la fois le sujet et l'objet. Il faut que l'objet de la pensée soit la pensée, que l'objet soit identique au sujet, soit le sujet lui-même. Cependant, il y a encore ici une distinction, en ce sens que le sujet est objet; il en résulte encore un dualisme, une différence de sujet à objet. Sans doute, l'objet est identique au sujet; mais enfin ce sujet se divise encore en une pensée qui considère (sujet qui contemple) et une pensée qui est considérée (objet contemplé.) La pensée fait effort pour aller au delà, pour approfondir le dualisme et trouver l'unité absolue. Elle ne le peut, et pourquoi? Pensez-y bien, Messieurs, c'est que trouver l'unité absolue, ce serait trouver l'unité sans quelque chose qui la trouve, sans une distinction entre l'unité trouvée et ce qui l'atteint. Dans toute pensée il y a toujours une distinction ineffaçable, soit entre la pensée et un objet extérieur, soit dans la pensée elle-même. *Il n'y a pas d'autre moyen d'arriver à l'unité que d'anéantir la pensée.*

» Lorsque, dans le développement de ma philosophie, j'aurai épuisé cet univers où la pensée comme pensée est enfermée, lorsque je serai sorti du cercle moral et physique qui nous environne, peut-être alors tomberai-je dans l'unité absolue. Je rayerai cette distinction de la pensée de l'homme et de la nature; je détruirai le sujet et l'objet pour atteindre cette unité absolue, ou la *substance éternelle qui n'est ni l'un ni l'autre et qui les contient tous deux;* mais cette substance éternelle ne tombe pas sous l'œil de la pensée. Sans doute le moi n'est pas son fondement à lui-même, il ne se suffit pas; il n'est ni sa fin ni son origine; il a été et il retourne à la substance éternelle dont il est venu et dont il n'est pas sorti, et, sous ce rapport, la préexistence des âmes est indubitable. Le moi avant d'être, avant de penser, se préexiste à lui-même, et l'on peut affirmer d'avance qu'il se survivra à lui-même et qu'il retournera à la substance dont il est venu. Avant d'avoir connaissance de lui-même, il était dans cette substance, et ce n'est pareillement que hors de l'univers qu'il peut se soustraire à lui-même. Mais, sans parler maintenant de la substance éternelle, indestructible, de cette fusion du moi dans l'unité absolue, disons seulement que, dès que le moi s'offre non plus seulement comme être, mais comme être pensant, il se manifeste toujours dans une opposition avec son objet. Il se saisit dans un dualisme dont les deux termes sont identiques, et où l'objet n'est que le moi redoublé. C'est là le seul commencement scientifique. Toute science qui prétendrait remonter plus haut, qui voudrait commencer par l'unité absolue débuterait par une hypothèse, commencerait par la substance du moi et non par le moi lui-même, ce qui est illogique : on ne va pas de la substance à la pensée, mais de la pensée à la substance. C'est le moi qui, en se détruisant lui-même, ou en faisant semblant de se détruire, trouve la substance. »

Dans une autre leçon, Cousin enseignait la division tripartite des trois facultés : la raison, la sensibilité et la volonté ; mais il avait soin de dire que cette division n'était que relative, qu'elle n'exprime que le moment de la conscience, et qu'avant l'apparition de la conscience, les trois facultés étaient confondues dans l'unité, comme elles doivent retourner à l'unité quand la conscience aura disparu.

« La conscience ne dit pas et ne doit pas dire que ces trois faits soient distincts en eux-mêmes avant qu'ils apparaissent dans l'homme. La conscience ne peut pas dire que la sensibilité réunie à son principe, qui est le *principe vital*, que la volonté réunie à son principe, qui est la *force*, que la raison réunie à son principe, qui est la *vérité*, n'ont pas des liens qui se brisent lorsque ces trois faits apparaissent, mais qui les réunissaient avant leur apparition et peuvent les ramener à une unité absolue. Je ne traite pas cette question; et, puisque je ne parle que de la conscience, je ne dois pas la traiter. — Je ne traite pas non plus cette autre question de savoir si la loi de l'humanité a un principe différent de celui du monde; si la raison qui révèle ma loi n'est pas aussi cette raison qui a fait les lois de la nature extérieure, en un mot si *les lois de la nature ne sont pas ontologiquement réductibles au principe de ma loi personnelle,* encore une fois, j'écarte ces questions. Aussitôt que l'homme s'est posé en opposition à ce qui n'est pas lui, là est un combat perpétuel. L'homme ne se connaît pour ainsi dire que sur un champ de bataille. Mais je ne prétends pas qu'avant d'être comme lui, c'est-à-dire pour lui, il ne fût pas comme substance. Or je sais que, dans la substance universelle où le moi avant de se connaître était ontologiquement contenu, il n'y avait pas de combat; mais je ne traite pas de la substance, ce n'est point là une question psychologique.

» La recherche des principes de ce monde n'est pas une recherche où l'on puisse procéder analytiquement, c'est-à-dire par observation. Si je faisais de la synthèse, je commencerais par poser la substance éternelle : *je vous montrerais comment, du sein de cette substance éternelle, sortent les deux grandes apparitions de l'homme et de la nature,* avec des caractères contraires, bien qu'elles sortent toutes deux d'une substance commune, et comment elles retournent ensuite à cette substance dont elles sont émanées. Mais je procéderais par la synthèse au lieu de procéder, comme je le dois, par l'analyse. Je vous enseignerais peut-être des choses vraies, mais je vous les enseignerais mal. L'analyse doit conduire à la synthèse ; mais la synthèse ne conduirait pas à l'analyse. »

Il est bien évident que c'est la doctrine de Schelling, la doctrine de l'identité, qui est enseignée ici, ou du moins annoncée par anticipation et ajournée seulement par scrupule de méthode. La distinction de l'homme et de la nature, la distinction des trois facultés, toute différence en un mot, n'était posée que provisoirement avec promesse de réduction ultérieure à l'unité. C'est encore la doctrine qui résulte des leçons suivantes. Si nous en croyons une note de notre manuscrit, « quatre leçons paraissent surtout représenter l'essence du système, ce sont : la huitième, la neuvième, la dixième et la onzième. Elles présentent le développement ascensionnel de l'amour, de l'activité volontaire, de la raison, et, par la dialectique, nous conduisent de degré en degré à la vérité suprême, à la beauté absolue, au souverain bien, c'est-à-dire jusqu'à Dieu. Ainsi la psychologie conduit le philosophe jusqu'à la religion, devant laquelle il s'arrête avec respect ». De ces quatre leçons, trois sont entièrement inédites; la première seulement, qui traite de l'amour, était déjà dans la publication de 1841, mais incomplète et mutilée. Il en manque au moins la moitié, et la plus caractéristique. Dans la leçon publiée, en effet, Cousin se contentait de placer l'amour pur au-dessus de l'amour des sens, et s'arrêtait au platonisme; mais, dans notre manuscrit, il va beaucoup plus loin et du platonisme il passe à l'alexandrinisme; c'est ce qui résulte du passage supprimé que voici, qui est d'une assez grande audace pour la forme et pour le fond.

« L'amour, dit-il, tend à la mixtion la plus intérieure de la faculté d'aimer avec son objet, de l'essence qui désire avec ce qui est désiré. Or, cette mixtion dans la sensibilité (physique) est impossible. L'espace est toujours condamné au vide comme au plein. Tout se touche, rien ne se confond, et toute mixtion dans la matière est impossible. Voilà pourquoi, à la suite de l'extase amoureuse,

la conscience sent et dit qu'il n'y a pas eu mixtion et
que l'amour a manqué son objet. Quant à l'amour
rationnel, il est beaucoup plus intime à son objet
que l'amour sensible ; mais quelle que soit cette intimité, elle n'est pas encore l'identité. Nous ne faisons pas que la vérité soit nous et que nous soyons
la vérité ; et, quelque près que nous soyons d'elle,
nous ne pouvons parvenir à la confondre avec nous-
même ; dans le monde physique, l'amour veut se faire
un avec son objet ; l'amant veut se détruire pour ne
vivre que dans l'objet aimé ; il ne peut y parvenir.
Dans le monde rationnel, l'amour veut aussi se
faire un avec l'objet aimé, mais il ne s'identifie pas
avec lui. Qui de nous n'a jamais failli ? Le sage,
l'artiste et le poète s'approchent indéfiniment du
beau, du vrai et du bien, mais il y a impossibilité
de mixtion entre la vérité et l'amour ; dans ce
cas, aussi peu satisfait que dans le premier, le désir
du bonheur n'est pas encore accompli, et les soupirs de l'amour s'adressent encore à quelque chose ;
ils s'adressent à l'unité absolue... Ce Dieu n'est
pas de ce monde ; l'unité absolue ne sera jamais
trouvée dans la sphère des phénomènes ; il faut
briser cette sphère et s'élever jusqu'à l'être qui la
soutient et qui ne s'y montre jamais. Voilà pourquoi les jouissances les plus vives sont toujours

suivies d'un retour pénible sur nous-même et de la conscience profonde et triste de notre impuissance : *omne animal triste...* et, dans l'autre sphère, *tout savant est triste après ses méditations.* Il a sans doute approché de la vérité ; mais c'est pour connaître l'abîme infranchissable qui l'en sépare. »

L'idéal de l'amour n'est donc pas seulement, comme pour Platon, l'union, la mixtion, le rapprochement des deux moitiés d'un même être qui cherchent à se rejoindre. C'est quelque chose de plus : c'est l'unification, l'ἕνωσις alexandrine, l'identité finale avec la substance absolue : telle est la doctrine de la leçon primitive, dont le texte publié ne nous donne que la moitié. Cette même unité finale est également l'idéal de la liberté, comme on le voit par la leçon suivante. En voici les passages le plus significatifs :

« Le *moi* peut d'abord avoir pour objet quelque chose qui n'est pas lui ; mais, puisqu'il est libre, il peut se prendre lui-même pour objet ; il peut se contempler lui-même. La lutte cesse alors parce qu'il n'y a plus de diversité ; le principe est revenu à lui-même. Les deux termes extrêmes sont donc, d'une part, le *moi* mêlé au **non-moi** et tombé dans la plus basse dégradation, près de cesser d'être *moi* ; de l'autre, le *moi* ramené à lui-même, devenu à lui-même sa loi, la *liberté absolue.* Entre ces deux pôles il y a des degrés intermédiaires... L'esprit en soi n'est ni dans le temps ni dans l'espace ; mais, quand il commence à entrer dans le temps et dans l'espace, son action, qui tombe sur le variable, devient elle-même variable... L'esprit, quand il est tombé dans la nature, gémit sur sa chute... Le règne de l'esprit n'est pas de ce monde ; le règne de l'esprit est dans l'esprit... Lorsque l'homme retourne à son essence, que fait-il ? il retourne à la liberté absolue... La morale n'est que le retour à la liberté absolue. Le point de départ est le sacrifice ou la séparation violente de la nature extérieure et de l'activité. Le but est de se faire un avec son principe... Une force sans formes, sans bornes, est une force absolue ; la puissance sans formes, l'activité sans bornes, c'est Dieu même... L'idée d'un principe actif hors du temps et de l'espace, voilà Dieu. La liberté absolue est sa loi. C'est sur les hauteurs de cette idée que se réunissent la morale et la religion. Dieu est le but de la morale, puisque la liberté éternelle est Dieu lui-même. Mais, en morale, il est plutôt question de tendre vers ce principe que d'y arriver. »

Après l'histoire de la liberté, la leçon dixième nous donne l'histoire de la raison. Dans cette leçon,

Victor Cousin montre qu'à tous les degrés de la connaissance, c'est toujours une seule et même faculté qui juge et qui distingue le vrai du faux. Ces degrés, suivant lui, sont au nombre de quatre. Au premier degré, la sensation; au second, les vérités générales; au troisième, les vérités nécessaires; enfin, au dernier et au plus haut degré, les vérités absolues. A tous ces degrés, c'est toujours à la raison qu'appartient la connaissance et l'affirmation de la vérité : c'est elle qui décide que telle sensation est vraie ou fausse; c'est elle qui généralise et qui fait les collections que nous appelons genres, espèces, lois; c'est elle enfin qui aperçoit le nécessaire et, au delà du nécessaire, l'absolu, source du nécessaire. C'est donc la raison, qui est d'abord concrète, puis abstraite, qui est réfléchie dans l'apparition des vérités nécessaires, et spontanée dans l'apparition des vérités absolues. Cette doctrine de l'unité de la raison et de sa présence à tous les étages de la connaissance est intéressante et a été peut-être trop négligée dans la psychologie ultérieure [1].

---

[1]. C'est l'une des tendances de la psychologie, dans certaines écoles actuelles, de rechercher la présence de la raison ou de ce qu'on appelle l'esprit dans les produits les plus humbles de la sensation et de l'expérience.

Comme dans le cours de 1818, Victor Cousin empruntait au christianisme ses expressions et ses formules pour caractériser la raison. Il l'appelait *le Verbe*. Cette méthode qui consiste à se servir des mystères et des dogmes chrétiens pour exprimer des vérités purement rationnelles, cette méthode si employée depuis et dont on a souvent abusé, c'est Victor Cousin qui le premier l'a introduite en France, et qui la tenait de l'Allemagne. Kant, en Allemagne, avait inventé ce moyen terme, moitié rationnel, moitié mystique. Hegel et son école ont grandement contribué à répandre ce système métaphorique alors si nouveau en France. Il n'y avait eu jusqu'alors que des croyants et des voltairiens; les uns trop respectueux du dogme, les autres le méprisant trop pour le faire servir à exprimer les idées de la philosophie. On peut dire que c'était déjà une sorte d'hommage au christianisme que de voir dans ses dogmes les symboles des plus hautes vérités, en même temps cependant qu'en restant sur le terrain philosophique on n'y voyait que des symboles. Cousin expliquait cette double disposition avec autant de fermeté que de noblesse.

« Dans quelque forme, disait-il, qu'elle se présente, quelque symbole qu'elle revête, cette vérité est une et éternelle. Elle ne peut être méconnue ou considérée légèrement que par les hommes superficiels qui, effrayés par les mots, n'osent plus voir les choses, et qui dans les termes n'osent pas voir l'esprit sacré qui les anime. Mais ceux dont le regard est plus ferme, et qui, en parcourant des faits, ne se laissent pas abuser par leurs formes et leurs noms, ceux-là reconnaissent la vérité partout où elle est, et n'adressent leur respect qu'à elle seule : telle doit être l'intrépidité de leur âme que, tout en reconnaissant que les symboles, lorsqu'ils n'étouffent pas les faits qu'ils renferment, sont, comme formes de la vérité, dignes de nos hommages, c'est à la vérité sans formes qu'ils appliquent leurs regards; les symboles peuvent être saints, mais toute sainteté ne leur vient que de la vérité qu'ils réfléchissent. »

VII

LES LEÇONS INÉDITES DE 1820. — LA MORALE

Les leçons inédites que nous venons d'analyser contenaient la psychologie et la métaphysique. Celle qu'il nous reste à étudier porte sur la morale. C'est la plus curieuse et la plus intéressante.

Quelle avait été jusque-là la doctrine morale de Victor Cousin?

Remarquons d'abord quelle faible part la morale occupait dans la philosophie antérieure. Ni Laromiguière, ni Royer-Collard ne s'étaient occupés de morale; Condillac pas davantage. Dans l'école de Condillac, on ne rencontre que le livre superficiel et médiocre de l'*Esprit*, les deux *Catéchismes* de Saint-Lambert et de Volney. Dans Destutt de Tracy, le volume qui traite *de la Volonté* et qui semble devoir être un traité de morale n'est qu'un traité d'économie politique.

Ce fut donc une grande nouveauté, en 1818, de voir le jeune professeur introduire en France et enseigner la morale de Kant, la morale du devoir, distinct du plaisir, de l'utile, du sentiment, de la volonté divine, des peines et des récompenses, la doctrine du devoir pour le devoir. Cousin ne se séparait de Kant que sur un point : il soutenait contre celui-ci que c'est le devoir qui repose sur le bien et non le bien sur le devoir; seulement il ne définissait pas le bien; il n'en donnait pas la formule. C'est là qu'il s'arrêtait en 1818. L'année suivante, il alla plus loin; dans la leçon d'ouverture du cours de 1819, il établissait que la loi d'un être doit se tirer de la nature de cet être; or quelle est la nature propre, essentielle de l'homme, le fait constitutif de cette nature? c'est la liberté. La loi morale doit donc consister à conserver en soi-même et à respecter chez les autres la liberté humaine. De là cette formule : « Être libre, reste libre. » Cousin était passé de la doctrine de Kant à celle de Fichte; mais il n'était pas encore allé au delà. A la fin de 1819, dans la leçon d'ouverture du nouveau cours, il fit encore un pas en avant. Il reconnut que la morale de la liberté était incomplète, qu'elle ne donnait qu'une loi négative. Il ne suffit pas de s'en tenir au désintéressement et au respect des droits d'autrui; il ne suffit pas de s'abstenir, il faut agir. Au delà des devoirs de justice, il y a les devoirs de dévouement, qui ne sont plus soumis à des règles précises. Le dévouement, l'héroïsme, le sacrifice, c'est le luxe de la morale, luxe nécessaire et obligatoire, mais qui ne peut être imposé sous forme de loi. Victor Cousin appelle *instinct de la raison* ce commandement d'ordre supérieur qui nous porte à agir au delà de ce qui est la conséquence étroite et rigoureuse de la liberté. Mais bientôt cet élément nouveau, qui se confondait avec l'enthousiasme, allait à son tour grandir au point d'effacer, d'obscurcir, ou tout au moins de subordonner étrangement le rôle de la justice et du devoir strict. C'est le sujet de la leçon inédite qu'il nous reste à analyser et qui porte pour titre dans notre manuscrit : *De l'Esprit et de la Lettre.*

« La raison, y est-il dit, est essentiellement la faculté qui juge; c'est elle qui dicte et prononce les arrêts en disant : cela est vrai; cela est faux. Tous les efforts possibles pour se passer de la raison, pour lui résister, pour la dégrader, tous ces efforts sont faits par elle-même. Soit qu'elle approuve, soit qu'elle désapprouve, c'est toujours elle qui prononce. Vous ne pouvez vous soustraire à son autorité en faveur du beau et du laid, du bien et du mal, du vrai et du faux. C'est vous qui êtes le dépositaire de la raison; vous n'êtes point la raison sans doute, mais elle est en vous. C'est en vous et non de l'extérieur qu'il faut saisir la vérité; autrement, vous la contemplez dans ses reflets les plus affaiblis et les plus ternes. La source de la vérité est en vous; c'est la loi; c'est mieux que la loi : c'est *l'esprit de la loi*. Passons à la lettre. »

En même temps que la loi commande par l'esprit qui est en elle, elle est obligée de se traduire en un certain nombre de formules, de règles, de préceptes, qui sont *la lettre de la loi*. Si la raison en elle-même est inconditionnelle et absolue, il n'en est pas de même de la lettre : « Je soutiens qu'il n'y a d'absolu, d'inconditionnel que la raison; que tous les produits de la raison, comme relatifs aux choses sur lesquelles la raison prononce, sont, comme elle, conditionnels et relatifs. La lettre, de quelque manière qu'on s'y prenne, n'est pas l'esprit. L'esprit qui a fait la lettre, et, sans lequel la lettre ne serait pas, n'est pas vivant dans la lettre; il y est mort, et c'est une très fausse image de lui-même que ce produit extérieur. Prenez tel exemple que vous voudrez des formes de la vérité; donnez-moi toutes vos règles de beauté : en ne les connaissant pas, en faisant le contraire, Homère, Dante, Raphaël, pourront créer des chefs-d'œuvre. »

La loi morale, aussi bien que la loi esthétique, se présente donc à nos yeux sous un double aspect et soutient un double rapport : d'un côté, avec la raison, et par ce côté elle est absolue; de l'autre, avec le contingent, le variable, le matériel de la loi, et par là elle est conditionnelle et relative. Toutes les lois, en tant que matérielles, sont donc susceptibles d'exceptions. « La raison ne dit jamais : « cela est vrai, *in abstracto*. » Ainsi, en morale, par exemple, je prononce ceci : *Il faut être reconnaissant;* ou bien : *Il faut obéir à ses parents;* ou : *Il faut obéir aux lois.* La raison dit cela dans tel cas. Si le père ou la mère, par exemple, donnent à l'enfant un ordre juste en soi, mais qui lui coûte, l'enfant doit obéir. La raison dit à l'enfant : Obéis à ton père; mais elle le dit sous condition : si l'ordre qu'on te donne est juste en soi, tu dois obéir. Dans ce cas, la loi d'obéissance est donc une loi conditionnelle, puisqu'on pourra ne pas y obéir, si tel ou tel cas arrive. Il en est de même de l'obéissance aux lois.

Si la loi est injuste, et elle peut l'être, il ne faut pas lui obéir. Ainsi, cette proposition morale, cette forme sacrée, et par conséquent absolue d'un côté, est, de l'autre, relative et conditionnelle, parce que la raison tombée dans ce monde, la raison qui plane sur tous les cas donnés à son tribunal, prononce exactement comme cette institution qui est déjà gravée dans les nôtres, *le jury*. Elle prononce pour un cas, mais jamais d'une manière générale. Chacune de ses décisions est l'oracle et ne la lie pour aucune autre décision. »

Cette doctrine, on le voit, semble le contrepied de la doctrine de Kant, que Cousin avait enseignée jusque-là sans restriction. Celui-ci disait que la loi morale commande toujours *sans* condition; Cousin enseigne, au contraire, qu'elle commande toujours *sous* condition. Cependant il retenait du kantisme cette vérité que la loi est absolue en elle-même; mais ce qui est absolu, c'est seulement ceci : à savoir qu'il y a du devoir. En tant qu'il s'applique à une matière contingente et mobile, ce devoir devient par là même contingent. Il ne peut se formuler en règle absolue. Toutes les règles morales sont donc conditionnelles et relatives. La raison ne prononce que dans chaque cas particulier : la raison est un *juré*. Elle décide en souveraine sans être liée par aucune loi. Les esprits vulgaires prennent les règles matérielles, formulées par l'usage, pour les décisions absolues de la loi morale. C'est une fausse moralité; c'est confondre la lettre avec l'esprit : *La lettre tue et l'esprit vivifie.*

« Lorsque l'esprit agit, s'il agit de telle ou telle manière, ce n'est pas cette manière d'agir qui est sacrée, c'est le jugement intérieur de l'esprit, c'est le principe agissant, c'est la conscience intime. Voilà la loi intérieure. Prend-on le mode du jugement, sa forme extérieure et visible pour le sentiment intime, c'est se tromper du tout au tout, c'est confondre l'extérieur avec l'intérieur, la lettre avec l'esprit. Or on sait que, dans les arts, la lettre tue et l'esprit vivifie. L'axiome passe pour les arts; mais, en morale, on se récrie contre le penseur audacieux qui en appelle de la formule au principe qui en a fait la formule, et de toutes les règles inventées à la règle des règles, à la loi des lois, à la raison. On cherche en morale quelque chose qui, *decretoriè et peremptoriè,* décide ce qui est bien et mal et juge en dernier ressort. Alors on prend quelques règles : les contingentes, on en a bon marché; on en prend d'autres qui sont plus générales, auxquelles on s'asservit soi-même, de telle sorte qu'on ne les confronte plus avec la raison;

mais c'est abjurer l'esprit moral. En général, je dis que la morale est la conformité de l'action à la raison. Il y a en outre une non-moralité, qui n'est ni morale ni immorale : c'est une action qu'on n'a faite ni conformément ni contrairement à la raison, mais conformément ou contrairement à une lettre. Il arrive que la lettre est conforme à l'esprit, et alors l'action, sans l'avoir voulu, sans aucun mérite moral, se trouve bonne par hasard, d'une bonté toute matérielle ; ou que la lettre est en contradiction avec la raison, et alors l'action est mauvaise, mais d'une méchanceté matérielle, sans que l'agent soit plus ou moins coupable de l'avoir accomplie. »

Lorsqu'il s'agit de passer aux exemples, il semble que Victor Cousin redoute lui-même d'introduire le débat sur le terrain de la morale ; il n'ose pas dire, comme il le devrait d'après ce qui précède, que ces préceptes : « Tu ne tueras pas! tu ne déroberas pas! tu ne mentiras pas! » ne sont que des règles relatives et conditionnelles dont la conscience est seule juge. Il prend pour exemples, non les règles morales (quoiqu'il ne s'agisse ici que de morale), mais les règles esthétiques et littéraires.

» Que si l'on vient me demander : « Que faut-il

faire? Donnez-moi une formule (car tel est l'homme : il lui faut des idoles); donnez-moi une formule que je n'aie besoin que d'apprendre une fois par cœur, à laquelle ensuite je ne pense plus et que j'applique sans l'examiner de nouveau; » je déclare qu'il y a un grand nombre de cas où je ne pourrais donner cette formule, parce que je ne l'ai pas. Si quelqu'un l'a, qu'il la montre, et que cette formule soit donc une fois soustraite au reproche de conditionnalité dont je la frappe d'avance. Si un artiste venait me dire : « Donnez-moi une formule pour faire des statues plus belles que celles de Canova, » je ne lui dirais pas autre chose que ceci : Tâchez d'avoir autant de génie que Canova. Ce n'est pas la règle qui fait les chefs-d'œuvre, c'est l'esprit de la règle, c'est l'esprit ignorant la règle, c'est-à-dire la sachant si bien qu'il ne s'en rend pas compte, c'est le génie d'Homère, c'est le génie de Canova; c'est l'esprit, en un mot, qui rend sur cette harpe les impressions divines et sacrées que lui fournit la nature. Mais ce n'est pas la sensibilité qui, dans tous ces ébranlements profonds, peut produire cet amour, ce pur enthousiasme : cet enthousiasme vient de la raison qui, supérieure à la sensibilité, est si immédiate au vrai, au beau et au bien, qu'elle les rend sans règles et qu'elle les rend avec autant d'énergie qu'elle les sent. Les règles font les tragédies de d'Aubignac; elles ne font pas les chefs-d'œuvre. Chef-d'œuvre! mot extraordinaire, mot parfait parce qu'il rend merveilleusement l'œuvre du génie, qui est un vrai *miracle*. Le génie ne produit que des miracles, c'est-à-dire qu'il produit des choses qui ne sont pas réductibles à des propositions matérielles, à des lois fixes et immobiles. Ainsi, loin que le miracle soit impossible, il se fait par le génie. Un miracle, c'est la poésie d'Homère; un miracle, c'est Platon, c'est le *Parménide*, c'est la *Mécanique céleste* de Laplace, c'est l'action de d'Assas, c'est la vie entière de saint Vincent de Paul, c'est la vie de tous les hommes sur lesquels l'humanité, qui ne se trompe jamais, prononce qu'ils sont des hommes de génie, qu'ils sont l'élite du genre humain. Il n'y a point de code du génie; il n'y en a pas de haute morale. Un code du génie serait destructif du génie lui-même. »

Il n'est pas difficile d'expliquer pourquoi cette leçon a été supprimée dans la publication de 1841, quoi qu'elle soit certainement une des plus éloquentes et des plus originales de Victor Cousin. Il est évident qu'il est ici sur la pente d'une doctrine très dangereuse, si même il n'y tombe pas tout à fait. C'est la doctrine de la souveraineté de l'individu en morale ; car, sous le nom de raison, c'est l'individu qui, sous sa responsabilité, paraît décider en dernier ressort du bien et du mal. Parti de la morale de Kant en 1818, la développant, l'année suivante, par celle de Fichte, s'élevant au-dessus de celle-ci en ajoutant au principe du devoir pur la doctrine chrétienne de la charité et du dévouement, il avait fini par dépasser encore le but, et, plaçant l'enthousiasme au-dessus du devoir, il aboutissait à la morale de Jacobi[1]. A la vérité, dans quelques passages de la même leçon, on le voit hésiter et reculer en quelque sorte devant les conséquences de ses principes. Il semble limiter et restreindre sa pensée, en la réduisant à la distinction précédemment établie entre la justice et le dévouement. Mais tout le reste de la leçon contredit cette interprétation. Cette formule : *La lettre tue et l'esprit vivi-*

---

1. Cousin avait vu Jacobi à Munich en 1818, en même temps que Schelling. Nous reconnaissons ici la doctrine exposée dans la *Lettre à Fichte*. L'idée même d'attribuer l'enthousiasme non à la sensibilité, mais à la raison, était une des idées de Jacobi. Cousin, avec la faculté d'assimilation qui caractérise la jeunesse, avait fondu, dans ces dernières leçons, la philosophie de Fichte, celle de Schelling et celle de Jacobi. — Ajoutons cependant que ce n'est pas sans y avoir ajouté sa part d'originalité : car ce principe que toute règle morale est absolue par sa forme et relative par sa matière, absolue par le côté où elle relève de la raison et relative dans l'application, n'est pas du tout dans Jacobi.

fie s'applique à toute espèce de lettre, et non pas seulement à la lettre en matière de charité. Les exemples cités (reconnaissance, obéissance aux parents, obéissance aux lois) ne sont nullement des préceptes de charité qui nous laissent plus ou moins libres : ce sont des règles de morale stricte et qui sont même d'entre les plus strictes. La question n'est donc pas de savoir si, au-dessus des lois strictes de la justice, il n'y aurait pas des actes libres et non imposés de dévouement et de sacrifice, pour lesquels il ne peut y avoir de formule. Non, la question était plus délicate, plus profonde et plus glissante; la théorie, plus hardie et plus dangereuse. C'est que les lois les plus strictes ont encore leurs exceptions; c'est la doctrine du « droit de grâce », comme l'appelait Jacobi, droit que l'homme s'arroge à lui-même malgré la loi, au-dessus de la loi. C'est ce qui ressort manifestement du passage suivant :

« Le législateur n'est pas lié par la loi qu'il a faite. Cette maxime, qui n'est pas toujours vraie en politique, est vraie en morale. Dieu ne reçoit pas la loi de cette nature sur laquelle il agit, il ne prend pas conseil des circonstances; il ne prend conseil que de lui-même et de son éternelle puissance; et *l'homme-dieu*, c'est-à-dire l'homme fait à l'image de Dieu et qui a pris Dieu pour modèle, l'homme, dis-je, doit prendre conseil, en toute chose, non pas des circonstances qui changent, mais de lui-même, de l'intérieur, c'est-à-dire de la raison *fille de Dieu, parole divine*, et agir conformément à cette parole. » En parlant ainsi, Victor Cousin n'ignorait pas à quelles difficultés il se heurtait; car il disait : « Je connais aussi bien, je vous assure, qu'aucune des personnes de cet auditoire les objections qu'on peut faire contre cette doctrine; mais je déclare que je ne la considère pas comme une doctrine... c'est la vue de ce qui est; c'est l'expression du fait qui se joue des règles vulgaires. On a beau le nier dans un cas, on l'avoue dans un autre; de telle sorte que les ennemis les plus acharnés de ce principe ont reconnu de temps à autre, au moins dans quelques cas, que la raison gouverne et n'est pas gouvernée. Au moins, dans quelques cas, ils ont agi contrairement à leur profession de foi, et conformément à ce principe, qu'ils nient dans leurs systèmes, et qui pourtant parle à leur cœur. »

Tout en reconnaissant ce qu'il peut y avoir de périlleux dans les maximes précédentes, faisons remarquer cependant la raison profonde et vraiment philosophique sur laquelle Victor Cousin appuie sa doctrine, c'est que toute règle morale a deux aspects : l'un par lequel elle se rapporte à la raison, et à l'absolu, et l'autre par lequel elle touche au contingent et au relatif; elle est un rapport entre l'absolu et le relatif. La forme est pure et rationnelle, mais la matière est phénoménale. Or, dans cette infinie complication de faits, d'événements, de choses entrelacées les unes dans les autres qui constitue l'univers, comment espérer que l'on puisse enfermer chaque règle dans un cercle inflexible et qu'elle ne flotte pas toujours quelque peu en deçà et au delà, suivant les circonstances? Sans doute, la doctrine de la souveraineté de la conscience peut conduire au fanatisme, mais la souveraineté de la loi n'a-t-elle pas aussi ses fanatiques? Ce sont ceux qui s'écrient : « Périssent les colonies plutôt qu'un principe! *Fiat justitia, pereat mundus!* » De telle sorte qu'on arrive aux mêmes conséquences de part et d'autre. Il peut donc y avoir une part de vérité dans la doctrine de Victor Cousin ; mais peut-être est-ce une de ces vérités qui ne sont pas toujours bonnes à dire. L'homme n'est que trop disposé à s'accorder à lui-même toute sorte de permissions morales, à se voter dans sa conscience des lois d'exception; il n'est pas nécessaire de lui prêcher le droit de grâce à l'égard de lui-même. On a dit que, dans toutes les constitutions, il y a un article 14 sous-entendu; peut-être aussi y a-t-il un article 14 dans toute conscience, mais c'est un article secret, dont chacun saura bien faire usage quand il le faudra, et qu'il est inutile et dangereux de transformer en principe. Cela dit dans l'intérêt de la saine morale, on ne peut et on ne doit pas cependant interdire au penseur de percer quelquefois au delà du cercle convenu et du pur formel, et de faire éclater la liberté de l'esprit.

De toutes les études qui précèdent, il nous semble qu'il résulte manifestement que, si la philosophie de Victor Cousin, dans cette première période, a péché par quelque endroit, ce n'est certes pas par excès de déférence pour l'orthodoxie religieuse et pour le sens commun vulgaire. Au contraire, il est le premier qui ait introduit en France cet ensemble de conceptions, hardies et mystérieuses, mais enivrantes, qui, à cette époque, captivaient l'Allemagne et devaient encore, pendant près d'un quart de siècle, la tenir sous le prestige. La philosophie de Victor Cousin a donc été un rameau détaché de la philosophie allemande; mais ce serait une erreur de croire qu'en introduisant en France les idées allemandes, comme Voltaire, au xviiie siècle, a introduit les idées anglaises, Victor Cousin ne leur a pas imprimé le cachet de sa nation et de son propre esprit. Son originalité a été de fondre la métaphysique allemande avec la psychologie écossaise, afin d'échapper à l'arbitraire de l'une et au scepticisme de l'autre. Il a toujours fait des réserves au nom de la méthode d'observation et d'analyse, qu'il appelait la méthode du xviiie siècle. Il présentait l'unité de substance comme une hypothèse vers laquelle on pouvait tendre et qu'il donnait comme le terme de la science, mais dont il ne fallait pas partir comme d'une vérité *a priori*. Cette méthode est la plus sage; car elle permet de marcher d'accord avec les doctrines diverses le plus longtemps possible, et de ne se séparer qu'au terme de la route. Selon cette méthode, ce qu'on appelle le panthéisme pourrait être soit accepté, soit rejeté; mais il le sera en connaissance de cause, on saura de quoi il s'agit. La méthode synthétique, au contraire, est une méthode dictatoriale qui ne se laisse pas discuter. Il faut croire ou nier; sa devise est: « Tout ou rien. » Cousin, en maintenant les droits de l'analyse sans méconnaître les droits de la synthèse, en essayant de retrouver par la conscience la même philosophie que les Allemands posaient *a priori* et par une sorte de surprise et de divination, était donc bien plus dans l'esprit de la philosophie moderne, dont le principe est le droit d'examen. Ce qui est certain, c'est que, parti trois ans auparavant de la philosophie écossaise, Cousin, par son seul élan, ou du moins aidé seulement par quelques conversations avec Hegel et Schelling, s'était élevé aux sommets de la spéculation philosophique. De Reid, il avait, en passant par Kant et par Fichte, rejoint Platon et Plotin. Nul autre philosophe, à cette époque, ne s'élevait si haut et n'avait embrassé l'ensemble des questions avec cette largeur et cette audace. L'élan était donné et une philosophie nouvelle était créée en France. Mais cet enseignement si brillant allait être interrompu. Le cours de 1820 termine la première période d'enseignement de Victor Cousin.

Au moment où Victor Cousin va descendre de cette chaire, où nous le retrouverons huit ans plus tard, demandons-nous quel était le caractère de son éloquence et de son enseignement. Un témoin illustre, son ami et son condisciple, Augustin Thierry, nous en a conservé le souvenir fidèle et l'impression toute présente :

« M. Cousin, disait Augustin Thierry, prononce

ses leçons sans cahiers, et même sans le secours d'aucune note; son improvisation est à la fois abondante et nerveuse. Il pose d'une manière neuve les hautes questions philosophiques et il présente des solutions qui se rattachent toujours fortement l'une à l'autre. Ce caractère d'unité dans une vaste étendue de matière, donne à son cours un aspect scientifique imposant. Durant huit mois, son nombreux auditoire a marché à sa suite au milieu des aridités de la science de l'homme, sans paraître un moment fatigué par les efforts du professeur ni même par ses propres efforts. Avoir inspiré aux jeunes gens le goût de ces travaux austères, y avoir dévoué sa propre vie, avoir entrepris comme une dette envers la science et envers ses élèves deux voyages coûteux et pénibles pour visiter des écoles étrangères, savoir répandre un intérêt nouveau sur la science de l'homme moral et y rattacher comme à leur base les sentiments du patriotisme, voilà les titres à l'estime publique que M. Cousin possède à l'âge de vingt-six ans[1]. »

Augustin Thierry s'exprimait ainsi en 1820, sous le coup même de l'action produite par le maître,

---

1. Article du *Courrier français*. — Voir la publication de M. Vacherot, 1841, *Pièces justificatives*.

par les leçons que nous venons d'analyser. Bien des années après, un autre témoin, disciple non moins indépendant du même maître, retrouvait dans ses souvenirs des impressions encore vives et expliquait à de nouvelles générations le prodigieux empire qu'avait exercé sur la jeunesse de son temps la parole vibrante et enflammée de Victor Cousin. Voici comment s'exprimait, en 1868, M. de Rémusat dans sa réponse à Jules Favre, qui venait de remplacer Victor Cousin à l'Académie française.

« Surpris, dit-il, humiliés, consternés (après la chute de l'Empire), irrités cependant et pleins de ressentiment et de défiance envers les puissances de ce monde, les vaincues comme les victorieuses, nous nous demandions, à l'entrée de la vie, vers quelle lumière nous diriger et si nous n'étions pas condamnés à rester à jamais le jouet des événements. Jugez de ce que nous dûmes ressentir lorsque, dans les modestes asiles de l'enseignement, nous vîmes s'élever devant nous un jeune homme ardent et grave, solennel et passionné, qui, du haut de la chaire des maîtres, nous dit d'une imposante voix : « Reprenez courage et relevez vos âmes. Rien n'est perdu de ce qui est sacré. Les jeux de la force et de la fortune n'ont point de prise sur la vérité.

Au-dessus de la politique et de la guerre, la philosophie nous montre l'idée inaltérable du droit dont la politique et la guerre doivent être les servantes, si elles ne veulent être méprisables. Que tout ce qui a péri vous ramène à ce qui ne périt pas. Les yeux fixés sur le droit, consacrez-vous à sa cause. Revenez aux doctrines qui, dans la contemplation des vérités nécessaires, retrouvent la véritable origine de la raison et lui rendent ses prérogatives en même temps que ses lois. Ainsi vous reprendrez l'œuvre interrompue de la Révolution française en épurant et en raffermissant ses principes. *Trop longtemps nous avons voulu être libres avec la morale des esclaves* » (cours de 1815). Il est temps d'inaugurer une philosophie qui soit, comme l'appelle Platon, la philosophie des hommes libres. — On se représenterait difficilement ce qu'étaient de telles leçons pour les générations. Par elles, les âmes renaissaient à l'espoir, à la confiance, à la fierté. C'est le temps où de jeunes cœurs firent vœu de se consacrer au culte du juste et du vrai, à la défense du droit, et acceptèrent la mission qui devait être celle de toute leur vie. »

Ce fut précisément cet empire et cette influence que le gouvernement de la Restauration se crut bientôt obligé de briser.

VIII

LA DISGRACE (1820)
LA PRÉFACE DES FRAGMENTS (1826)

L'enseignement de Victor Cousin et le moment du plus grand succès de cet enseignement coïncident avec l'époque la plus brillante et la plus heureuse de la Restauration. En 1817, le roi Louis XVIII avait rompu avec la faction ultra-royaliste; un homme éclairé et sage, M. Decazes, avait essayé de gouverner avec la charte et de rattacher à lui le parti constitutionnel. Dans l'instruction publique, M. Royer-Collard avait imprimé aux études une direction moderne et libérale dont l'École normale devait être le principal organe. Un événement déplorable vint tout bouleverser, arrêter ce mouvement, et jeter la Restauration dans une voie qui devait amener sa chute. Cet événement fut l'assassinat du duc de Berry, en février 1820.

Quelle influence cet événement pouvait-il avoir sur la destinée du jeune professeur? Le voici. Après la chute de M. Decazes, le parti constitutionnel se divisa. Une moitié, avec M. de Serre, passa du côté de la réaction; l'autre moitié, avec M. Royer-Collard, resta fidèle à la ligne constitutionnelle. A la suite de je ne sais quelle discussion de la Chambre des députés, où les doctrinaires, comme on les appelait déjà, avaient voté contre le ministère, M. de Serre se vit obligé de rompre avec ses anciens alliés, et MM. Camille Jordan, Royer-Collard et Guizot furent écartés du conseil d'État. Cette rupture avec les chefs de l'opposition constitutionnelle eut son contre-coup à la Sorbonne, et, à la rentrée des cours, M. Cousin fut invité à ne pas remonter dans sa chaire. Cette disgrâce fut constatée au *Moniteur*, sans aucun acte officiel, par une simple note du 29 novembre 1820, dont les termes calculés sont d'une politesse ironique et hypocrite : « L'annonce publiée par quelques journaux, y est-il dit, d'une suspension que le conseil de l'instruction publique aurait prononcée contre M. Cousin n'a aucune exactitude. M. Cousin, qui n'est pas professeur, n'aurait pu, même dans aucun cas, être l'objet d'une semblable mesure. Occupé de travaux importants sur d'anciens ouvrages grecs relatifs à la philosophie, il ne remplacera pas cet hiver M. Royer-Collard. » M. Cousin lui-même ne fut pas remplacé comme suppléant, et la chaire resta vide pendant huit années. L'année même de cette suspension déguisée, une chaire de droit naturel étant devenue vacante au Collège de France, Cousin fut présenté seul et à l'unanimité par le Collège. Le gouvernement refusa de le nommer et choisit son concurrent, M. de Portets, médiocrité de très mince valeur, qui occupa la chaire jusqu'à 1853 : ainsi, une grande chaire fut sacrifiée pendant plus de trente ans à l'arbitraire politique. Cousin avait gardé sa conférence à l'École normale; mais cette école elle-même allait être supprimée en 1822, les professeurs ne devant continuer à toucher leur traitement que jusqu'en 1824. Si cette mesure eût été rigoureusement appliquée, Cousin, en 1824, aurait pu se trouver sans fonction ni traitement dans l'Université. Tel était le libéralisme de la Restauration, que, par une illusion rétrospective, on se plaît quelquefois à rappeler comme l'âge d'or du régime parlementaire.

Quels étaient donc les griefs qui pouvaient autoriser le gouvernement à des mesures aussi sévères? Cousin avait-il fait appel aux passions politiques? Avait-il, comme plus tard Michelet et Quinet, ou d'autres professeurs, fait de sa chaire une tribune? Il ne le paraît pas. Cette même année 1820 avait été consacrée par lui à l'exposition de la philosophie de Kant et de la *Critique de la raison pure*. L'année précédente avait eu pour objet la philosophie écossaise et la philosophie sensualiste du xviii° siècle. Quoi de moins incendiaire? Nous avons résumé le cours de 1818 : c'était, on l'a vu, de la métaphysique pure, sous la forme la plus transcendante. Où donc était le danger, où donc était le venin de cet enseignement d'un caractère si spéculatif? Uniquement dans trois ou quatre leçons de haute morale, où, fondant la morale, comme Fichte, sur le principe de la liberté, il tirait de ce principe la justification des droits de l'homme, et toute une théorie du libéralisme. Ce furent surtout la leçon d'ouverture de la fin de 1818, et celle de 1819, ainsi que la douzième leçon du cours de 1820 qui purent paraître suspectes à un pouvoir de plus en plus ombrageux ; ces leçons qui contenaient la philosophie du libéralisme s'étaient pourtant maintenues à une hauteur toute philosophique, comme il convient à l'enseignement ; elles ne contenaient aucune allusion aux circonstances contemporaines, aucune amertume politique, aucun trait de polémique agressive. Que ce fût là cependant la vraie cause de la disgrâce de Victor Cousin, c'est ce qui résulte de tous les documents[1].

Dans cette retraite de Victor Cousin, nous pouvons saisir sur le vif à la fois et les rares qualités et les lacunes de son esprit et de son talent. D'une part, c'était sans doute une preuve de force et d'énergie chez un si jeune homme d'être capable de se retirer, comme il le fit alors, du monde des vivants et dans une absolue solitude pour se livrer à l'étude et à la publication des manuscrits de Proclus, en faveur desquels le gouvernement avait bien voulu lui faire des loisirs. Ce fut encore une marque de force que ce dévouement exclusif et sans partage à la philosophie dans son sens le plus austère. Qu'un jeune homme de vingt-huit ans, qui venait d'obtenir par la parole un succès prodigieux et tout nouveau en France, et, par là, une grande popularité, qui venait d'être victime d'une iniquité injustifiable, qui était lié, d'ailleurs, avec tout ce

1. Voir les articles d'Augustin Thierry et de Kératry, rapportés comme pièces justificatives dans la publication de M. Vacherot (*Introduction aux leçons* de 1820, p. 135), ainsi que la page de M. de Rémusat citée plus haut, p. 157. Voir aussi, en sens inverse, Maugras, *Cours de philosophie morale*, p. 259.

qu'il y avait de plus éminent dans le parti libéral, qu'un tel homme eût été tenté de profiter de toutes ces ouvertures pour entrer dans la vie publique, sinon au Parlement, car il n'avait pas l'âge, au moins dans la presse, comme firent Dubois, Thiers, Carrel et Mignet, et s'ouvrir, par là, un champ d'ambition qui n'avait rien de disproportionné avec son talent, qui aurait eu le droit de l'en blâmer ou même de s'en étonner? Il aurait pu, comme Lamennais plus tard, entretenir sa popularité et préparer sa revanche par des brochures à tapage et à sensation. Il aurait pu, au moins, s'il ne voulait pas toucher à la politique, se livrer à la littérature, qui lui inspira plus tard une si vive passion et pour laquelle il avait reçu de la nature des dons si heureux et si brillants. En un mot, sevré tout à coup, dans l'âge qui en est le plus avide, de la gloire et du succès, il aurait pu les chercher par d'autres voies, sans que personne eût lieu de s'en plaindre. Que fait-il? Rien de tout cela : il se livre aux travaux les plus ardus, rendant à la philosophie des services inestimables, mais presque sans gloire. La publication des œuvres complètes de Descartes, la seule édition qu'il y ait eu en France, la traduction des *Dialogues de Platon*, la publication de six volumes de Proclus, et cela en quelque sorte *invita Minerva,* car son talent pour la philologie n'était pas égal au goût singulier et passionné que lui inspirait cette science ; enfin quelques articles d'érudition dans des recueils savants : voilà les occupations de Cousin pendant ces années de détresse où la pauvreté et le silence venaient tout à coup interrompre une carrière ouverte sous les auspices les plus éclatants. La vraie raison d'une conduite aussi remarquable tient à une des plus rares qualités de Cousin, qui n'a pas, je crois, été signalée : c'est qu'il n'avait pas besoin de succès extérieur ; il vivait de son propre feu. De quel côté que ce feu le portât, vers Proclus quand il était jeune, ou vers madame de Longueville quand il était vieux, il s'en nourrissait intérieurement, sans se soucier du dehors. Cette indifférence au succès extérieur se montra plus tard, après sa retraite définitive, par le refus qu'il fit toujours d'être nommé directeur de l'Académie française. C'était cependant encore un moyen de se mettre en contact avec le public et de retrouver les applaudissements de sa jeunesse. M. Guizot, si austère, ne dédaigna jamais ce petit regain de gloire et de popularité, très légitime d'ailleurs : l'Académie se prêtait à son désir, et le public en savait gré à l'illustre

vieillard. Cousin se contenta des succès de plume.
Il était d'ailleurs indifférent aux éloges, et, quand
on essayait plus ou moins gauchement de lui faire
quelque compliment, il vous coupait la parole et
parlait d'autre chose. Il avait le don de se suffire à lui-même, et j'en vois la preuve dans la retraite austère qu'il s'imposa pendant tout le temps
de sa disgrâce.

Voilà les mérites; n'hésitons pas aussi à signaler les faiblesses et les limites. Évidemment, si Victor Cousin eût été un métaphysicien créateur comme
Descartes, Kant ou Hegel, cette retraite au moment
de la plus grande force de l'âge et de l'esprit (de
vingt-huit à trente-six ans) eût dû être pour lui une
occasion de reprendre et de rassembler ses pensées, de les poursuivre et de les enchaîner dans un
grand système. C'était le moment ou jamais de
faire un livre. N'eût-il fait que reprendre son cours
de 1818, le rédiger, le compléter, lui donner une
forme définitive, cela eût mieux valu que d'attendre
trente ans pour le revoir et le remanier quand il
en avait perdu le souvenir, quand les idées s'en
étaient défraîchies pour lui, quand d'autres pensées et d'autres intérêts occupaient son esprit. Il
aurait pu alors en faire son œuvre; mais cette œuvre n'a pas été faite. La vérité, c'est que Victor

Cousin a été avant tout un grand professeur, un grand remueur d'idées par la parole publique. Si c'est là ce qu'on a voulu dire en déclarant qu'il n'a été qu'un orateur, on a eu raison; si on veut dire, au contraire, que cet orateur n'était pas un penseur, rien de plus injuste; car peu d'hommes de nos jours ont mis plus d'idées dans la circulation; seulement, pour penser, il avait besoin du coup du fouet de l'enseignement. Il retrouva toute sa verve en 1828, en remontant dans sa chaire. Mais, lorsqu'il était seul en tête à tête avec lui-même, sa pensée se glaçait; il lui fallait une matière et il aimait mieux l'érudition. Ses amis eux-mêmes, dans ce temps-là, ressentirent vivement ce regret, et Jouffroy l'exprime avec discrétion dans un article du *Globe*; il justifie le maître et le loue même de sa sagesse; mais on sent bien que le disciple voit le défaut de la cuirasse, tout en reconnaissant que M. Cousin a rendu plus de services à la philosophie en faisant connaître les grands systèmes qu'en y ajoutant lui-même un système de plus[1].

Que si cependant, au cours de la période dont nous nous occupons, Victor Cousin n'a pas accom-

---

[1]. Voir cet article cité par Damiron dans l'*Essai sur la philosophie du* XIX*e siècle*, t. II, p. 176.

pli l'œuvre que nous eussions désirée, il en a tracé l'esquisse dans un document remarquable, la *Préface* de la première édition des *Fragments philosophiques*. Écrite du style le plus nerveux et parfois même le plus éloquent, mais toujours conforme à l'austérité philosophique, condensant en propositions hardies et énigmatiques toutes les idées de 1818 et 1819 avec quelque chose de plus, laissant entrevoir, sous ces formules mystérieuses, des profondeurs infinies, cette préface fit une très grande sensation et fut considérée comme un événement dans le monde philosophique. Elle consomma la ruine du condillacisme et fit de Cousin le véritable chef de l'école nouvelle. Pour nous, elle n'est que le résumé de ce que nous avons appris dans les cours précédents; et beaucoup de choses qui parurent obscures dans cette préface se trouvent éclaircies dans les documents que nous avons analysés, mais que le public ne connaissait pas.

Nous retrouvons en effet, dans la préface de 1826, toutes les doctrines précédemment exposées, mais sous des formes nouvelles ou avec quelques développements nouveaux.

1° La méthode d'observation, acceptée comme point de départ, et, par là, la philosophie du XIX° siècle rattachée au XVIII°.

« La méthode d'observation est bonne en elle-même. Elle nous est donnée comme l'esprit du temps, qui lui-même est l'œuvre de l'esprit général du monde. Nous n'avons foi qu'en elle, nous ne pouvons rien que par elle ; et pourtant, en Angleterre et en France, elle n'a pu jusqu'ici que détruire sans rien fonder. Parmi nous, son seul ouvrage en philosophie est le *Système de la sensation transformée*. A qui la faute ? Aux hommes, non à la méthode. La méthode est irréprochable ; mais il faut l'appliquer selon son esprit. Il ne faut qu'observer ; mais il faut observer tout..... Les faits, voilà donc le point de départ, mais non le terme de la philosophie. »

2° L'ontologie ou la métaphysique défendue contre les partisans exclusifs du xviii° siècle, mais donnée comme une conséquence de la psychologie.

« La psychologie est la condition et comme le vestibule de la philosophie..... Le premier effet d'une application sévère de la méthode est d'ajourner l'ontologie. Elle l'ajourne, elle ne la détruit pas... La méthode expérimentale qui, appliquée à un seul ordre de phénomènes, incomplets et exclusifs, détruisait l'ontologie, relève ce qu'elle avait renversé et fournit elle-même à l'ontologie un instrument sûr et des bases larges et légitimes. »

3° Le passage de la psychologie à l'ontologie par le moyen des principes absolus de la raison.

« La raison n'est ni plus ni moins certaine que la volonté et la sensibilité. La certitude une fois admise, il faut la suivre partout où elle conduit rigoureusement, fût-ce même à travers l'ontologie...

» Les lois de la pensée démontrées absolues, l'induction peut s'en servir sans crainte : les principes absolus obtenus par l'observation peuvent légitimement nous conduire là où l'observation elle-même n'a plus de prise immédiate. Or, parmi les lois de la pensée données par la psychologie, les deux lois fondamentales qui contiennent toutes les autres sont la loi de causalité et la loi de substances ; et, comme elles sont absolues, elles nous élèvent à une cause absolue et à une substance absolue[1]. »

4° La théorie des trois classes de faits : les faits sensibles, les faits intellectuels et les faits volontaires. Cette division, devenue classique, et qui

---

[1]. Pour le développement de ces idées, voir l'un des chapitres précédents : *les Deux Programmes* (p. 99, ch. v). De nos jours, on a proposé un moyen plus simple et plus rapide de passer de la psychologie à l'ontologie : c'est de faire de l'absolu un objet immédiat de la conscience. On verra plus loin (ch. x) que cette idée a été proposée également par Victor Cousin dan l'*Argument* du premier Alcibiade.

reste, malgré tout, la plus commode de toutes date en effet parmi nous de Victor Cousin.

« La sensation et les notions qu'elle fournit ou auxquelles elle se mêle constituent bien un ordre réel de phénomènes dans la conscience ; mais il s'y rencontre aussi d'autres faits également incontestables qui peuvent se résumer en deux grandes classes : les faits volontaires et les faits rationnels. La volonté n'est pas la sensation ; car souvent elle la combat, et c'est même dans cette apparition qu'elle se manifeste évidemment. La raison n'est pas non plus identique à la sensation ; car, parmi les notions que nous fournit la raison, il en est dont les caractères sont inconciliables avec ceux des phénomènes sensibles, par exemple, les notions de cause, de substance, de temps, d'espace, d'unité. »

5° La réduction de toutes les catégories à deux fondamentales : la substance et la cause, théorie que nous avons déjà rencontrée (p. 79) dans le cours de 1818.

— « Selon moi, toutes les lois de la pensée peuvent se réduire à deux : savoir la loi de la causalité et celle de la substance. Ce sont là les deux lois essentielles et fondamentales dont toutes les autres ne sont qu'une dérivation et un développement. Je crois avoir démontré que si on examine synthétiquement ces deux lois, la première dans l'ordre de la nature des choses est celle de la substance, la seconde celle de la causalité, tandis qu'analytiquement et dans l'ordre d'acquisition de nos connaissances, la loi de causalité précède celle de la substance, ou plutôt toutes les deux nous sont données l'une avec l'autre et sont contemporaines dans la conscience. »

7° La théorie de l'aperception pure ayant pour effet de sauver l'objectivité de la raison [1].

« Tout l'effort de mes leçons de 1818 fut d'ôter à ces notions le caractère de subjectivité que celui de nécessité leur impose en apparence, de les rétablir dans leur indépendance, et de tirer la philosophie de l'écueil où elle était venue échouer au moment même de toucher au port... Sous la relativité et la subjectivité apparente des principes nécessaires, j'atteignis et je démêlai le fait instantané, mais réel, de l'aperception spontanée de la vérité, aperception qui ne se réfléchissant point elle-même passe inaperçue dans les profondeurs de la conscience, mais y est la base véritable de ce qui, plus tard, sous une forme logique et entre les

---

1. Voir plus haut, p. 75 et p. 108.

mains de la réflexion devient une conception nécessaire. Toute subjectivité avec toute réflexivité expire dans la spontanéité de l'aperception. »

8° La raison suprême des choses placée dans les lois de la pensée.

« Ces lois dominent et gouvernent l'humanité qui les aperçoit, comme la nature qui les représente, mais elles ne leur appartiennent pas. On pourrait même dire avec plus de vérité que la nature et l'humanité leur appartiennent, puisqu'elles n'ont point de beauté et de réalité que par leur rapport avec l'intelligence, et que la nature sans lois qui la règlent, et l'humanité sans principes qui la dirigent, s'abimeraient bientôt dans le néant.

9° Le moi résidant dans la volonté, selon la doctrine de Maine de Biran.

« Le rapport de la volonté et de la personne n'est pas un simple rapport de convenance, c'est un véritable rapport d'identité. Être pour le moi n'est pas une chose, et vouloir une autre ; car il pourrait y avoir alors ou des volitions qui seraient impersonnelles, ou une personnalité, un moi qui se saurait sans vouloir, ce qui est impossible ; car se savoir pour le moi, c'est se distinguer d'un non-moi ; or il ne peut s'en distinguer qu'en s'en séparant, en sortant du mouvement impersonnel pour en produire un qu'il s'impute à lui-même, c'est à dire en voulant. »

10° La causalité résidant dans la volonté pure et non pas seulement dans l'effort musculaire, comme le croyait Maine de Biran.

« Il ne faut pas confondre la volonté ou la causalité intérieure... avec les instruments extérieurs ou passifs de cette causalité... A proprement parler, ces actions ne sont que des effets enchaînés... Cherche-t-on la notion de cause dans l'action de la bille sur la bille comme on le faisait avant Hume, ou de la main sur la bille, ou même dans l'action de la volonté sur le muscle, comme l'a fait Maine de Biran, on ne la trouvera dans aucun de ces cas, pas même dans le dernier ; car il est possible qu'il y ait une paralysie des muscles... mais ce qu'une paralysie ne peut empêcher, c'est l'action de la volonté sur elle-même, la production d'une résolution, c'est-à-dire une causation toute spirituelle, type primitif de la causalité, dont toutes les actions extérieures ne sont que les symboles. »

11° La théorie de la liberté absolue, théorie que nous avons déjà rencontrée dans nos leçons inédites, mais sous forme très énigmatique (p. 135). Nous la retrouvons ici, encore obscure, mais avec plus de développement. Cette théorie a complètement disparu de la dernière édition.

« L'idée fondamentale de la liberté est celle d'une puissance qui, sous quelque forme qu'elle agisse, n'agit que par une énergie qui lui est propre. Le caractère propre de la liberté, c'est l'indétermination. La liberté n'est donc pas une forme de l'activité, mais l'activité en soi, l'activité indéterminée, qui précisément à ce titre se détermine sous une forme ou sous une autre, d'où il suit encore que le moi ou l'activité personnelle spontanée et réfléchie ne représente que le déterminé de l'activité, mais non son essence. La liberté est l'idéal. Le moi primitif doit y tendre sans cesse sans y arriver jamais; il en participe, mais il n'est point elle. Il est la liberté en acte, non la liberté en puissance. Il est une cause, mais une cause phénoménale, et non substantielle, relative et non absolue. Le moi absolu de Fichte est une contradiction. En fait d'activité, la substance ne peut donc se trouver qu'en dehors et au-dessus de toute activité phénoménale, dans la puissance non encore passée à l'action, dans l'indéterminé capable de se déterminer soi-même, dans la liberté dégagée de ses formes qui, en la déterminant, la limitent et la phénoménalisent... immortelle et inépuisable dans la défaillance de ses modes temporaires. »

12° La doctrine de l'unité consubstantielle de l'homme, de la nature et de Dieu, doctrine résumée dans une phrase très célèbre qu'il faut lire dans la première édition.

« Le Dieu de la conscience n'est pas un Dieu abstrait, un roi solitaire relégué par delà la création sur le trône désert d'une éternité silencieuse et d'une existence absolue qui ressemble au néant même de l'existence : c'est un Dieu à la fois vrai et réel, à la fois substance et cause, toujours substance et toujours cause, n'étant substance qu'en tant que cause, et cause qu'en tant que substance, c'est-à-dire étant cause absolue, une et plusieurs, éternité et temps, espace et nombre, essence et vie, indivisibilité et totalité, principe, fin et milieu, au sommet de l'être et à son plus humble degré, infini et fini tout ensemble, triple enfin, c'est-à-dire à la fois Dieu, nature et humanité. En effet, si Dieu n'est pas tout, il n'est rien[1]; s'il est absolument indivisible en soi, il est inaccessible et par conséquent il est incompréhensible, et son incompréhensibilité est pour nous sa destruction... Dans tout et partout, il revient en quelque sorte à lui-même

---

[1]. Plus tard, en reproduisant ce passage, Victor Cousin a corrigé ainsi : « Si Dieu n'est pas *dans* tout, il n'est *dans* rien. » C'est un changement total de doctrine.

dans la conscience de l'homme dont il constitue indirectement le mécanisme et la triplicité phénoménale par le reflet de son propre mouvement et de la triplicité substantielle dont il est l'identité absolue. »

13° La réconciliation de la philosophie et du sens commun dans la doctrine de la spontanéité.

« L'humanité en masse est spontanée et non réfléchie; l'humanité est inspirée. Le souffle divin qui est en elle lui révèle toujours et partout la vérité sous une forme ou sous une autre, selon les temps et selon les lieux. L'âme de l'humanité est une âme poétique qui découvre en elle-même les secrets des êtres et les exprime en des chants prophétiques qui retentissent d'âge en âge... La spontanéité est le génie de la nature humaine, la réflexion est le génie de quelques-uns... La vérité n'est pas la science; la vérité est pour tous; la science pour peu. Au fond, la philosophie est l'aristocratie de l'espèce humaine. »

14° Enfin, comme conclusion, la réconciliation de tous les systèmes ou l'éclectisme, c'est-à-dire une méthode d'impartialité qui, dans la conscience, accepte tous les faits, et qui ensuite transportée dans l'histoire, accepte tous les systèmes en tant que chacun d'eux est l'expression d'un des points de vue légitimes de l'esprit humain.

« Toujours fidèle à la méthode psychologique, je la transportai dans l'histoire, et, confrontant les systèmes avec les faits de conscience, demandant à chaque système une représentation complète de la conscience, j'arrivai bientôt à ce résultat que mes études antérieures ont tant développé, savoir : que chaque système exprime un ordre de phénomènes et d'idées qui est très réel à la vérité, mais qui n'est pas seul dans la conscience, et qui pourtant, dans le système, joue un rôle presque exclusif ; d'où il suit que chaque système n'est pas faux, mais incomplet, d'où il suit encore qu'en réunissant tous les systèmes incomplets, on aurait une philosophie complète, adéquate à la totalité de la conscience. De là à un véritable système historique, l'intervalle est grand sans doute, mais la carrière est ouverte. J'essayerai de la remplir... en éclairant l'histoire de la philosophie par un système, et en démontrant le système par l'histoire entière de la philosophie. »

Telle est, dans son ensemble, la célèbre préface de 1824 ; et, si l'on peut lui reprocher d'être trop vague, de trop rester sur les hauteurs, de manquer de développements concrets et de suffisantes analyses, on ne peut nier qu'il n'y ait là un ardent bouillonnement de pensées, et un souffle de haute métaphysique que l'on ne pourrait retrouver au même degré chez aucun philosophe de cette époque.

Nous en avons fini avec la première période de la philosophie de Cousin. Elle est plus ou moins dominée et commandée par l'esprit de Schelling. Nous allons voir maintenant l'influence de Hegel se substituer à celle de Schelling. Cette influence nous amène à parler de la rentrée de Cousin à la Sorbonne en 1828. Quelles circonstances l'y ramenèrent? Quels succès y obtint-il? Quelles idées y exposa-t-il? C'est ce que nous avons maintenant à raconter.

IX

COUSIN ET HEGEL.

On peut dire que, de 1818 à 1826, Cousin paraît avoir subi l'influence de Schelling beaucoup plus que celle de Hegel : c'est là un fait qui paraît étrange; car il était avec celui-ci dans des relations bien plus intimes qu'avec celui-là. Le fait cependant n'est pas difficile à expliquer. Il est vrai qu'en 1817, dans son premier voyage d'Allemagne, Cousin n'avait pas vu Schelling; mais il n'avait entendu parler que de lui. Lorsqu'il le vit en 1818, Schelling, par son éloquence naturelle, par la facilité de sa parole, le subjugua facilement. Il décrit l'un et l'autre maître d'une manière vive et saisissante : « On ne peut pas moins se ressembler, dit-il, que

le disciple et le maître. Hegel laisse à peine tomber quelques rares et profondes paroles quelque peu énigmatiques; sa diction forte, mais embarrassée, son visage immobile, son front couvert de nuages, semblent l'image de la pensée qui se replie sur elle-même. Schelling est la pensée qui se développe; son langage est, comme son regard, plein d'éclat et de vie; il est naturellement éloquent. »
Il est facile de comprendre qu'en présence d'une nature aussi semblable à la sienne, enthousiaste et expansive, Cousin ait été sous le charme. Hegel lui imposait par sa profondeur; mais il ne le comprenait pas bien, et causait rarement avec lui de métaphysique; tout l'intérêt de leurs conversations portait sur l'art, sur l'histoire, sur la politique Enfin, après 1818, leurs relations avaient été tout à fait interrompues. Une circonstance nouvelle et étrange vint les renouer d'une manière beaucoup plus intime.

Victor Cousin, voyageant en Allemagne à la fin de 1824 avec les jeunes de Montebello, qu'il avait été chargé d'accompagner, se vit tout à coup à Dresde arrêté par la police allemande, envoyé à Berlin et mis en prison sous l'inculpation de jacobinisme ou d'espionnage; il y resta plusieurs mois. Cette arrestation devint un événement européen :

la presse libérale de toutes les nations s'éleva alors contre cet attentat au droit des gens. Plus tard, sous le gouvernement de Juillet, on se moqua de cette prison de Victor Cousin ; on dit qu'il s'en était fait un piédestal. C'est le contraire de la vérité. Il se refusa, au contraire, à son retour de Berlin, à toute protestation qui pût faire scandale. Dans tous ses livres, on trouve à peine la trace d'une allusion à cet événement. Pour ma part, je l'ai connu vingt-cinq ans; et c'est seulement la dernière année, quelques jours avant son départ de Paris, que je lui ai entendu raconter cette aventure. Après tout, la chose n'était pas si plaisante. Supposons aujourd'hui, par exemple, une personne importante de France, membre d'un parti libéral et populaire, qui serait arrêtée, mise au secret à Berlin, et maintenue en état d'arrestation sans aucune raison, — car on n'a jamais cité aucun grief, — demandez-vous quelle serait l'émotion et s'il pourrait y en avoir une plus légitime? Hegel, qui avait quitté Heidelberg depuis 1818, était alors professeur à l'université de Berlin. Quoiqu'il eût cessé d'entretenir des relations avec Cousin, aussitôt qu'il apprit la mésaventure de celui-ci, il s'entremit avec zèle et générosité en faveur de son ancien ami. M. Rosenkranz, dans la *Biographie* de Hegel[1], raconte avec quelques détails cet épisode et ce qui s'ensuivit :

« Cousin, en 1824, se trouvait en voyage en Allemagne. Tout à coup, par suite des plus vagues soupçons et sur l'instigation du gouvernement prussien, il fut subitement arrêté comme suspect à Dresde et envoyé en prison à Berlin. A peine Hegel eut-il connaissance de cet événement, qu'aussitôt, le 4 novembre, il adressa au ministre de l'intérieur et de la police un écrit étendu dans lequel il s'employait chaudement à la délivrance du philosophe français. Par l'intervention de la médiation de l'ambassade française, et, sur sa parole d'honneur, Cousin fut mis en liberté. Il resta encore quelque temps à Berlin, où il vécut avec Hegel et quelques-uns de ses disciples (Gans, Hotho, Henning, Michelet) dans un commerce amical et philosophiquement très fructueux. Depuis ce temps, il entretint une correspondance avec Hegel. En 1827, il fut le plus cordial et le plus remarquable des amis de Hegel à Paris, celui qui essaya de lui rendre son séjour le plus agréable possible, et Hegel, dans ses *Lettres* à sa femme, s'exprime sur lui dans les termes les plus affectueux et les plus reconnaissants.

---

1. *Hegel's Werke*, t, XIX, p. 368.

Ces rapports durèrent autant que la vie de Hegel et ne cessèrent pas même après la révolution de Juillet, quand Cousin fut devenu pair de France et promu au ministère. »

Ce récit est exact, sauf le dernier trait[1]. En effet, de 1824 à 1832, malgré la différence d'âge (Hegel avait vingt-trois ans de plus que Cousin), malgré l'éloignement, il s'établit entre les deux philosophes un commerce de véritable affection. Cousin eut toujours pour celui qu'il appelait son maître une déférence et une vénération particulières; et, par l'entrain de sa nature, quand ils étaient ensemble, il animait et égayait l'austère philosophe. On en voit la preuve dans les Lettres de voyage écrites par Hegel à sa femme[2], et où il parle souvent de Cousin. Ces détails, à la vérité, n'ont rien de philosophique; mais ils sont intéressants parce qu'ils témoignent de l'intimité des deux amis. On nous permettra d'en donner quelques extraits :

1. Cousin ne fut pas ministre après 1830; il ne le fut qu'en 1840, et Hegel était alors mort depuis huit années (1832).

2. *Hegel's Werke*, t XVII, p. 600. Ces lettres sont très amusantes et nous reproduisent les impressions de Hegel sur Paris. Nous n'avons dû en extraire que ce qui avait rapport à notre sujet.

« 3 septembre 1827.

» Enfin, ma chère amie, je t'écris de cette capitale du monde civilisé, dans le cabinet de l'ami Cousin; celui-ci, pour le dire tout d'abord, m'a remis ta chère lettre, et j'ai reçu enfin des nouvelles de toi et des enfants, dont la lettre m'a fait grand plaisir. Arrivé ici vers onze heures. Descendu à l'*Hôtel des Princes*. Aussitôt visite de Cousin. Inutile de dire que nous sommes ensemble dans les termes de la plus affectueuse cordialité. Nous n'avons pas été longs à déjeuner (côtelettes et une bouteille de vin); car, dit-il, *il a à veiller aux intérêts de madame Hegel* (en français), et il faut que cette lettre parte aujourd'hui pour la poste avant deux heures. »

« 9 septembre.

» Tout mon temps se passe à courir et à voir des choses merveilleuses, à bavarder et à manger avec Cousin, dont l'amitié dévouée prend soin de moi de toutes les manières; si je tousse par hasard, le voilà inquiet des responsabilités qu'il a envers madame Egell[1]. — Il y a aujourd'hui une dédicace de chapelle à Saint-Cloud. Cousin me conseille de n'y pas aller. R... doit avoir, cette après-midi, une audience de mademoiselle Mars; Cousin dit qu'il serait plaisant d'y aller. Il dit qu'il m'aurait conduit chez Talma et chez madame Pasta s'ils eussent été ici. Nous avons avec Cousin des délibérations et des querelles au sujet du dîner. Quand nous dînons ensemble, c'est lui qui commande; quand je suis seul, je ne comprends rien à cette énorme carte de restaurant. »

« 13 septembre.

» Dimanche dernier, après avoir déjeuné avec Cousin, et avoir fait une grande promenade au Champ-de-Mars, après avoir traversé les Champs-Élysées, j'ai été pris, la nuit, de douleurs d'entrailles. J'ai payé mon tribut aux eaux de la Seine. Quoiqu'on m'assurât qu'on n'avait pas besoin de médecin pour se remettre, Cousin, m'ayant trouvé l'autre jour un peu mal à l'aise, a insisté pour m'envoyer

---

1. Plaisanterie sur la prononciation de Cousin, qui, à la manière française, ne faisait pas sentir l'aspiration dans *Hegel*, et mettait l'accent sur la dernière syllabe.

son médecin[1] ; c'est un jeune homme très intelligent, très prudent, et qui m'a traité à la manière française ; quelque confiance que j'eusse en lui, je ne pouvais m'empêcher de penser qu'avec les moyens allemands j'eusse été quitte beaucoup plus vite. »

« 20 septembre.

» C'est un grand plaisir pour moi que Cousin m'ait promis de m'accompagner à Bruxelles ; il viendra avec moi jusqu'à Cologne. C'est *chose convenue* (en français). »

« 26 septembre.

» Notre départ est fixé à lundi prochain ; mais il ne faut pas trop s'en rapporter à Cousin. Quand nous avons dit dix fois : *Convenu*, tout est de nouveau bouleversé. »

[1]. Je suppose que c'était M. Andral, le gendre de Royer-Collard, et qui plus tard était encore le médecin de Cousin.

« 30 septembre.

» J'ai dîné hier avec Fauriel, l'éditeur des *Chants populaires de la Grèce*. Quelques jours auparavant, j'avais dîné avec Mignet, Thiers et Fauriel [1]. Ce soir, nous avons, Cousin et moi, pris nos billets pour la diligence de Bruxelles et nous nous sommes engagés à partir mardi. En trente-six heures nous serons à Bruxelles. »

« 7 octobre, de Bruxelles.

» Nous sommes donc partis le 2 octobre, à sept heures du matin; nous étions seuls l'un et l'autre dans le coupé. C'est un grand plaisir pour moi, et dont je suis fort reconnaissant à Cousin, qu'il ait bien voulu partir avec moi. Je suis las de voyager avec des étrangers. »

« 12 octobre.

» L'ami Cousin ne pouvait rien faire pour moi de

1. Hegel dînant avec Thiers! Quelle rencontre entre la spéculation et la pratique! Et qui ne voudrait avoir plus de détails sur ce dîner, dont M. Mignet nous parlait encore quelques mois avant sa mort?

plus agréable que de m'accompagner à Cologne. Sans cela, j'aurais pris le bateau à Rotterdam, et je serais allé par mer à Hambourg. — En bavardant, mangeant et buvant (car aucune de ces trois occupations ne nous a fait défaut), nous avons fait un tour charmant et des plus agréables, et j'en serai toujours reconnaissant envers Cousin, pour lequel j'ai pris plus d'affection que jamais. »

Lorsque Hegel écrivait cette dernière lettre, la séparation avait eu lieu, et on voit combien, jusqu'au dernier jour, Hegel avait été satisfait de son ami. Dans la lettre qu'il lui écrivit quelque temps après son retour (mars 1828), il rappelle « les agréables souvenirs que lui a laissés son séjour à Paris et le voyage au Rhin » ; il se loue encore de son ami, « des agréments et de l'hilarité que son esprit, sa gaieté, sa bonne humeur a répandus partout. »

Nous sommes ainsi amené à parler du commerce de lettres qui a existé entre Cousin et Hegel, commerce, à la vérité, assez intermittent, comme il arrive entre savants très occupés de part et d'autre, mais qui est sur un ton de cordialité et de sympathie réciproques, rare entre deux hommes d'âge si différent et séparés par la nationalité et par la langue. La correspondance est en français. Cousin ne savait pas assez l'allemand pour écrire dans cette langue; Hegel, au contraire, maniait la langue française d'une manière quelquefois pénible, mais souvent heureuse et originale. M. Rosenkranz, dans sa *Biographie* de Hegel, a déjà donné quelques extraits des lettres de Cousin; mais nous devons à une confiance obligeante et généreuse la communication de la correspondance entière [1]. Nous en citerons les passages qui peuvent servir à éclairer l'histoire personnelle ou philosophique de Victor Cousin de 1824 à 1830. Les lettres de Cousin sont au nombre de douze; mais un certain nombre ne sont que des billets. Nous n'en avons que cinq de Hegel; mais elles sont longues et détaillées. Enfin, une dernière lettre du philosophe Gans, qui annonce la mort de Hegel à Cousin, nous apprend sur cette mort quelques détails dignes d'intérêt. La première en date est de Hegel. Elle est du 5 août 1818, en réponse à un billet de Cousin que nous n'avons pas, où celui-ci annonçait son prochain voyage à Munich et lui demandait des lettres

---

1. M. Karl Hegel, fils du philosophe et professeur d'histoire à l'Université d'Erlangen, a bien voulu nous communiquer les lettres originales de Victor Cousin et nous en laisser prendre copie. M. Barthélemy Saint-Hilaire nous a confié également les lettres de Hegel. Nous les prions ici l'un et l'autre de vouloir bien agréer tous nos remerciements.

d'introduction pour ses amis. Nous en extrayons tout ce qui a quelque rapport aux affaires de la philosophie et ce qui intéresse Hegel lui-même :

« M. Roth, historien et politique, habite la même maison que M. Jacobi, à qui je le prie de vous présenter et auquel vous ne manquerez pas sans cela de rendre visite : je vous prie de lui témoigner toute l'estime et l'amour que je ne cesse de lui porter, et encore de lui dire que je n'ai pas oublié que c'est lui qui a donné la première impulsion à ma vocation pour Berlin[1]. Ensuite je vous prie de faire mes compliments à M. Méthamer, conseiller à la section des études... Pour la manière de penser de ces messieurs, vous les trouverez très libéraux, du reste avec des nuances que vous saisirez aisément, et qui tirent peut-être un peu vers ce patriotisme teutonique et antifrançais. Pour M. Schelling, je vous prie de le saluer de ma part ; vous trouverez sans doute auprès de lui un accueil ouvert et une façon de parler politique sans préjugés antifrançais. Il est peut-être superflu d'ajouter que MM. Schelling et Méthamer sont bien ensemble ; mais que MM. Schelling et Jacobi sont sur un pied tel, qu'il

1. Il veut dire que c'est Jacobi qui, le premier, a pensé à le faire appeler à Berlin.

est plus convenable de ne pas faire mention d'une liaison avec l'un dans la conversation avec l'autre... A Stuttgart, ma ville natale, où j'ai passé ce printemps quelques jours, après vingt ans d'absence, il m'est bien resté quelques anciens amis, surtout M. Schelling, frère du philosophe et médecin. Pour des philosophes, il y a M. Fischaber, professeur au gymnase, qui vient de publier le premier cahier d'un journal philosophique où il y a plusieurs articles de M. Schwab, philosophe et antikantien, qui a remporté, je crois, en partage avec M. Rivarol, il y a trente ans, un prix à l'Académie de Berlin sur les causes de l'universalité de la langue française; mais je ne connais aucun d'eux personnellement. Pour Tubingue, j'ai écrit une lettre pour vous à M. Eschenmaier, philosophe, surtout ami du magnétisme animal. Vous ne m'indiquez pas l'époque à laquelle vous pensez à peu près arriver ici : c'est Heidelberg qu'il vous plaît d'appeler votre patrie adoptive; je l'échangerai cet automne contre Berlin, où j'ai été appelé. »

A la suite de cette lettre, Cousin alla à Munich; dans ce voyage, il revit encore une fois Hegel à Heidelberg. Celui-ci passa à l'université de Berlin, et, comme nous l'avons dit, toutes relations furent interrompues pendant six ans. Elles reprirent en 1824 : à cette époque, Cousin passa six mois à Berlin, partie en prison, partie en liberté. La première lettre qui rouvre la correspondance est de lui. Il l'écrivit après son retour à Paris; elle est, ce nous semble, du plus vif intérêt :

« Paris, 1er août 1825.

» Je vous écris, mon cher ami, le cœur navré de chagrin; après un mois de la plus douloureuse incertitude, je reçois la nouvelle certaine que S.-R. n'est plus[1]. Il est mort cherchant à donner l'exemple à des lâches qui ne l'ont pas suivi. Vous savez comment j'aimais S.-R. J'ai perdu, Hegel, ce que je ne retrouverai de ma vie, l'alliance intime et profonde des deux seules choses que j'estime le plus, la tendresse et la force. Pardon si je n'insiste pas; mais, si je commence à parler de lui, je ne pourrai plus vous parler d'autre chose, et je veux vous apprendre tout ce qui m'est arrivé depuis notre séparation. »

Après avoir raconté les détails de son voyage et

1. Il s'agit de la mort de Santa-Rosa, l'ami le plus cher de Cousin, celui pour lequel cette nature mâle et un peu dure s'était en quelque sorte attendrie, et qui a jeté un rayon de poésie sur sa jeunesse. Il était allé mourir en Grèce comme lord Byron. Voyez, dans les *Fragments littéraires*, l'article sur Santa-Rosa.

lui avoir nommé les personnes qu'il a vues sur sa route, entre autres Gœthe, qui l'a reçu quoique malade, il lui rend compte de son arrivée.

« A Paris, un certain parti me préparait une sorte d'ovation que j'ai refusée pour plus d'une raison. J'ai trouvé tout le monde furieux contre la Prusse. On aurait voulu que je fulminasse un pamphlet contre elle et sa police. Assurément je n'aime pas cette police; mais, après avoir été modéré contre elle à Berlin, il ne me convenait pas de m'aviser tout à coup de me mettre en colère à Paris, à trois cents lieues du péril. Je suis donc resté tranquille, libre dans mes propos, selon mes principes et mes habitudes, mais sans violence. Même j'ai osé dire que la vie, à Berlin, était fort supportable, et cela a fait jetter (*sic*) les hauts cris à un Prussien[1], plein de génie si l'on veut, mais méchant et tracassier, qui aurait été charmé que je tournasse tout Berlin en ridicule. Enfin, pendant quinze jours, j'ai surpris et mécontenté les amateurs de scandale. Puis tout a passé, comme tout passe à Paris.

» Cependant vous concevez que mes vrais amis, Humann et Royer-Collard, ont approuvé ma con-

---

1. Probablement Humboldt.

duite, et, avec eux, le très petit nombre d'hommes d'État de l'opposition ; excepté les intrigants et les brouillons et quelques faux amis qui cherchaient depuis quelque temps des prétextes d'ingratitude et de trahison, le public, qui ne s'arrête pas aux bavardages, a compris l'ensemble de ma conduite. Toute cette affaire a prouvé deux choses : que j'étais invariablement attaché à la cause de la liberté, mais que m'entraîner dans aucune folie n'était au pouvoir de personne. Ceux qui, par leurs dénonciations, m'ont suscité cette persécution et ceux qui espéraient exploiter mes ressentiments sont découragés par la fermeté et la modération de mon attitude, et, en général, ma situation est à peu près celle que vous pourriez me désirer dans mon pays. »

Cette petite persécution à l'étranger valut à Cousin une sorte de réparation à l'intérieur. On lui promit de remettre son nom sur l'affiche de la Faculté[1] ; on lui rendit son titre et son traitement de l'École normale. Le gouvernement fit dans le *Moniteur* une déclaration décisive à son égard et essaya ainsi de se disculper de toute complicité

---

1. Nous ne savons si cette promesse a été tenue. Le fait est qu'il n'est pas remonté dans sa chaire avant 1828.

dans l'aventure de Berlin. Hegel, assez paresseux à écrire, on le comprend, dans une langue qui ne lui était pas familière, ne répondit pas à cette lettre. Cousin, la même année (décembre 1825), lui en adresse une autre par l'intermédiaire de Gans, qui venait de passer à Paris. Cette lettre est triste et fait allusion à des chagrins dont nous ne connaissons pas la cause. « Comment allez-vous ? écrit-il. Comment va la bonne madame Hegel ? et vos enfants ? Votre âme est en paix, Hegel ; la mienne est souffrante. Je passe ma vie à regretter ma prison. Mais je n'oublie pas que je ne suis pas avec vous, seul, la nuit, assis sur votre canapé, et ce n'est pas à trois cents lieues de distance que nous pouvons causer intimement. — Le chagrin s'acharne sur moi, mais il n'a pas affaire à un lâche. Je supporte tout et je travaille... Vous connaissez ma vie comme si je vivais près de vous. Adieu. Aimez-moi toujours et ne craignez pas que jamais je vous oublie. Je ne passe pas un jour sans penser à vous; espérons que nous nous verrons encore. Adieu, mon ami; je vous embrasse de toutes les forces de mes bras et de mon cœur. »

En réponse à ces deux premières lettres si intimes et si affectueuses et aussi aux envois de livres (Proclus et Descartes) qu'il avait reçus de Cousin,

Hegel lui adresse à son tour une très longue lettre remplie de détails intéressants. Il reconnaît d'abord sa négligence et sa paresse, qui tiennent, dit-il, à « une idiosyncrasie de sa part »; il se fait mille reproches et avoue « sa culpabilité. » Mais enfin, prenant la plume, il le remercie et le félicite de ses nombreux travaux. Il signale notamment l'envoi d'un prospectus [1], prospectus que nous ne connaissons pas et que nous n'avons pas pu retrouver, mais qui, si l'on en croit le témoignage de Hegel, devait avoir un véritable intérêt. « Dans votre prospectus, dit-il, dont j'ai soigneusement distribué les exemplaires, j'ai apprécié la profondeur des vues et des rapports aussi vrais qu'ingénieux que vous y exposez, autant que la force et la netteté de l'exposition; ce style vigoureux et expressif n'appartient qu'à vous. » Hegel exprime aussi son admiration pour l'immensité des travaux entrepris par Cousin, et il fait honneur à la France du goût que de telles publications supposent pour les hautes matières spéculatives. « Ayant ce grand travail sous mes yeux (Descartes et Proclus), je vous félicite de

---

1. C'est sans doute le *prospectus* des œuvres de Descartes. Nous avons fait rechercher ce prospectus partout; nous ne l'avons retrouvé dans aucune bibliothèque, pas même dans celle de M. Cousin.

l'assiduité dont vous êtes capable; je félicite aussi la France de ce que de telles entreprises de la littérature philosophique y puissent être faites, et, en comparant le dégoût de nos libraires pour l'entreprise des ouvrages philosophiques, je dois me persuader que le publique (*sic*) français ait beaucoup plus de goût pour la philosophie abstraite que le nôtre. » Cet étonnement de Hegel devant les trois grandes publications de Cousin (Descartes, Platon, Proclus) doit nous rendre plus attentif qu'on ne l'est d'ordinaire à l'immense service rendu par ces publications, service dû à Cousin, à lui seul, à son nom autant qu'à son travail. Que l'on y réfléchisse, en effet : quelqu'un croira-t-il que, sous l'Empire, à l'époque de Laromiguière, on eût pu trouver des éditeurs et des lecteurs pour onze volumes de Descartes, treize volumes de Platon, six volumes de Proclus? Et si de telles entreprises étaient devenues possibles, ne le devait-on pas au succès de l'enseignement de Cousin, à l'impulsion qu'il avait donnée aux études philosophiques, à sa propre popularité, à ses liaisons libérales qui faisaient rejaillir sur la philosophie même la faveur de ses opinions? Sans doute ce ne sont que des éditions, mais un éditeur quelconque eût-il pu les faire, et ne fallait-il pas un philosophe pour les rendre possibles et en assurer le succès? Que le témoignage d'un étranger nous serve ici au moins à reconnaître le mérite d'un grand compatriote.

Cousin, en envoyant à Hegel ses publications, lui avait fait adresser en même temps l'œuvre d'un de ses amis et camarades de l'école normale, la traduction développée des *Religions de l'antiquité* de Creuzer, par M. Guigniaut. Hegel, en remerciant celui-ci, apprécie son travail de la manière la plus flatteuse :

« Je vous prie de faire parvenir mes remercîments à M. Guigniaut... C'est sans doute à votre amitié que je dois cette bienveillance, dont j'ai été vivement touché; le travail de M. G... a fait un livre de l'ouvrage de M. Creuzer, et, en outre de ce mérite de la réfusion (*sic*), il l'a enrichi tellement par son érudition et par les développements des idées, que je ne connaisse (*sic*) pas d'ouvrage qui puisse donner une idée plus nette et en même temps plus richement développée des religions; aucun, surtout, qui me pourrait être plus commode pour l'espèce de mes études. » Viennent ensuite quelques appréciations et nouvelles politiques : « La marche publique de vos affaires a pris une couleur très décidément uniforme, de manière que je m'étonne même de la modération du parti dominant; si, pour des cas particuliers concernant la liberté de la presse, il a succombé dans une cour de justice, il a pris non seulement sa revanche dans la Chambre, mais d'une manière qui cause mon étonnement qu'il s'est contenté d'une telle mesquinerie. Pour nous, nous allons notre train ordinaire que vous connaissez ; une lettre qui commence à circuler en copie et qui a été écrite par notre roi, de sa propre main, à sa sœur (naturelle), la duchesse d'Anhalt-Cothen, lors de sa conversion à la religion catholique, en compagnie de son mari le duc, — très forte et très développée, — ferait un contraste singulier, si elle allait être imprimée, avec vos processions jubiliaires de Paris. »

La réponse de Victor Cousin est des plus intéressantes, et c'est même la plus intéressante du recueil. Il y exprime nettement la pensée d'introduire la philosophie allemande en France, mais en la proportionnant au tempérament français. Ce qui prouve l'importance de cette lettre aux yeux mêmes de Cousin, c'est qu'il en avait gardé copie ; elle existe à la fois en Allemagne et à Paris. M. Rosenkranz en a déjà donné un passage écourté dans sa *Vie de Hegel :* nous le donnons ici tout entier :

« Je vous ai envoyé mes *Fragments*, c'est-à-dire la Préface, qui seule est lisible, et sur laquelle

seule je sollicite et j'attends votre opinion motivée.
C'est un compte rendu de mes essais en philosophie de 1815 à 1819. Descendez un peu des hauteurs et donnez-moi la main. Il y a quatre points dans ce petit écrit : 1° la méthode; 2° l'application à la conscience, ou la psychologie; 3° le passage de la psychologie à l'ontologie; 4° quelques tentatives d'un système historique. Laissez tomber de votre bonne tête quelque chose sur ces quatre points. Soyez d'autant plus impitoyable que, déterminé à être utile à mon pays, je me permettrai toujours de modifier sur les besoins de l'état, tel quel, de ce pauvre pays, les décisions de mes maîtres d'Allemagne. Je l'ai dit fortement à notre excellent ami Schelling, et je crois l'avoir écrit aussi au docteur Gans[1]; il ne s'agit pas de créer ici en serre chaude un intérêt artificiel pour des spéculations étrangères; il s'agit d'implanter dans les entrailles du pays des germes féconds qui s'y développent naturellement et d'après les vertus primitives du sol; il s'agit d'imprimer à la France un

---

1. M. Ravaisson nous dit avoir lu, il y a quelques années, des lettres imprimées de Cousin au docteur Gans et à quelques hégéliens dans un recueil de pièces inédites; seulement, il ne se souvient ni de la date de la publication, ni du nom de l'éditeur. Nous avons fait chercher ces lettres, sans avoir pu les retrouver.

mouvement français qui aille ensuite de lui-même. Nulle considération ne me fera abandonner cette ligne de conduite. Par conséquent, de là-haut, nos amis peuvent être avec moi d'autant plus sévères qu'il ne doivent pas craindre de m'entraîner ici-bas dans des démarches mal calculées. Je mesurerai la force du vent sur celle du pauvre agneau ; mais, quant à moi, qui ne suis pas un agneau, je prie le vent de souffler dans toute sa force. Je me sens le dos assez ferme pour le supporter ; je ne demande grâce que pour la France. Hegel, dites-moi la vérité, puis j'en passerai à mon pays ce qu'il en pourra comprendre ».

Dans la lettre suivante de Hegel, qui ne répond pas trop à ce qui précède, nous remarquerons son jugement sur Descartes, jugement inspiré par une sincère admiration, avec quelque retour sur lui même : « C'est un beau présent que vous m'avez fait de votre édition complète de Descartes ; la naïvité (*sic*) de sa marche et de son exposition est admirable ; on peut regretter de n'être pas doué de la puissance à forcer les hommes à recevoir l'initiative de la philosophie par les études de ces traités si simples et si clairs. »

Cousin lui avait envoyé son troisième volume de Platon, précédé d'une dédicace à Hegel, dans laquelle il craignait d'avoir fait une allusion un peu trop vive à la police de Berlin. Hegel lui répond spirituellement que, « pour l'omniscience de cette police, Platon est un coin obscur dans lequel, probablement, elle n'a pas pénétré ». Nous rapprocherons de ce passage ce qu'il dit, dans la lettre suivante, des mérites de la traduction de Platon : « Mon cours pour l'histoire de la philosophie m'a conduit à consulter votre traduction et de regarder de plus près plusieurs morceaux ; c'est un modèle de traduction d'après mon sens : vous avez conservé la précision, la clarté, l'aménité originales, et on la lit comme un orginal français ; vous êtes maître de votre langue ; il se retrouve de même dans vos arguments la même originalité et force de tours de phrase. Dans quelques-uns de ces articles, je ne serais peut-être pas tout à fait de votre avis sur le mérite que vous attribuez à votre protégé Platon, — voir, par exemple, l'argument d'Euthydème ; — j'ajoute cela parce que vous voulez de ma critique, et je trouve très naturel que, n'étant pas satisfait de ce que vous avez trouvé dans un tel dialogue, vous y suppléez en donnant à attendre (*sic*) au moins où cela aurait pu être conduit. » Dans la même lettre, et en *post-scriptum*, il ajoute sur le même sujet : « Dans ce moment, il m'arrive un cahier du *Lycée;* je vois que je le dois à vous par un article dont vous êtes l'auteur; je l'ai parcouru avec plaisir. Au reste, Kant tant au-dessous de Platon ! Les modernes au-dessous des anciens! Sous beaucoup de rapports, sans doute; mais, pour la profondeur et l'étendue des principes, nous sommes en général sur une ligne plus élevée [1]. »

Voici enfin la grande année 1828 marquée par le triomphe du parti libéral en France. Nous voyons, par les lettres de Hegel, combien ce succès eut de retentissement en Europe, et quelle attente anxieuse l'avait précédé. « Mais comment ça va de votre travail et de votre assiduité? Je n'ai rien appris de vous pendant tout l'hiver ; mais je me suis toujours figuré que vous ne vous êtes pas enfoui dans la solitude projetée au voisinage des vagues de la mer, et que vous avez préféré à leur brut rugissement d'être près de la musique du tocsin de l'énergie libérale dont Paris, toute la France et l'Europe retentissent. Je vous vois poussant de votre côté et rayonnant de satisfaction des victoires dont chaque

---

1. Ce passage nous fait mesurer l'influence que Hegel exerçait sur Cousin. Cet article du *Lycée* fut réimprimé plus tard comme note à la traduction du *Phèdre* (t. VI); et le jugement qui mettait Kant au-dessous de Platon a disparu. Plus tard encore, réimprimé dans les *Fragments de philosophie*, toute comparaison entre Kant et Platon a disparu.

jour de poste nous annonce une nouvelle ; je partage particulièrement avec vous la satisfaction de voir un professeur de philosophie à la tête de cette Chambre, dont la composition a si furieusement trompé les calculs des gens en place ; mais il reste encore beaucoup à faire, avant tout de rétablir vos cours. »

La rentrée de Victor Cousin à la Sorbonne fut, en effet, un des premiers actes de réparation obtenus par la victoire libérale. Les lettres de Cousin nous donnent quelques détails sur cet épisode intéressant de sa carrière. Après avoir parlé de la situation politique en général, et avoir caractérisé le ministère Martignac comme « un ministère de transition », il disait :

« Je viens à moi. J'ai pris mon parti. Non, je ne veux pas entrer dans les affaires : ma carrière est la philosophie, l'enseignement, l'instruction publique. Je l'ai déclaré une fois pour toutes à mes amis, et je soutiendrai ma résolution. J'ai commencé dans mon pays un mouvement philosophique qui n'est pas sans importance ; j'y veux, avec le temps, attacher mon nom : voilà toute mon ambition, j'ai celle-là ; je n'en ai pas d'autre. Je désire avec le temps affermir, élargir, améliorer ma situation dans l'instruction publique. Qu'en dites-vous,

Hegel? En conséquence, je n'ai demandé à la nouvelle administration que ma réintégration dans ma chaire, mais avec un titre plus solide que celui de professeur suppléant. Pour rien au monde je n'eusse souffert que M. Royer-Collard donnât sa démission : son nom sur l'affiche de la Faculté est pour la Faculté un honneur et une force que je n'eusse jamais consenti à lui ôter. Voilà comment je ne suis ni suppléant, ni titulaire, mais adjoint, ce qui est mieux que l'un et moins que l'autre, et me confère l'indépendance et l'inamovibilité... Je recommence mes cours le 15 avril ; dans quelques jours, je reparaîtrai sur mon ancien champ de bataille et ferai ma rentrée par des considérations générales sur l'histoire de la philosophie comme introduction. C'est maintenant que j'ai grand besoin de vos conseils. »

Le cours fini, Victor Cousin écrit à Hegel pour lui en raconter le succès et les péripéties : « Mes leçons viennent de finir, dit-il, et je m'empresse de vous écrire, mon très cher Hegel. Entre nous, elles ont eu un peu de succès ; on leur a fait l'honneur de les sténographier, et elles ont couru le monde. Sont-elles venues jusqu'à Berlin et jusqu'à vous ? Dans le doute, je vous envoie un exemplaire complet, à la condition qu'il vous plaira, seigneur, d'en dire votre avis. Ce n'est qu'un début, une affiche, une introduction à mon enseignement ultérieur sur l'histoire de la philosophie. Il s'agissait de reprendre position, et pour cela, il ne fallait pas trop effaroucher le public. En somme, le résultat a été pour moi : j'ai eu, jusqu'au dernier jour, un immense auditoire ; j'ai provoqué des discussions animées et donné une certaine impulsion aux études philosophiques. Trois mille exemplaires de mes leçons ont été vendus. Voici maintenant le revers de la médaille. Il y a eu une vraie insurection de tout le monde matérialiste. Les vieux débris de l'école de Condillac se sont soulevés en reconnaissant leur ancien adversaire. Faute de bonnes raisons, les accusations et les injures ne m'ont pas manqué. Mais je ne suis pas homme à me troubler beaucoup de tout cela. D'un autre côté, la théologie m'a fort surveillé ; et elle me regarde d'un œil inquiet. Elle ne me tient pas pour un ennemi, mais pour un suspect. J'ai tâché de ne lui fournir aucun prétexte[1] : mais la suprématie de la raison et de la

---

1. Cousin s'exagère ici sa prudence; car il y a, dans le cours de 1828, des phrases qu'on ne lui a jamais pardonnées, par exemple lorsqu'il dit que la philosophie fait passer les âmes « du demi-jour de la foi chrétienne à la pleine lumière de la pensée pure ».

philosophie ! Enfin l'autorité, tout occupée d'elle-même et de la Chambre, n'a pas pris garde à moi, ni en bien ni en mal ; et c'est précisément le seul succès que j'ambitionne auprès d'elle. »

Cet envoi des Leçons de 1828 occasionna quelque refroidissement, et quelque interruption de rapports entre les deux amis. Hegel fut-il froissé de voir que Cousin s'était inspiré de sa philosophie sans l'avoir nommé et sans lui en avoir renvoyé l'honneur ? On lui a attribué ce mot, à propos du cours de Cousin : « Il y a mis sa sauce, mais il m'a pris les poissons[1]. » Si ce sentiment a traversé un

---

1. Il s'agirait de savoir de quel ton et sous quelle forme cette parole a été prononcée, si toutefois elle l'a été ; car Rosenkranz ne la rapporte pas dans son chapitre sur Hegel et Cousin ; et M. Karl Hegel, le fils du philosophe, nous écrit : « Ce mot m'est aussi inconnu qu'à Rosenkranz ».

Il est possible que Hegel, qui était d'une nature bienveillante et élevée, eût dit au contraire : « Oui, c'est vrai ; il m'a pris les poissons, mais il y a mis sa sauce. » C'est-à-dire qu'en traduisant les logogryphes de Hegel en langage humain et intelligible, en les animant par l'éclat de la parole, en les faisant applaudir par mille auditeurs, en les répandant dans toute l'Europe, Cousin a fait pour introduire dans le monde l'*esprit* de la philosophie hégélienne ce que n'aurait pu faire Hegel lui-même avec ses formules abracadabrantes. Que, d'ailleurs, il ait méconnu même dans ce cours ce qu'il devait à l'Allemagne, c'est ce qui n'est pas exact ; car il y disait : « Comme aujourd'hui la France ne croit pas sa gloire compromise pour *demander des inspirations à la philosophie de l'Allemagne*, de même, ce n'est pas une illusion patrio-

instant son âme, il ne fut pas durable ; car ce fut lui-même qui reprit la correspondance au commencement de 1830, dans une lettre des plus amicales, où il faisait allusion à ses griefs avec beaucoup de discrétion et de délicatesse, mais sous une forme des plus entortillées :

« La raison principale de ne pas vous avoir écrit quelques lignes de lettre, c'était la bonne volonté de vous adresser une grosse épître devant le public, c'est-à-dire : il était arrêté et même publiquement annoncé que je ferais dans notre journal critique une analyse de vos deux tomes de *Fragments*, en outre de vos cours. Je croyais devoir à vos tra-

tique qui me fait supposer que les plus illustres représentants de la philosophie de la nature s'intéressent aux progrès de la philosophie française, et que Munich et Berlin ne dédaignent plus Paris. » N'était-ce pas là une allusion évidente aux rapports qui l'unissaient à Schelling et à Hegel? Que Cousin, d'ailleurs, qui affichait la prétention de réconcilier la philosophie allemande avec la philosophie expérimentale de l'Angleterre et de l'Écosse, n'ait pas voulu se reconnaître comme un simple disciple de Hegel, et qu'il ait attribué à son éclectisme plus d'originalité qu'il n'en avait peut-être, c'est là un genre d'illusion, en supposant que ce fût une illusion, qui se rencontre chez tous les chefs d'école. Enfin il ne faut pas oublier que Cousin avait dédié son *Proclus* à Schelling et à Hegel, *Amicis et Magistris*, disait-il, qu'il avait dédié à Hegel seul le troisième volume de la traduction de Platon. Plus tard encore, dans la préface de 1833, il a hautement et largement reconnu ce qu'il devait à l'un et à l'autre.

vaux un remerciement motivé et public ; mais il était écrit dans le ciel que je ne devais pas exécuter ni les résolutions de ma volonté, ni les engagements solennels. J'avoue que je n'étais pas libre d'un sentiment qui a gêné ma promptitude de me mettre à la besogne. J'ai bien conçu votre position devant le public français ; mais je n'ai pas vu la nécessité d'entrer dans des rapports historiques ; voilà, pour en parler en passant, aussi la raison que je n'ai pu être mécontent par rapport à ce que j'ai travaillé dans la philosophie ; car lorsqu'il m'a paru superflu que vous parliez du tour que la philosophie ait pris chez nous en général, il me devait paraître encore moins nécessaire de vous étendre à une époque plus avancée... J'aurais dû dire que la philosophie de Schelling dont vous faites mention embrassait dans ses principes beaucoup plus que vous lui attribuez, et que vous-même deviez bien savoir cela. Je n'aurais pu blâmer votre silence ; mais j'étais dans l'embarras de noter un air de réticence. »

En d'autres termes, Hegel eût mieux aimé que Cousin ne parlât pas du tout de la philosophie allemande que de la limiter, comme il le fait, à la philosophie de la nature, c'est-à-dire de passer sous silence la moitié de la philosophie de Schelling et celle de Hegel tout entière. Le grief est fondé ; mais ici il faut dire que Cousin n'a jamais bien démêlé ce qui distinguait Hegel de Schelling, et qu'il les a toujours tous deux enveloppés sous la dénomination commune de « philosophie de la nature » : ce qui est une erreur d'interprétation, non de conduite ; et Hegel lui-même ne paraît ici rien dire de plus. Quoi qu'il en soit, les relations amicales ont continué jusqu'à la mort de Hegel. Après 1830, Cousin, devenu conseiller de l'Université, fit un dernier voyage, mais cette fois officiel, en Allemagne ; il retourna à Berlin, et il revit encore Hegel et sa famille ; et, de retour à Paris, il lui écrit toujours sur le même ton d'affectueuse cordialité :

« Me voici, mon cher ami. Causons un moment comme si nous étions encore couchés l'un et l'autre sur votre sofa, à trois cents lieues des importuns et des affaires... Pour la carrière politique, je vous répète que je n'y veux pas entrer. La députation elle-même me tente assez peu, et je reste fidèle à la philosophie. Ma place au conseil de l'instruction publique m'est agréable par les services qu'elle me permet de rendre à la philosophie,... le jour où je n'aurais plus cette utile influence sur les études philosophiques, ce jour-là je me retirerais. Mettez-vous bien dans l'esprit, cher Hegel, que toute mon âme est toujours à la philosophie. C'est là le fond du poème de ma pauvre vie ; comme je vous le disais, la politique n'en remplit que les épisodes. »

Dans la même lettre, il annonce un projet de biographies des grands philosophes qui n'a pas été réalisé, sinon en partie : « Je veux donner les trois grands révolutionnaires en philosophie, Socrate, Descartes et Kant; et peut-être aussi ceux que j'appelle *organisateurs* viendront-ils après : Platon, Aristote, et Leibniz. S'il me reste du temps, Proclus me fournira toute une vie de commentateurs. » Avec cette lettre finit la correspondance, sauf un billet sans importance pour envoi de livres. Hegel ne répondit plus. Enfin, le 7 décembre 1831, une lettre du docteur Gans annonçait à M. Cousin la mort de son illustre ami.

« Cher monsieur, j'étais sur le point de vous écrire quand j'ai reçu votre lettre. La nouvelle de la mort de notre cher et illustre ami nous a frappés comme elle doit vous avoir étonné ! car elle est venue subitement sans que beaucoup de ses amis sussent qu'il était tombé malade. Hegel a été malade à peu près deux jours. Il est tombé malade, lundi 13 novembre à cinq heures d'après midi. Les deux médecins qui le traitaient ont répondu qu'il était mort du choléra ; mais c'est bien incertain, les symptômes qui accompagnent ordinairement cette maladie ayant tous manqué. Il est mort tranquillement, on peut dire même philosophiquement, travaillé et usé par une vie donnée à des pensées qui vivront longtemps de toute la force de son esprit. Ses ennemis mêmes ont avoué que l'Université de Berlin avait fait la plus grande perte qu'elle pût faire. Le nécrologue que j'ai fait de M. Hegel a été travaillé par les censeurs de la *Gazette d'État;* je ne le reconnais plus moi-même. J'avais parlé de vous et de votre liaison : tout a été rayé ; et il n'est resté, de tout ce que j'avais dit, que votre nom, ajouté à d'autres qui n'ont jamais vu ni connu M. Hegel : Voilà comment on est imprimé dans ce pays.[1] »

Ainsi finissent, par la mort du grand philosophe,

---

1. Le reste de la lettre de Gans contient des appréciations politiques, qui n'ont plus rapport à notre sujet, mais qui sont curieuses comme témoignage de l'époque : « J'avais le dessein de venir en France ; mais voyant la chute de la Pologne, voyant que le gouvernement mesquin et peureux de la France avait déshonoré ce pays que j'adore, pour déshonorer en même temps l'Europe dont elle est la tête, je m'abstins, et en désespoir je retournai dans mes foyers pour voir l'esclavage et l'indifférence de l'abrutissement plus près de sa source, et pour mourir, s'il le fallait, du choléra. Je ne vous parlerai plus politique car vous en êtes ; mais il faut vous dire comment je gémis de voir la France réduite comme elle est par des ministres banquiers. »

les relations de Hegel et de Cousin. C'est aussi l'époque où celui-ci commence à s'éloigner peu à peu de l'Allemagne, n'y étant plus rattaché par les liens de l'intimité. Les exagérations de ce qu'on appela plus tard la gauche hégélienne contribuèrent pour beaucoup à ce résultat. Mais nous sommes encore en 1826, au plus fort de l'influence hégélienne. Nous allons en retrouver les traces dans les travaux qui vont suivre.

X

LES ARGUMENTS DE PLATON. — UN ARGUMENT OUBLIÉ

Victor Cousin, suspendu comme suppléant à la Faculté des lettres, et bientôt révoqué à l'École normale, dut se préoccuper de chercher des moyens d'existence. Il les trouva dans de grandes publications dont la principale et la plus brillante fut la traduction des *Dialogues* de Platon. Il a été souvent dit que cette traduction, qui porte son nom, n'est pas de lui; et il est certain qu'il a eu des collaborateurs parmi ses élèves et ses amis. Que dans une œuvre de si longue étendue, il ait employé la plume de quelques auxiliaires, il n'y a rien à cela d'étonnant et d'illégitime : on peut seulement lui reprocher de ne les avoir pas nommés. Maintenant, jusqu'où a été portée cette collaboration? C'est ce qu'il est très difficile de savoir. A la fin de l'entreprise, lorsqu'il en était devenu las, et occupé d'ailleurs par les grandes affaires de l'administration publique, il est probable qu'il a dû employer la plume de ses élèves; mais en a-t-il été de même au commencement? Nous ne le savons pas. On a cité Vignier, on a cité Farcy; mais dans quelle mesure ont-ils coopéré à l'œuvre de leur ami? comment le déterminer? Entre le fait de se faire aider et celui de faire faire la besogne par les autres, il y a une grande différence; et même eût-il reçu des autres un travail tout fait, qui nous assure que ce travail n'a pas été remanié par lui au point de lui être devenu tout à fait propre? Nul doute que sa traduction n'ait un grand caractère : Hegel lui reconnaissait le naturel et l'aménité de l'original. Il n'y a qu'un grand écrivain qui ait pu écrire certaines pages, par exemple le discours de Callicles dans le *Gorgias*, le portrait du philosophe dans le *Théétète* et du sage dans la *République*, la fin du *Phédon*, etc. Il y a un éclat, une flamme, une imagination qui ne sont pas d'emprunt. L'œuvre reste donc à son nom; et elle doit y rester[1].

1. Aux raisons précédentes, nous croyons pouvoir en ajouter une qui nous paraît décisive; c'est celle-ci : A quoi donc M. Cousin

En tout cas, et quoi qu'il en soit de la traduction elle-même, ce qui ne peut être nié, c'est que c'est bien lui qui est le véritable auteur des *Arguments* qui précèdent les *Dialogues*, or les *Arguments* ont contribué pour une grande part au succès de la publication. Ils ne doivent pas être considérés seulement comme des commentaires critiques, destinés à donner l'interprétation exacte et littérale des doctrines de Platon. Sans doute, ce sont souvent des analyses, très bien faites; mais l'analyse est la moindre partie de l'œuvre. La plupart du temps, le dialogue de Platon n'est qu'un prétexte pour intro-

---

aurait-il employé son temps de 1820 à 1828, pendant huit années, s'il n'eût pas travaillé à son Platon? Il ne faisait ni cours ni livre; il ne travaillait pas pour les journaux et ne se livrait pas à la politique. Il fallait bien qu'il fît quelque chose. Cousin était un bourreau de travail. Je l'ai vu travailler de huit heures du matin jusqu'à minuit, et cela pendant six mois, quand il était déjà âgé : à plus forte raison dans sa jeunesse. Il faisait, dira-t-on, son *Proclus* et son *Descartes*; mais s'il a fait faire son *Platon*, pourquoi donc pas aussi ces deux œuvres bien autrement ennuyeuses? On a dit encore qu'il ne savait pas le grec : en philologue, non; mais en lettré, il le savait très bien. Il avait fait les études les plus brillantes et les plus fortes; et à cette époque il s'occupait de grec constamment, puisqu'il publiait *Proclus* et qu'il commentait *Olympiodore*. Comment eût-il pu analyser, comme il le fait dans ses *Fragments*, les manuscrits de celui-ci, s'il n'eût pas su le grec? Il a donc pu se faire aider, surtout à la fin et pour les parties ennuyeuses de *Platon*, mais il s'est réservé tout ce qui était beau : voilà, je crois, la vérité.

duire des vues toutes modernes, très neuves alors, dans la circulation publique. Ce fut un puissant moyen d'action pour le spiritualisme naissant, dans sa forme première, c'est-à-dire fortement inspiré par la philosophie de l'Allemagne. Signalons quelques-uns de ces arguments et les principales idées qu'ils ont servi à propager dans l'esprit de notre siècle

1° On a fait grand bruit, pendant un temps, d'une doctrine qu'on a crue très neuve, et que l'on a appelée la *morale indépendante*. Cette doctrine consiste à séparer la morale, non seulement de la religion, mais même de la métaphysique. Cette doctrine, selon nous, est erronée en soi ; mais elle a une vérité relative incontestable : c'est que scientifiquement, il faut établir les principes de la morale, abstraction faite des principes de la métaphysique, sauf plus tard à montrer qu'elle contient ces principes implicitement. Cette séparation provisoire et conventionnelle de la morale et de la philosophie pure est la doctrine de Victor Cousin dans l'argument de l'*Euthyphron*. Il expose le principe d'une morale indépendante dans ce que ce principe a de vrai, toutes réserves faites d'ailleurs sur le fond de la doctrine.

Sans doute, dit-il, « Dieu n'étant que le bien lui-même, l'ordre moral pris substantiellement, toutes les vérités morales s'y rapportent comme les rayons au centre. La morale et la religion se rattachent intimement l'une à l'autre et dans l'unité de son principe réel et dans celle de l'esprit humain qui les conçoit simultanément...

» ... Mais, quand l'anthropomorphisme, abaissant la théologie au drame, fait de l'Éternel un Dieu de théâtre, tyrannique et passionné, qui du haut de sa toute-puissance décide arbitrairement de ce qui est bien et de ce qui est mal, c'est alors que la critique philosophique peut et doit, dans l'intérêt des vérités morales, s'autoriser de l'immédiate obligation qui les caractérise pour les établir sur leur propre base, indépendamment de toute circonstance étrangère, *indépendamment même de leur rapport à leur source primitive*, se plaçant ainsi à dessein sur un terrain moins étroit, mais plus sûr, sachant perdre quelque chose pour ne pas tout perdre, et sauver au moins la morale du naufrage de la haute philosophie...

» ... Par conséquent, ce n'est pas dans des dogmes religieux qu'il faut chercher le titre primitif de la légitimité des vérités morales. Ces vérités, comme toutes les autres, se légitiment elles-mêmes et n'ont pas besoin d'autre autorité que celle de la raison qui les aperçoit et qui les proclame. La raison est à elle-même sa propre sanction. »

2° La question de l'immortalité de l'âme a pris de nos jours, sous l'influence de Spinosa et de Hegel, une forme nouvelle. On s'est demandé si l'immortalité pouvait s'appliquer au moi individuel, à la personne consciente, si la seule chose immortelle en nous n'était pas la partie absolue et immuable de la raison, et si cela ne pouvait pas suffire aux aspirations de l'âme. Sans doute, c'est là peut-être une illusion, et il semble bien que la vie future à laquelle les hommes tiennent, c'est la vie de leur moi, et surtout la mémoire et le souvenir. D'un autre côté, cependant, l'excès de l'individualité n'est pas non plus une manière bien élevée de concevoir la vie future. — Voudriez-vous, disait-on à madame de Staël en Allemagne, que l'on pût renaître baron ou marquis? Non, répondait-elle ; mais on voudrait renaître mère et fille. Où est donc la limite de ce qui demeure et de ce qui disparaît? Victor Cousin, dans l'argument du *Phédon*, touche à ce grand problème ; et il le fait avec une extrême réserve, pour ce qui concerne l'immortalité personnelle.

« Il y a incontestablement en nous un principe qui se reconnaît et se proclame lui-même dans le sentiment de tout acte raisonnable et libre, étranger et supérieur à son organisation corporelle, et par conséquent capable de lui survivre ; un principe qui, une fois dégagé de l'enveloppe extérieure dont il se distingue et rendu à lui-même, se réunit au principe éternel et universel dont il émane. Mais alors que devient-il ? Retient-il la conscience de lui-même ? peut-il connaître encore le plaisir et la peine ? soutient-il des rapports avec les autres principes semblables à lui ? Enfin quelle destinée lui est réservée ? C'est là un autre problème qu'on ne peut guère résoudre affirmativement d'une manière absolue, et sur lequel la philosophie est à peu près réduite à la probabilité. »

» En effet, si le principe intellectuel pris substantiellement est à l'abri de la mort, il ne s'ensuit pas que le moi, qui n'est pas la substance et qui n'en est peut-être qu'une forme sublime, participe aussi de son immortalité; et la raison, dans ses recherches les plus profondes, dans ses intuitions les plus vives et les plus intimes, peut bien nous faire connaître l'essence du principe qui nous constitue et sa forme actuelle, avec les conditions réelles de sa manifestation et de son développement, mais sans pouvoir nous révéler certainement ni les formes que ce principe a pu revêtir déjà, ni celles que lui garde l'impénétrable avenir. »

3° Le grand débat que la philosophie nouvelle avait soulevé en France, et dans lequel se résumait sa lutte contre le condillacisme, c'était le problème des idées absolues, l'existence de la raison pure. Victor Cousin n'avait pas de peine à retrouver cette doctrine dans Platon, et le fait même d'une traduction de Platon était un des actes de la lutte. Il cherchait donc à montrer, dans le mythe de la *réminiscence,* la doctrine de la raison pure et de son origine absolue.

« La théorie de la science, considérée comme réminiscence, ne nous enseigne-t-elle pas que la puissance intellectuelle, prise substantiellement et avant de se manifester sous la forme de l'âme humaine, contient déjà en elle ou plutôt est elle-même le type primitif et absolu du beau, du bien, de l'égalité, de l'unité, et que lorsqu'elle passe de l'état de substance à celui de personne et acquiert ainsi la conscience et la pensée distinctes, en sortant des profondeurs où elle se cachait à ses propres yeux, elle trouve dans le sentiment obscur et confus qui la rattache à son premier état, comme à son centre et à son principe, les idées du bien, du beau, de l'égalité, de l'unité, de l'infini, qui alors ne lui paraissent pas tout à fait des découvertes et ressemblent assez à des souvenirs. C'est ainsi du moins que j'entends Platon. »

4° Si la réminiscence platonicienne peut être considérée comme la forme mystique de la raison pure, il n'en est pas de même de la doctrine de la science dans le *Théétète*. Ici, ce n'est plus un mythe : c'est la pensée absolue dans toute sa force et sa grandeur : c'est la réfutation anticipée la plus profonde et la plus serrée du pur phénoménisme. C'est ce que Victor Cousin a fait ressortir avec une rare vigueur de pensée et d'expression :

« N'est-ce pas un fait incontestable que par delà les impressions des sens, la raison développe en nous certains jugements sur les rapports des objets sensibles, sur leur différence ou leur ressemblance, sur l'identité ou l'opposition, sur l'unité, sur l'existence, sur la beauté et la difformité, sur le mérite et le démérite, sur la bassesse et la dignité, sur la convenance et la disconvenance? D'où viennent ces jugements? Ce ne peut être de la sensation, car, encore une fois, la sensation est renfermée tout entière dans l'impression organique faite sur chaque sens en particulier. La plus légère comparaison entre ces impressions dépasse les bornes de chaque sensation particulière et suppose l'intervention d'un nouvel élément. Chaque sensation limitée à elle-même, resserrée dans l'instant fugitif et rapide où elle fait son apparition, ne sort point de ses propres limites pour apercevoir la sensation qui la précède et qui la suit; elle ne peut saisir aucun rapport avec aucune autre sensation; et, comme elle ne se sait pas elle-même, elle sait encore moins tout le reste, et à quoi elle ressemble, et de quoi elle diffère; toute idée de relation lui est interdite. Transitoire et mobile, comment en sortirait-il l'idée de quelque chose d'égal à soi, d'identique et d'un? Elle dont le caractère propre est l'arbitraire et la contingence, comment constituerait-elle celui de la nécessité et de l'universalité qui distingue certaines notions? Elle enfin, dont la destinée est de paraître et de passer, dont la nature est toute phénoménale, dont l'essence est de n'en point avoir, comment serait-elle la source de cette notion mystérieuse d'essence, d'existence, de substance dont l'esprit humain ne peut pas plus se séparer qu'il ne peut se séparer de lui-même? Il y a de l'être dans toute proposition, dit Leibniz. En effet, il y a de l'être dans toute pensée; toute pensée, acte, tout phénomène interne se rattachant et ne pouvant pas ne pas se rattacher à un sujet, à un principe actif et pensant, centre et foyer de toute existence d'où partent et où viennent aboutir tous les rayons épars de la vie, de l'activité et de la pensée. Présente dans le premier fait de la conscience tout aussi bien que dans le dernier, à l'aurore et au déclin de la vie intellectuelle, cette notion élémentaire et simple n'abandonne jamais la pensée de l'homme, qu'elle accable à la fois et qu'elle soutient de la grandeur et de la force qui est en elle. Or cette majestueuse idée de l'existence, comment la demander à la sensation qui devient sans cesse sans être jamais ? En résumé, la science se rapporte à la vérité, toute vérité ne se trouve que dans l'essence : si donc l'essence et la sensation se repoussent, la science n'est pas dans la sensation... »

5° Un philosophe éminent de nos jours, M. Ravaisson, préoccupé des difficultés qui naissent dans les doctrines idéalistes de la dualité de la conscience et de la raison, a proposé de les confondre, en attribuant, non seulement à la raison, mais à la conscience elle-même la notion de l'infini et de l'absolu, en un mot de Dieu même [1]. Dans cette

[1]. Ravaisson, *Rapport sur la philosophie du XIXe siècle*, p. 243.

doctrine, le moi en se pensant lui-même penserait Dieu; et une seule et même aperception donnerait les deux objets de toute métaphysique. Sans examiner ici la valeur intrinsèque et la portée philosophique de cette théorie, contentons-nous de rappeler que cette doctrine était déjà dans Victor Cousin, et qu'il l'a exposée dans l'argument du *Premier Alcibiade*.

« Sous le jeu varié de nos facultés, et pour ainsi dire à travers la conscience claire et distincte, est la conscience sourde et confuse d'une force qui n'est pas la nôtre, mais à laquelle la nôtre est attachée, que le moi, c'est-à-dire toute l'activité volontaire ne s'attribue pas, mais qu'il représente sans toutefois la représenter intégralement, à laquelle il emprunte sans cesse sans jamais l'épuiser, qu'il sait antérieure à lui, puisqu'il se sait venir d'elle et ne pourrait subsister sans elle, qu'il sait postérieure à lui, puisque après des défaillances momentanées, il se sent renaître dans elle et par elle. Exempte des limites et des troubles de la personnalité, cette force antérieure, postérieure, supérieure à celle de l'homme, ne descend point à des actes particuliers, et par conséquent ne tombe ni dans le temps, ni dans l'espace, immobile dans l'unité de son action infinie et inépuisable, en dehors et au-dessus des changements, de l'accident et du mode, cause invisible et absolue de toutes les causes contingentes et phénoménales, substance, existence, liberté pure, Dieu. Or Dieu une fois connu comme le type de la liberté en soi, et l'âme humaine comme le type de la liberté relative ou de la volonté, il suit que plus l'âme se dégage des liens de la fatalité, plus elle se retire des éléments profanes qui l'environnent, et qui l'entraînent vers ce monde extérieur des images, plus elle revient et s'attache à l'élément sacré, au Dieu qui habite en elle, et mieux elle se connaît elle-même, parce qu'elle se connaît non seulement dans son état actuel; mais dans son état primitif et futur, dans son essence. C'est là la condition et le complément de toute sagesse, de toute science, de toute perfection. »

6° Nous avons vu plus haut, dans les leçons inédites (ch. VII), une théorie des plus hardies sur la liberté de l'inspiration morale, sur l'opposition de l'esprit et de la lettre, et l'immolation de la lettre à l'esprit. Nous retrouvons cette doctrine singulièrement glissante dans l'argument du *Second Hippias*, ce dialogue qui a embarrassé tous les commentateurs par le singulier paradoxe qui y est développé, à savoir que le mensonge volontaire vaut mieux que le mensonge involontaire[1]. Victor Cousin, au lieu de protester au nom du sens commun contre cette étrange doctrine, l'accepte franchement, et en tire occasion de formuler le principe de la libre morale, c'est-à-dire de la souveraineté de la conscience et de l'inspiration individuelle. Je n'ai pas besoin de dire quelles réserves demande une pareille théorie. Nous nous contenterons de la citer, pour montrer combien peu Victor Cousin, au temps de son grand éclat philosophique, se laissait assujettir aux idées convenues. Au reste, on ne peut nier que cette liberté de la morale à l'égard des idées vulgaires n'ait un côté spécieux que Cousin fait ressortir avec éclat.

« Le crime avec la science et la force préféré à l'erreur et à la faiblesse, voilà certes une morale fort extraordinaire. Le sérieux apparent avec lequel elle est ici présentée est-il un badinage, et ces altiers paradoxes renferment-ils moins une théorie qu'un persiflage indirect des lieux communs et des maximes étroites et absolues dont se compose

---

[1]. Voir l'ingénieuse thèse latine de M. Fouillée, qui a cru voir dans ce dialogue une réfutation par l'absurde de la doctrine du libre arbitre. Nous croyons que cette interprétation paradoxale n'est pas la vraie; mais peu importe ici.

la morale vulgaire au profit de la libre culture de la volonté et de l'intelligence dans laquelle réside la vraie morale? Nous le croyons, et c'est bien ainsi, selon nous, qu'il faut entendre le *Second Hippias*. Mais il faut convenir que, si telle a été la pensée de l'auteur, il aurait bien dû la laisser percer davantage et la développer autrement. En effet, si l'on voulait montrer le vice et dénoncer la tyrannie de ce prétendu principe absolu qu'il ne faut jamais tromper, on pouvait, en suivant la méthode dialectique de Platon, le soumettre à l'épreuve de tout principe absolu, examiner s'il suffit à tous les cas, et prouver qu'il n'y suffit point, qu'applicable à telle circonstance il ne s'applique pas à telle autre, qu'il y a des tromperies innocentes, qu'il y en a même d'utiles, qu'il y en a même d'obligatoires, et que, par conséquent, il ne faut admettre le principe de ne jamais tromper que sous la réserve de la raison plus compréhensive et plus morale que toutes les formules particulières, et qui ne les accepte toutes qu'à la condition d'en rester indépendante de les juger, et de déterminer quand, jusqu'où et comment, il convient de les appliquer. De même, on pouvait faire voir que, si l'homme est un être intelligent et libre, consentir en soi aux ténèbres de l'esprit et à la faiblesse de la volonté, c'est déjà se rendre capable du plus grand délit que l'on puisse commettre, c'est manquer à sa nature, et ôter d'abord en son âme toute place à la vertu; car la vertu n'est que la vérité morale, le bien aperçu et discerné par une raison saine au milieu des prestiges de l'erreur, et réalisée dans la vie par une volonté forte en dépit des séductions et de l'entraînement de la passion. On pouvait même aller jusqu'à dire, en forçant un peu les conséquences pour faire mieux ressortir le principe, que celui dont la raison supérieure conçoit le bien, mais conçoit aussi le mal, et, le sachant mal, l'accepte comme tel et l'accomplit sciemment et volontairement, avec préméditation, vigueur et constance, celui-là est moins méprisable et possède plus d'intelligence et de ressources de moralité que l'homme ignorant qui, dépourvu également d'intelligence et d'énergie, ne sachant à la rigueur ni ce qu'il peut, ni ce qu'il veut, ni ce qu'il fait, tout en voulant faire le bien, fait le mal sans s'en douter par aveuglement et légèreté; car, après tout, le premier n'est qu'un homme criminel; le second n'est plus même un homme. Confiez à Platon le développement de ces idées, et vous verrez ce qu'elles deviendront, entre les mains de l'admirable dialectique que nous avons essayé de faire connaître dans l'analyse du *Lysis*.

Tirées successivement des différentes épreuves auxquelles auraient été soumises et auraient tour à tour succombé les lieux communs et les maximes exclusives de la morale conventionnelle, entourées de toutes les lumières d'une démonstration progressive, séparées scrupuleusement de tous les écarts auxquels elles pourraient conduire, revêtues au contraire et décorées avec art de tous les caractères de la moralité la plus sublime, elles produiront infailliblement une composition aussi solide et aussi forte de raisonnement qu'ingénieuse et brillante dans la forme et dans les détails. »

Les *Arguments* de Platon sont trop connus et trop faciles à consulter pour qu'il soit nécessaire pour nous d'y insister davantage. Ce qui offrira peut-être un intérêt plus piquant et ce qui a, d'ailleurs, sa place dans une monographie comme celle-ci, dont l'un des mérites est d'être complète, c'est la reproduction d'un *Argument* nouveau, sinon inédit, du moins entièrement oublié, et, je le crois, resté inconnu [1], qui devait faire partie du VI⁰ volume de Platon, et qui est resté enseveli dans

---

1. Il l'était du moins pour nous, lorsque nous en avons trouvé l'indication dans une note de M. B. Saint-Hilaire, sur les articles du *Globe* (*Fragments* de P.-F. Dubois, Paris 1878, p. LXXXI).

les colonnes du *Globe* (3 novembre 1827), où personne n'était allé le rechercher. Il n'est pas facile de dire pourquoi Victor Cousin, qui ne perdait rien volontiers de ce qu'il avait écrit, s'est décidé à sacrifier ce morceau. Il est sans doute écrit d'une manière assez négligée, mais en même temps avec un grand éclat, et il n'eût pas été difficile d'en châtier le style. Il contient sur Platon de belles vues que Victor Cousin, je crois, n'a pas exprimées ailleurs ; c'est donc probablement dans l'esprit même du morceau qu'il faut chercher l'ostracisme dont il fut l'objet. Cet écrit est, en effet, le témoignage le plus précis et le plus certain de l'influence immédiate de Hegel. Celui-ci venait de passer un mois à Paris (septembre), et Cousin l'avait vu tous les jours. Ils avaient fait ensemble le voyage de Belgique et de Cologne (octobre). C'est de retour à Paris, et sous l'impression toute vive des entretiens de Hegel qu'il écrivait l'argument suivant qui parut dans *le Globe* le 3 novembre suivant, c'est-à-dire un mois après. On y retrouve quelques-unes des pensées les plus caractéristiques de Hegel. C'est là que l'éclectisme de Cousin se rapproche le plus de la synthèse de celui-ci, et que Cousin rêve pour sa doctrine et probablement pour lui-même les destinées les plus ambitieuses. Là fut très vraisemblablement la cause de l'oubli auquel Victor Cousin a condamné ce curieux morceau [1]. Lorsque le VI⁰ volume de Platon parut en 1831, Victor Cousin avait déjà senti s'amortir en lui la vocation de chef d'école, de grand fondateur de système. Il s'était réduit à un rôle plus modeste et plus pratique : établir en France un enseignement solide de la philosophie, et créer une école critique et savante de haute histoire de la philosophie. Mais, en 1827, dans la fièvre de la jeunesse, tout enflammé encore par la conversation de son maître, il rêvait pour l'éclectisme l'apparition d'un homme de génie, d'un homme providentiel, et il est curieux de voir par quelle phase de prestige et d'illusion a passé ce haut et savant politique, que nous verrons bientôt administrer la philosophie avec tant d'habileté et de sens pratique, n'ayant pu créer la grande œuvre spéculative qu'il avait rêvée.

L'argument nouveau que nous signalons et que nous appellerons l'*Argument du Globe* contient deux parties, deux thèses intimement liées l'une

---

1. Une autre raison plus pratique peut-être, c'est que cet argument ne se rapporte à aucun dialogue particulier, mais à la doctrine de Platon en général. Peut-être Cousin l'avait-il réservé pour une préface générale, en supposant qu'il ne pût pas faire un travail plus étendu.

à l'autre : l'une historique, l'autre dogmatique.

Dans la première, Victor Cousin donne une idée générale de la philosophie de Platon. Il propose une hypothèse qui, nous le croyons, était nouvelle alors, et que nous ne trouvons même pas chez les critiques allemands, à savoir l'hypothèse des trois manières de Platon, des trois phases qu'aurait traversées sa philosophie.

Dans la seconde, il prend occasion de la dernière philosophie de Platon pour exposer la thèse de l'harmonie des contraires qu'il identifie avec l'éclectisme. C'est dans cette seconde partie que se trouvent les pages un peu surchauffées dont nous avons parlé.

Comme cet argument de Cousin est absolument inconnu, nous croyons pouvoir le reproduire presque intégralement. Il a pour titre les mots suivants : *Philosophie — Platon* (communiqué par M. Victor Cousin), avec cette note : « Ce morceau fait partie du VIe volume des œuvres de Platon qui est en ce moment sous presse. » Il devait donc paraître avec le VIe volume; mais il n'en a rien été.

I. Voici d'abord l'hypothèse de Victor Cousin sur la philosophie de Platon en général, et sur les trois formes de cette philosophie, correspondant aux trois époques de sa vie.

1° La première période est celle de la poésie.

« Nourri dans le sein de la religion et de la poésie, ses premiers essais philosophiques sont tout pénétrés des habitudes de sa jeunesse. On sent déjà, il est vrai, le grand métaphysicien dans le fond de la pensée; mais la forme retient quelque chose du dithyrambe et de la tragédie : le philosophe porte encore les bandelettes du prêtre; ses idées sont des dogmes, et sa parole un chant. Aucune vérité essentielle ne lui manque, mais toutes les vérités sont dans son âme et dans ses écrits sous la forme de pressentiment sublime et non de démonstrations rigoureuses. Accablée par la grandeur même de ses objets, la pensée du jeune homme n'a pas la force et ne connait pas encore le secret de s'en séparer pour les considérer à distance avec plus de calme, de les diviser pour les envisager sous toutes leurs faces; et elle les présente comme elle les voit, à travers un nuage et sous le demi-jour du mysticisme. Le mysticisme, voilà le caractère fondamental des premiers essais de Platon. Règle générale : les grands individus qui sont appelés à représenter le genre humain tout entier reproduisent dans leur développement celui du genre humain lui-même; comme lui, ils débutent non par la réflexion, mais par l'inspiration, non par la science, mais par la religion, non par la dialectique, mais par la poésie. C'est à ce signe que se reconnaissent toutes les grandes natures : leur berceau est la religion; c'est là qu'elles se forment, c'est là qu'elles amassent ces saintes convictions qui seules peuvent les soutenir dans les épreuves qui les attendent. C'est de là qu'elles partent et s'élancent, selon leur mission, dans les orages de la vie et de la science. Platon, comme tout grand homme, a cru d'abord et a avancé, sur la foi de convictions irrésistibles mais non raisonnées, plus de choses qu'il n'en savait et n'en pouvait démontrer. Sa composition est alors comme sa pensée, forte, abondante, brillante, mais sans méthode; telle est sa première manière. Vers le temps de la mort de Socrate, commence pour Platon une nouvelle existence, et avec elle une manière nouvelle.

2° Le second mouvement de la philosophie de Platon est celui de la lutte et de la dialectique.

Telle a été la marche du genre humain, telle a été celle de Platon : la vie paisible de sa première jeunesse, la méditation et le culte des vérités éternelles à l'ombre du foyer domestique et sous les auspices de la religion font place tout à coup à une vie aventureuse et à des études pénibles et diverses. Ici viennent ses rapports avec les représentants des sectes philosophiques les plus opposées, avec Cratyle, disciple d'Héraclite, avec Hermogène, partisan de Parménide, son séjour à Mégare au milieu des subtilités et des raffinements de l'école éristique, ses voyages dans la Grande Grèce, en Sicile, en Égypte et plus loin peut-être; enfin ses entreprises politiques et cette vie de hasards et de luttes de tout genre qui devait le conduire à l'accomplissement de ses destinées, car il ne faut pas croire que la destinée d'un grand homme résulte des circonstances de sa vie : ce sont plutôt ces circonstances qui sont faites sur sa destinée et pour sa destinée. La seconde partie de la vie de Platon servit puissamment au développement de son génie. Tombé au milieu des contradictions du monde et des écoles, le jeune enthousiaste, mis aux prises avec la réalité, sentit le besoin, pour défendre sa foi, de s'en rendre un compte sévère et de la rappeler pour lui-même et pour les autres aux lois et à la forme d'une démonstration rigoureuse. Or, à l'instant où la réflexion commence, finit le mysticime, fruit nécessaire de l'élan spontané de la pensée et de son identification avec son objet qui est d'abord la nature et le monde.

La révolution qui s'est opérée dans la doctrine de Platon est conforme à celle qui s'opère dans l'esprit lui-même.

La réflexion est le retour de la pensée sur elle-même, la séparation de la pensée et de ses lois nécessaires d'avec les objets et ses formes accidentelles, le retranchement de toutes les conditions extérieures de son développement, la tentation sublime de réduire l'existence entière à l'intelligence. La réflexion est la guerre intérieure de l'esprit contre les sens, l'imagination, et le cœur lui-même. Les instruments de la réflexion ne sont pas l'inspiration et l'enthousiasme : ce sont l'analyse et la dialectique. Cette révolution dans l'opération de la pensée en amène une semblable dans son expression. La dialectique en succédant à l'inspiration remplace la poésie par la prose, le symbolisme par l'abstraction, l'emploi brillant des formes mythologiques et l'allure souple et entrainante de l'ode et du drame par le mouvement régulier mais pesant de l'ordre didactique et le langage décoloré du raisonnement. La dialectique est aride, il est vrai, dans ses formes et dans ses moyens; mais sa fin est la même que celle de l'enthousiasme et de la foi; c'est toujours la vérité ici confusément entrevue, là distinctement démontrée. Si la dialectique reste en chemin et ne va pas aussi loin que la foi, elle lui est inférieure, et la science qu'elle engendre est une science incomplète et insuffisante qui ne peut entrer en parallèle avec la religion. Mais si la dialectique parvient régulièrement jusqu'où la foi s'élance, si elle embrasse le même circuit, autant d'objets, de problèmes et de résultats, alors la science qu'elle engendre, adéquate à la religion par l'étendue, la surpasse en lumière, et est même un degré plus élevé de la vie intellectuelle. Dans l'histoire du genre humain, histoire qui n'est elle-même que la manifestation et l'expression de la marche et du développement de la pensée sur une grande échelle, ce degré supérieur est représenté par la Grèce qui, en succédant à l'Orient, commence et accomplit la seconde époque de l'histoire nouvelle; et dans la Grèce, c'est la seconde manière de Platon qui représente éminemment l'esprit grec, comme la première représentait l'esprit oriental. Car depuis, qu'a fait Aristote? rien autre chose que s'emparer de la seconde manière de Platon et se l'approprier en la perfectionnant.

3° La troisième phase de la philosophie de Platon est l'unité de la poésie et de la dialectique dans la synthèse de la pensée pure.

Il était réservé à Platon d'atteindre au troisième et dernier développement de la pensée et par là d'anticiper l'ouvrage (*sic*) de la plus avancée.

L'intelligence, dans son premier élan, se mêle d'abord au monde extérieur, en en prenant connaissance, s'y absorbe et s'y teint de ses couleurs puis, revenant sur elle-même, elle s'instruit à vivre de sa propre vie même jusqu'à nier ce monde auquel elle était auparavant enchaînée, ou à l'absorber en elle et à faire de l'existence extérieure un simple reflet de la science. Ces deux états sont également incomplets : ne point se distinguer du monde ou s'en séparer sont également faux ; et il est de toute nécessité qu'après avoir passé par deux états exclusifs, incomplets et faux, l'intelligence tende à arriver à celui qui lui convient, c'est-à-dire à la réunion des deux états précédents épurés l'un par l'autre et réconciliés entre eux. Toute vérité est dans l'harmonie des contraires ; mais on n'y parvient qu'après avoir épuisé l'erreur et les hypothèses exclusives ; mais ces hypothèses exclusives sont elles-mêmes des données nécessaires de la solution définitive ; on ne parvient à réunir les deux points extrêmes de toute pensée qu'après les avoir traversés et pour cela il fallait qu'ils fussent. Tout est nécessaire dans l'intelligence et par conséquent dans l'histoire, soit de l'espèce, soit des individus. Il était nécessaire que l'âme, en abordant le monde, y tombât pour ainsi dire et s'abdiquât elle-même; il était nécessaire encore qu'après s'être tirée de l'abîme de l'univers, en essayant de se ressaisir et de se suffire à elle-même, elle n'aperçût plus qu'elle dans la solitude de la pensée. Sans le premier état, le second était impossible, et sans l'un et l'autre, sans le combat de deux états également nécessaires et également insupportables, le besoin et le soupçon d'un état meilleur ne seraient jamais entrés dans l'âme. Supposez que l'enthousiasme n'eût pas pris les devants et n'eût pas d'abord aperçu confusément, mais certainement, toutes les grandes vérités, la dialectique manquait de base et n'avait rien à éclaircir et à démontrer. D'un autre côté, ôtez la dialectique et l'analyse, vous avez mille vérités sans aucune lumière; mais unissez la réflexion à l'enthousiasme sans le détruire, développez la foi par la dialectique et la religion par la science, alors toute contradiction est vaincue, tous les besoins de la nature humaine sont satisfaits, parce que toutes ses facultés sont simultanément et également employées. L'enthousiasme sans raison, ou la raison réduite au scepticisme, la foi sans la science ou une science vide de foi, le mysticisme ou l'abstraction en philosophie, comme, dans la société, l'absence ou l'abus de la liberté, l'absolue toute-puissance de l'État sans aucune liberté pour les individus, ou l'émancipation de toutes les libertés particulières sans un point d'arrêt fixe dans la force prépondérante de l'État; dans l'art, le sublime et le grandiose sans mesure, la mesure sans grandeur; dans la religion une foi immobile, des mythes fixes et incompréhensibles, ou une décomposition perpétuelle d'idées qui se dissipe en poussière ; dans l'histoire, l'Orient ou la Grèce : ce sont là des états de l'âme et du monde nécessaires, mais incomplets et par conséquent passagers : ce n'est pas là le dernier terme de l'histoire, ni de l'art, ni de la religion, ni de la société ni de la philosophie.

Après l'analyse de cette troisième phase, Cousin résumait dans un portrait plein d'éclat le génie de Platon.

Nous ne craignons pas d'affirmer que, dans l'histoire de la philosophie, Platon est le premier qui ait essayé d'échapper à l'esprit de système et qui domine tous les points de vue particuliers. Platon est le premier individu de l'espèce humaine qui ait accompli le cercle entier des développements possibles de l'intelligence ; mais il n'arriva qu'assez tard à cette hauteur, au retour de ses voyages, lorsque, après avoir beaucoup vu et beaucoup voyagé, trop ferme pour tomber dans le scepticisme, trop éclairé pour se soumettre à aucun des systèmes qu'il avait rencontrés, il ne lui restait qu'à tenter de les concilier. Ce fut alors seulement qu'il atteignit le développement complet de son génie comme philosophe et même comme artiste. En effet, dans la première époque de sa vie et de son talent, le style de Platon n'a guère qu'un seul caractère comme ses idées, le caractère poétique. La naïveté, le sublime, le mouvement et la grâce y dominent comme dans la nature ; mais on y chercherait en vain, ou du moins on n'y trouverait qu'à un faible degré l'ordre, la précision et la lumière. Au contraire, la seconde manière de Platon présente au plus haut degré ces dernières qualités, mais au détriment des premières. Les détails y sont sacrifiés à l'ensemble; l'ordre et la méthode y sont accompagnés d'un peu de raideur et de sécheresse; le dessin est d'une précision parfaite; mais le coloris et la vie n'y sont pas. Mais, dans la troisième manière de Platon, le style, par la diversité des qualités dont il se compose, représente merveilleusement l'étendue et l'universalité auxquelles la pensée de Platon était enfin parvenue. En effet, il est bien difficile de trouver ce qui manque à ce style comme au vaste système qu'il reproduit. Le caractère poétique et le caractère dialectique s'y trouvent comme dans les ouvrages de sa première et de sa seconde manière, avec cette différence qu'ici pour la première fois dans Platon, comme dans le langage humain, ils sont fondus ensemble, se servent l'un et l'autre d'ombre et de lumière, et forment un contraste perpétuel et mille effets de la variété la plus aimable, au sein d'une unité supérieure qui les tempère et les agrandit. Et cet heureux mélange de la poésie et de la dialectique ne se montre pas seulement dans l'ensemble de la composition, il est aussi dans les moindres détails; partout la chaleur avec la lumière, la force unie à la grâce, les traits les plus délicats et les plus profonds, partout et toujours tous les genres et tous les tons. La parole de Platon, comme sa pensée, réfléchit l'univers; il en est l'interprète et pour ainsi dire l'hiérophante. Aussi, comme écrivain, la place de Platon est encore vacante, et elle le sera toujours. La beauté est la fleur de l'humanité ; une fois éclose et cueillie, ce n'est pas dans l'hiver de la civilisation que l'on peut espérer de la voir renaître. Platon a eu le bonheur de venir à une époque et chez un peuple où la beauté était un sentiment et un besoin universel, et comme la forme naturelle de toutes choses. Les siècles semblaient avoir travaillé à l'envi pour amener une fois sur la scène du monde ce peuple privilégié, cette civilisation merveilleuse dont Platon a transporté dans ses ouvrages et comme exprimé l'immortel parfum. Mais il n'y aura plus de Grèce, il n'y aura plus d'Athènes, plus de Sophocle, plus de Phidias, il n'y aura plus d'écrivain comme Platon.

II. C'est en décrivant la troisième manière de Platon que Victor Cousin s'élevait à une conception de l'éclectisme qui se confondait presque entièrement avec l'idéalisme hégélien. Il faisait de l'harmonie des contraires le principe et l'idéal de l'éclectisme sans aller cependant, comme Hegel, jusqu'à affirmer leur identité.

Le dernier terme véritable, disait-il, ce terme qui nous fuit toujours et que nous poursuivons sans cesse, qu'il n'est peut-être donné à aucune civilisation, comme à aucun homme d'atteindre absolument, ce dernier terme est l'harmonie des contraires ; c'est le dernier mot de toute sagesse et de toute philosophie. Toute philosophie qui n'a pas une place pour tous les éléments de la pensée est une philosophie incomplète et fausse, destinée à grossir le nombre des exagérations et des erreurs et non à les dominer et à les résoudre. La vraie philosophie consiste à représenter en soi et dans son développement personnel la pensée tout entière et son développement. Or représenter la pensée tout entière, c'est représenter toute l'humanité dont l'essence même est la pensée. C'est représenter toute l'histoire, image visible de toute la vie intérieure de l'humanité ; enfin c'est représenter toute l'existence ; car l'existence universelle elle-même n'est encore qu'une pensée que réfléchit expressément l'humanité, et que par conséquent, à la rigueur, un homme peut réfléchir.

De l'idéal de la philosophie on peut conclure l'idéal du philosophe. Voici le portrait qu'en donne Victor Cousin.

Cet homme alors représenterait le tout dans son individualité ; que dis-je ! il serait tout en même temps qu'il resterait un individu ; il serait l'existence elle-même, plus la conscience de cette existence, c'est-à-dire qu'il aurait véritablement accompli le cercle de l'existence ; il en aurait atteint la perfection, la perfection de l'existence n'étant pas d'être seulement, mais de se connaître et de se comprendre. Voilà l'idéal du philosophe, idéal sublime, mais non pas chimérique, sur lequel on ose à peine jeter les yeux, mais qu'il faut pourtant essayer d'atteindre et de réaliser plus ou moins, alors même qu'on désespère d'y réussir ; car, autrement, on se fait pitié à soi-même, on consent en soi à l'incomplet et au faux ; on se résigne à ne regarder les choses que par un côté, à n'apercevoir de l'existence qu'une face infidèle. L'histoire générale de la philosophie n'offre guère que des systèmes empreints de vues particulières, et qui représentent seulement l'époque où ils sont nés, ou le caractère de leurs auteurs. Pythagore et Héraclite seront toujours de grands hommes mais leurs systèmes, tout vrais qu'ils sont par un côté, d'ailleurs exclusif et faux, ne sont encore que des éléments nécessaires, mais incomplets, et, si on peut s'exprimer ainsi, de simples membres du corps entier de l'histoire de la philosophie. Et ceci ne s'applique pas à Pythagore et à Héraclite, mais à presque tous les autres philosophes de l'antiquité. Une ou deux fois encore sur la route des siècles, il s'est trouvé des penseurs qui ont renouvelé cette entreprise, et le genre humain reconnaissant a associé leurs noms à celui de Platon. Sans parler des Alexandrins et de Proclus, il semble que la nature avait fait Leibniz exprès pour un pareil rôle ; elle l'avait placé comme à dessein à la fin, c'est-à-dire au faîte de tous les mouvements religieux, politiques et scientifiques du xvie et du xviiie siècle. Leibniz soupçonna trop tard quelle aurait dû être sa destinée ; il l'entrevit et mourut. Qui prendra sa place et recueillera cet héritage ? Malheureusement ici la bonne volonté ne peut suppléer à la force. Les siècles, dans leur cours, en soulevant peu à peu toutes les grandes idées, les répandent et les sèment pour ainsi dire dans toutes les intelligences, de sorte que la même idée qui, avant Platon, n'existait même pas, qui, depuis, tourmenta en vain la vaste érudition et la haute intelligence de Proclus, qui ne fut pas même soupçonnée par Descartes et par Spinoza, apparut un instant devant les yeux mourants de Leibniz, cette même idée peut tomber aujourd'hui dans la tête d'un homme ordinaire qui la comprend, et lui consacre toutes ses facultés et sa vie sans pouvoir la réaliser. Cependant l'idée de l'éclectisme est aujourd'hui dans le monde. Elle est l'idée du siècle en philosophie ; et il faudra bien qu'il se présente un homme qui la réalise ; car cet homme est nécessaire.

Telles étaient alors les grandes ambitions qui hantaient l'imagination de Victor Cousin. Telles étaient les pensées qui bouillonnaient en lui, au moment où, une crise politique nouvelle ouvrant la voie aux idées libérales, et lui rendant sa chaire de la Sorbonne, il allait inaugurer ce fameux cours de 1828, qui ne fut pas sans doute cette œuvre du génie qui devait tout concilier, mais n'en est pas moins une œuvre originale par la fusion toute spontanée et toute nouvelle de la pensée allemande et de l'imagination française.

XI

LE COURS DE 1828

Après avoir résumé, dans un des chapitres précédents, l'histoire des relations personnelles de Cousin et du grand philosophe berlinois, nous sommes en mesure d'aborder directement l'étude de l'ouvrage où l'influence hégélienne s'est fait le plus profondément sentir.

Le cours de 1828 est, comme on le sait, un des épisodes de l'histoire libérale de la France. On a si souvent rappelé le souvenir des trois grands professeurs, Guizot, Cousin, Villemain, qu'il est inutile d'y insister de nouveau. Signalons seulement le caractère de ce cours. Nommé à l'improviste à la fin de mars 1828, Cousin dut monter dans sa chaire le 15 avril, afin de ne pas laisser périmer son titre et son droit. Il n'eut devant lui que deux ou trois mois d'enseignement : point de temps pour commencer des études nouvelles. Il dut improviser un cours. Avec quoi? Avec les idées générales qu'il remuait dans sa tête depuis plusieurs années et que son séjour à Berlin en 1824, les conversations d'Hegel en 1827 avaient ravivées et fécondées. Cela explique à la fois ce qu'il y a d'entraînant et d'enflammé dans le cours de 1828, et aussi ce qu'il peut y avoir de vague, d'arbitraire, de risqué dans des conceptions qui ressemblent plus quelquefois à des fusées de conversation plus qu'à des théories profondément mûries. Il n'en est pas moins vrai que le cours de 1828 reste encore aujourd'hui une des œuvres les plus brillantes et les plus puissantes de notre siècle, une de celles qui ont répandu le plus d'idées dans toutes les directions.

Arrivons à l'œuvre elle-même. Elle se compose de deux parties. Les six premières leçons contiennent une métaphysique; les sept dernières une philosophie de l'histoire. La métaphysique de 1828 est celle que nous avons déjà plusieurs fois exposée et résumée. Nous en signalerons seulement les parties nouvelles et nous nous attacherons seulement à y démêler l'influence hégélienne. Voici les points les plus importants : 1° l'idée même de la philosophie; 2° les rapports de la philosophie et de la religion; 3° la réduction de toutes les idées de la raison; 4° la théorie de la raison impersonnelle et de l'intelligence divine; 5° la théorie de la création.

Sur l'objet même de la philosophie, Cousin adopte et expose la doctrine de Hegel; c'est que la philosophie est en quelque sorte, selon l'expression d'Aristote, la pensée de la pensée : elle est la pensée qui se prend elle-même pour objet.

« Les idées, dit Victor Cousin, sont la pensée sous sa forme naturelle,... elles ont cela de propre d'avoir un sens immédiat pour la pensée et de n'avoir besoin pour être comprises d'autre chose que d'elles-mêmes. Leur caractère est d'être la forme adéquate de la pensée, c'est-à-dire la pensée elle-même se comprenant et se connaissant. Or la pensée ne se comprend qu'avec elle-même, comme, au fond, elle ne comprend jamais qu'elle-même. Ce n'était qu'elle encore qu'elle comprenait dans les sphères inférieures que nous avons parcourues (industrie, science, art, législation, religion); mais elle se comprenait mal, parce qu'elle s'y apercevait sous une forme plus ou moins infidèle; elle ne se comprend bien qu'en se ressaisissant elle-même, en se prenant elle-même pour objet de la pensée.

» Arrivée là, elle est arrivée à la limite. En effet, elle ne peut se dépasser elle-même, car avec quoi se dépasserait-elle? Ce ne pourrait être encore qu'avec la pensée. »

Ainsi la philosophie dégage la pensée de toute forme extérieure; elle est l'identité du sujet de la pensée et de son objet, l'identité absolue de la pensée se prenant elle-même pour terme de son action. La philosophie est l'élément interne, l'élément abstrait, l'élément idéal, l'élément réfléchi, la conscience la plus vive et la plus complète d'une époque.

Cette haute idée de la philosophie nous fait pressentir ce que sera pour Cousin la théorie de la religion. Si la pensée ne peut se dépasser elle-même, au delà de la pensée il n'y a rien ; la foi sera un degré de la pensée, mais un simple degré, et la philosophie sera supérieure à la religion. Déjà, dans plusieurs des cours précédents, Cousin avait plusieurs fois invoqué les dogmes chrétiens comme des symboles qui expriment des vérités métaphysiques ; mais ce n'étaient là que des rapprochements accidentels. Ici, il élève ces rapprochements à la hauteur d'une théorie.

« La philosophie et la religion ont le même

objet; seulement, ce que la religion exprime sous forme de symboles, la philosophie l'éclaircit et le traduit en pensées, en vérités pures et rationnelles. Le christianisme est la philosophie des masses : la philosophie est la lumière des lumières, l'autorité des autorités. — Ceux qui veulent imposer à la philosophie ou à la pensée une autorité supérieure ne songent pas que, de deux choses l'une : ou la pensée ne comprend pas cette autorité, et alors elle est pour elle comme si elle n'était pas; ou elle la comprend, elle s'en fait une idée, elle l'accepte à ce titre, et alors c'est elle-même qu'elle prend pour mesure et pour règle, pour autorité dernière... Sœur de la religion, elle puise dans un commerce intime avec elle des inspirations puissantes; elle met à profit ses saintes images et ses grands enseignements, mais elle convertit ces vérités dans sa propre substance; elle ne détruit pas la foi; elle l'éclaire et la féconde, et l'élève doucement du demi-jour du symbole à la pleine lumière de la pensée pure... La philosophie est patiente; elle sait comment les choses se sont passées dans les générations antérieures. Heureuse de voir les masses, le peuple, c'est-à-dire à peu près le genre humain tout entier entre les bras du christianisme, elle se contente de lui tendre doucement la main et de l'aider à s'élever plus haut encore. »

Cette manière d'entendre les rapports de la philosophie et de la religion est évidemment hégélienne. Elle vient sans doute primitivement de Kant et de son traité : *De la Religion dans les limites de la raison*. Mais c'est Hegel qui a fait de cette méthode l'emploi le plus large et le plus systématique. Il a même réussi pendant quelque temps à constituer une sorte de religion d'État qui, tout en acceptant le symbole quant à la lettre, en interprétait le sens d'une manière toute philosophique. Ce mariage de raison dura jusqu'au moment où le docteur Strauss eut déchiré tous les voiles et rendu toute équivoque impossible. Si fragile que fût cet accord passager de la religion et de la philosophie, il était encore plus facile dans un pays protestant que dans un pays catholique, le dogme protestant se prêtant à une latitude d'interprétation que le catholicisme ne souffre pas. De là naquirent, en effet, plus tard, entre Cousin et l'église beaucoup de difficultés.

En métaphysique pure, nous reconnaissons encore l'influence hégélienne dans l'application que fait Cousin d'une sorte de méthode trichotomique à l'analyse de la raison. Il y trouve, comme on sait, trois éléments essentiels, trois idées fondamentales : l'infini, le fini et le rapport du fini à l'infini. L'infini représente ce que Hegel appelle la *thèse* ou l'état immédiat; le fini représente l'*antithèse* ou l'état médiat; et le rapport représente la *synthèse*, le moyen terme, le principe de conciliation. Cousin ne va pas jusqu'à enseigner la doctrine de l'identité des opposés; nous l'avons vu, dans son dernier argument de Platon, enseigner l'harmonie des contraires, mais non pas l'identité. Il n'est pas douteux d'ailleurs que ce principe de la triplicité dans l'unité, qu'il rapproche de la trinité chrétienne, ne soit d'origine hégélienne.

Ce qu'il y a de plus important à signaler, ce nous semble, dans les doctrines de 1828, c'est la théorie de la raison impersonnelle et celle de l'intelligence divine. Suivant Cousin, comme on sait, la raison qui fait son apparition en nous n'est qu'un fragment de la raison universelle et absolue : c'est pourquoi il l'appelle raison impersonnelle. Pour bien comprendre le sens de cette théorie célèbre, il faut la rapprocher de la polémique qui avait fait tant de bruit sous la Restauration contre le principe de la raison individuelle. L'abbé de Lamennais avait soutenu que si l'individu est seul juge, juge absolu, il n'y a plus de critérium : l'unité intellectuelle de la société est brisée et c'est l'anarchie dans le monde de la pensée comme dans le monde politique. De là la nécessité d'une autorité extérieure qui fît loi. Pour échapper à cette conséquence, il fallait montrer que l'appel à la raison n'est pas un appel à l'individu, qu'il y a quelque chose de commun entre tous les individus, à savoir la raison, que c'est cette autorité commune qui est juge suprême, que si on fait appel aux individus, c'est que tous possèdent cette raison commune : le droit d'examen n'est autre chose que cet appel à la raison commune. Sans raison impersonnelle, comment expliquer la société des esprits ? Et que serait une société des esprits qui ne reposerait que sur une autorité extérieure ? Cette autorité elle-même, comment la reconnaître d'ailleurs, si ce n'est au moyen de cette raison même que l'on commence par récuser ? Telle est l'importance historique de la théorie de la raison impersonnelle, qui était aussi le principe de l'éclectisme : car s'il y a une raison commune entre tous les hommes, il y en a une aussi entre les philosophes ; les divers systèmes ne doivent être que les diverses expressions de cette raison ; tous doivent être vrais à quelque degré ; et la critique n'a d'autre fonction que de chercher ce qu'il y a de commun dans tous les systèmes.

La doctrine de la raison impersonnelle n'était pas une nouveauté dans la philosophie de Cousin : nous l'avons déjà rencontrée dans les leçons de 1818 et 1820 ; l'expression seule d'impersonnelle était nouvelle. Il n'en est pas de même de la théorie de l'intelligence divine. Suivant Cousin, les trois idées fondamentales qui sont le fond de la raison humaine sont aussi le fond de la raison absolue, puisque la raison humaine n'est que la raison absolue faisant son apparition dans l'homme. Or, cette raison absolue, par cela seul qu'elle possède ces trois idées, est une intelligence, et une intelligence n'est telle qu'en tant qu'elle est accompagnée de conscience. « L'intelligence sans conscience, c'est la possibilité abstraite de l'intelligence, non l'intelligence en acte. » Il est impossible de connaître sans se connaître. Mais « la conscience implique la diversité et la différence ». Il faut donc mettre la diversité en Dieu, c'est-à-dire le fini. C'est pourquoi l'intelligence divine comprend l'infini et le fini et aussi leurs rapports. Elle est une triplicité qui se résout en unité et une unité qui se développe en triplicité. Quelle est cette théorie? « Pas autre chose que le fond même du christianisme. Le Dieu des chrétiens est triple et un tout ensemble, et les accusations qu'on élèverait contre la doctrine que j'enseigne doivent remonter jusqu'à la trinité chrétienne. »

Sans insister sur ce dernier rapprochement, remarquons un important changement de doctrine par rapport aux cours de 1818-1820. Dans ces cours, avons-nous dit, Cousin paraît avoir été plutôt sous l'influence de Schelling que sous celle de Hegel. Or Schelling, dans sa première philosophie, que l'on a appelée tantôt « philosophie de la nature », tantôt « système de l'identité », ne voyait dans l'absolu que l'identité du sujet et de l'objet, le point indivisible où les deux termes s'unissent et se confondent. Il n'y avait donc rien à dire de l'absolu en lui-même, puisqu'il était l'unité indiscernable où venaient se confondre la nature et l'esprit. Pour déterminer cet absolu, il fallait considérer soit la nature, soit l'esprit ; l'absolu ne se manifestait que dans ses formes, on ne l'atteignait en lui-même que par une sorte d'intuition intellectuelle, voisine de l'extase alexandrine. Aussi voyons-nous dans Schelling une philosophie de la nature et une philosophie de l'esprit ; mais de l'absolu pris en soi il ne disait rien. C'est cette doctrine que Victor Cousin avait adoptée et exposée en 1818 et en 1820. Pour Hegel, au contraire, avant la philosophie de la nature, avant la philosophie de l'esprit, il y avait une science première qui concernait la pensée en soi : cette science est la Logique. La pensée en soi n'est pas vide ; elle est riche de déterminations, et ce sont les déterminations idéales des choses. Sans doute ces déterminations sont bien abstraites : ce sont la quantité, la qualité, la mesure, la différence, etc., mais enfin ce sont les conditions éternelles de la pensée. Hegel n'admettait donc pas l'unité pure des alexandrins et de Schelling ; c'était pour lui la plus pauvre des idées ; il n'admettait qu'une pensée en mouvement. Bien plus ; Hegel disait expressément que l'absolu était la pensée se sachant elle-même, et que Dieu c'est l'*Esprit*.

Ainsi, tandis qu'en 1818 Cousin affirmait qu'on ne peut dire qu'une chose de Dieu, c'est qu'il est, et le confondait avec la substance indéterminée du vrai, du beau et du bien, il reconnaissait en 1828 trois moments dans la raison absolue ; il substituait à l'idée d'une indifférence absolue celle d'une pensée vivante, d'une pensée en mouvement. C'était, à ce qu'il nous semble, passer de Schelling à Hegel ; c'était un véritable progrès. Sans doute il ne s'en tenait pas au langage sec et aride de la *Logique*, il empruntait les couleurs de Platon et de Malebranche. C'est que Cousin a toujours été et restera toujours un platonicien : c'est là l'unité de sa philosophie, mais c'est

17

Platon traduisant Hegel dans la langue de l'imagination et de l'enthousiasme. Ce qui est certain, c'est que, par cette théorie de la vie intellectuelle en Dieu, Cousin modifiait déjà instinctivement son panthéisme primitif dans un sens plus ou moins théiste. Il était alors sur ce sommet où sont parvenus tous les grands philosophes, et qui est une sorte de terrain neutre où se rencontrent le théisme et le panthéisme sans qu'on puisse délimiter exactement leurs frontières. Lorsque les panthéistes, pour donner quelque vie à leur absolu, lui accordent l'essence pure de la personnalité et de la sainteté, et lorsque les théistes, d'autre part, pour échapper aux platitudes de l'anthropomorphisme, exaltent l'infinitude et l'unité absolue de l'être divin, lorsqu'ils disent, comme Platon, non seulement que Dieu est bon, mais qu'il est le Bien, avec Bossuet et avec l'Écriture, non seulement qu'il est intelligent, mais qu'il est la Vérité même : *Ego sum veritas*, n'y a-t-il pas là un fond commun aux deux doctrines, un acheminement réciproque de l'une vers l'autre ?

Cependant, à l'époque où nous en sommes, en 1828, Cousin était loin d'avoir renoncé au panthéisme, comme on le voit par sa théorie de la création, qui a été une des parties les plus attaquées de sa philosophie, et qui en est en même temps un des points les plus intéressants et les plus originaux. Cette théorie, il ne la tient pas de Hegel, elle lui appartient en propre. Tout au plus pourrait-on la rapprocher de la dernière philosophie de Schelling, dont il a pu avoir à cette époque quelque notion. Le point de vue original, dans cette théorie, est la comparaison établie par Cousin entre la création *ex nihilo* et l'acte libre. C'est qu'en effet l'acte volontaire lui-même est une sorte de création *ex nihilo*. Qui dit acte libre dit, selon l'expression de Kant, « puissance de commencer le mouvement », c'est-à-dire de produire un mouvement qui ne dérive de rien d'antérieur, qui n'est la transformation d'aucun autre, qui, par conséquent, ne vient de rien, qui n'a pas de matière, si ce n'est la cause même qui le fait apparaître à l'existence : la liberté consiste donc précisément à produire quelque chose de nouveau non compris dans les événements précédents. Cette assimilation de l'acte créateur et de l'acte libre était une vue profonde et vraie. — Reste à savoir cependant si la puissance créatrice peut aller jusqu'à produire un acte qui se détache d'elle-même et devienne à son tour une puissance productrice et libre ayant conscience d'elle-même ; autrement la création aura beau avoir son type et son exemple dans l'acte libre de la créature, cette doctrine n'en serait pas moins panthéistique. Si le monde en effet est par rapport à Dieu ce que mes actes sont à ma volonté, le monde ne sera toujours que la modification de Dieu, le phénomène de Dieu ; car mes actes ne sont que mes phénomènes, et la volonté sans les actes n'est qu'une puissance nue. A la vérité, Cousin fait bien remarquer que l'âme ne s'épuise pas dans ses actes ; elle leur est donc supérieure, et elle est transcendante par rapport à eux ; mais elle n'est rien sans eux, et ils n'ont par eux-mêmes aucune existence propre. Enfin, après avoir assimilé la création à l'acte libre, Cousin, oubliant cette comparaison, disait : « La création n'est pas seulement possible, mais elle est nécessaire... Dieu, s'il est une cause, peut créer, et, s'il est une cause absolue, il ne peut pas ne pas créer... Dieu est une force créatrice absolue qui ne peut pas ne pas passer à l'acte. » Cette théorie de la création nécessaire, malgré le point de vue hautement spiritualiste dont elle partait, n'en a pas moins été une des plus combattues par la polémique religieuse, une de celles qui ont paru le plus entachées de panthéisme.

Si nous passons à la seconde partie du cours de 1828, à la philosophie de l'histoire, nous y remarquerons les points suivants, dont le développement nous entraînerait trop loin et qui sont d'ailleurs passablement connus : la théorie de l'histoire en général ramenée à l'évolution des idées ; — la théorie des grandes époques de l'histoire (Orient, Grèce, temps modernes), chacune de ces grandes périodes résumant une idée : l'Orient l'idée de l'infini ; la Grèce l'idée du fini, le monde moderne ou chrétien l'union intime de l'infini et du fini ; — la théorie des peuples ; — la théorie des grands hommes, chaque peuple, chaque grand homme étant l'expression d'une idée et toutes les grandes luttes de l'histoire n'étant que le triomphe d'une pensée plus avancée sur une pensée épuisée et finie : d'où la célèbre apologie de la victoire et du succès. En résumé, la philosophie de l'histoire contenue dans les leçons de 1828 se réduisait à une sorte d'optimisme fataliste, emprunté à Hegel, et qui pouvait être trop facilement interprété en une apologie de la force.

Sans méconnaître la valeur des objections qui ont été faites et peuvent l'être encore contre cette doctrine, tenons compte cependant du milieu historique d'où elle est sortie. C'était la première fois, dans le développement des siècles, que l'on avait été amené à remarquer l'influence de la pensée sur les événements de l'histoire. De là à affirmer que cette influence était irrésistible et que tout événement est le résultat légitime de la victoire d'une idée, il y avait une pente naturelle. Aussi remarque-t-on à cette époque, en histoire, un courant fataliste chez nos grands historiens de la révolution ; MM. Thiers et Mignet avaient été accusés d'une tendance de ce genre. Déjà auparavant une accusation semblable avait été dirigée contre M. de Barante pour la doctrine exposée par lui dans son *Tableau de la littérature du* XVIII° *siècle*[1]. Il est certain que la révolution française avait produit sur les imaginations une impression analogue à celle du *fatum* antique, tant les événements avaient paru au-dessus des forces des hommes, et ceux-ci emportés sans le savoir, comme par une espèce de trombe insurmontable. Joseph de Maistre, en appelant ce *fatum* la Providence ou même le démon, n'avait fait qu'exprimer une pensée semblable. Indépendamment de l'influence exercée sur

---

1. Madame de Staël disait, en effet, en parlant du livre de M. de Barante : « Sa manière de voir semble quelquefois empreinte de la doctrine de la fatalité. On dirait qu'il ne croit pas à la puissance de l'action, et qu'avec beaucoup d'esprit il dit pourtant comme l'ermite de Prague dans Shakespeare : *Ce qui est est.* »

l'imagination par le spectacle de la révolution et des changements qui, depuis la révolution, avaient si vivement frappé les esprits, l'idée d'une marche de l'humanité vers un but, l'idée même d'une philosophie de l'histoire impliquait des lois, un ordre, une direction dans l'évolution sociale qui, pour peu qu'on exagérât, devait conduire au fatalisme et, par là, à l'apologie du succès. Par exemple, la doctrine du progrès ne suppose-t-elle pas que l'idée meilleure triomphe de l'idée moins bonne? N'entend-on pas tous les jours condamner une certaine politique en disant qu'elle est la politique du passé, qu'elle est une cause épuisée, finie, perdue? L'école démocratique ne se faisait pas faute d'admettre cette philosophie du progrès; elle l'appliquait à l'histoire de France, et donnait raison dans le passé à la royauté parce qu'elle avait triomphé : on l'appliquait même à Napoléon. L'événement du 2 décembre a changé sur ce point la doctrine des démocrates : on commença à trouver que la raison pouvait bien n'avoir pas toujours raison. La protestation contre l'excès d'optimisme en histoire se manifesta avec beaucoup d'éclat, dans un article mémorable d'Edgar Quinet sur la *Philosophie de l'histoire de France*[1]. Plus tard, la réaction alla

1. *Revue des Deux-Mondes*, 1ᵉʳ mars 1855.

plus loin encore, on alla jusqu'à mettre en question la théorie du progrès elle-même. Mais un nouvel ordre d'idées est venu récemment rendre à la théorie de Cousin une importance inattendue, en lui apportant l'appui et l'autorité de la science : c'est l'apparition de la doctrine évolutionniste ou transformiste. Cette doctrine repose, en effet, sur un principe fondamental, fort analogue au principe de Cousin et de Hegel, à savoir le principe de la survivance des plus aptes, c'est-à-dire des plus avantagés. Cette théorie est elle-même, sous une autre forme, l'apologie de la victoire, de même que la thèse du combat pour la vie est aussi l'apologie de la guerre, au moins dans le passé. Pour H. Spencer, comme pour Cousin, le plus puissant instrument de progrès a été la guerre, et le critérium du plus méritant, c'est la victoire. Seulement, dans Cousin et dans Hegel, l'évolution est interne et idéale; le principe moteur est dans la pensée, qui n'est autre que Dieu lui-même; tandis que, dans Spencer et Darwin, c'est simplement le conflit des forces matérielles d'où résulte le succès du plus fort. Dans la doctrine de Hegel, c'est la raison qui fonde la force; dans la doctrine de M. Spencer, c'est purement et simplement le droit du plus fort qui assure la victoire. Seulement, quand il s'agit des hommes, H. Spencer fait entrer dans l'idée de supériorité celle des mérites intellectuels et moraux, ce qui rapproche les deux doctrines ; réciproquement la doctrine de Hegel, entendue dans la pratique, se traduit facilement en un droit de conquête matériel et brutal. La mission de la divine Providence sert de prétexte à la violation de tous les droits. La doctrine de l'apologie de la victoire devient alors une sorte d'offense au patriotisme. Cela était vrai même en 1828. Cousin tourna la difficulté à l'aide d'un paradoxe célèbre, à savoir « qu'il n'y avait eu à Waterloo ni vainqueurs ni vaincus », et que, ce qui avait triomphé, « c'étaient la civilisation européenne et la charte ». La monarchie paternelle et la monarchie militaire s'étaient brisées l'une contre l'autre, et de leur choc était sorti le code de la société nouvelle, la monarchie constitutionnelle qui, victorieuse en France, devait se répandre ensuite dans toutes les parties de l'Europe. Aurions-nous aujourd'hui le droit d'invoquer le même genre de consolation? Il serait trop délicat de discuter cette question. L'avenir seul peut nous dire si la liberté démocratique est la compensation suffisante d'une éclipse momentanée et le gage d'une résurrection future.

Le cours de 1828 a été le point culminant et le

point final du développement de la philosophie théorique de Victor Cousin. L'histoire de la philosophie, à partir de cette époque, occupa tous ses efforts. S'il revint plus tard à la philosophie elle-même, ce fut pour refondre, remanier, corriger ses premières doctrines dans un sens que nous indiquerons bientôt. Ce fut aussi pour travailler et faire travailler ses élèves à l'histoire de la philosophie. Mais avant d'exposer cette dernière phase de ses études, nous devons considérer à part une œuvre des plus importantes dans sa carrière, et qui va nous le présenter à une autre point de vue, à savoir l'organisation de l'enseignement philosophique en France.

XII

L'ENSEIGNEMENT DE LA PHILOSOPHIE DE 1830
A 1852. — PHILOSOPHIE ET THÉOLOGIE

Après la révolution de 1830, Victor Cousin renonça à son enseignement de la Faculté des lettres. Il fut suppléé à la Sorbonne et ne remonta plus dans sa chaire. En même temps, il fut nommé membre du conseil royal de l'instruction publique. Le conseil était alors très différent de ce qu'il est aujourd'hui : il était composé seulement de huit membres, il était permanent, il était rétribué, enfin il était inamovible. C'était une grande puissance. Cette puissance finit même par alarmer les ministres. M. de Salvandy fit des efforts pour rompre cette oligarchie; il n'y réussit pas, et ce fut seulement la loi de 1850 qui vint mettre un terme à l'omnipotence dictatoriale du conseil. Sans doute, il y avait là quelque chose d'anormal et de peu d'accord avec la responsabilité du pouvoir exécutif; mais il ne faut pas oublier qu'on était encore à cette époque tout près de l'origine de l'université. Il s'agissait de constituer et d'organiser ce grand corps et de jeter les bases de l'enseignement nouveau. Le conseil royal, composé de tout ce qu'il y avait de plus éminent et de plus illustre dans tous les genres, Cousin, Poisson, Thénard, Rossi, Saint-Marc Girardin, Dubois, fut le principal organe de cette révolution. Cousin en fut l'un des membres les plus énergiques et les plus actifs. Ce fut à ce titre de conseiller de l'université que, pendant tout le règne de Louis-Philippe, il eut pour sa part la direction et le gouvernement de l'enseignement philosophique.

Quel fut donc cet enseignement qui a soulevé tant de critiques et de protestations diverses, souvent même contradictoires? C'est ce que nous avons à examiner.

Si nous consultons sur cette question, comme nous l'avons fait pour la philosophie de Cousin elle-même, l'opinion des générations nouvelles, voici ce qu'on nous répondra : Victor Cousin, dira-t-on, a pu être plus ou moins un philosophe, c'est-à-dire un penseur libre, tant qu'il a été dans sa chaire ou dans l'opposition ; mais lorsqu'il est arrivé au pouvoir, il n'a plus été qu'un administrateur. A ce titre, il a cherché à fonder une philosophie officielle, une philosophie d'état. Il a imposé un dogme, un *Credo*, un catéchisme ; il a sacrifié la science libre aux conclusions dogmatiques d'une orthodoxie philosophique à peine différente de l'orthodoxie religieuse.

Voici, du reste, cette opinion récemment résumée par un de nos jeunes philosophes : « Quant à la philosophie, M. Cousin et son état-major l'avaient façonnée une fois pour toutes à l'usage des lycées, lui avaient assigné des limites fixes et avaient décidé qu'elle n'irait pas plus loin ni moins loin. Le professeur devait donc démontrer la spiritualité et l'immortalité de l'âme par les moyens officiellement reconnus, prouver le libre arbitre par ordre, chercher la substance et trouver Dieu sur commande, enfin se livrer tout entier et livrer ses élèves à l'éclectisme et aux doctrines brevetées avec garantie du gouvernement [1]. »

1. Voir la *Revue internationale de l'enseignement*, 15 novembre 1881.

Cette opinion, aujourd'hui universellement répandue, repose sur une connaissance insuffisante des faits, sur l'oubli de l'histoire et du passé. Nous croyons, au contraire, pouvoir établir les deux propositions suivantes :

1° Victor Cousin a fait pour l'enseignement de la philosophie ce que Descartes avait fait pour la philosophie elle-même, il l'a séparé et affranchi de la théologie.

2° Comme Descartes encore, il en a fini avec la scolastique et il a introduit dans les écoles l'esprit libéral de la philosophie moderne.

Voilà la vérité; et nous croyons que ces deux propositions ressortiront d'une manière évidente de l'historique exact et complet que nous allons présenter.

Demandons-nous d'abord ce qu'était l'enseignement de la philosophie sous l'ancien régime. Avant 1789, l'État était chrétien, et même exclusivement catholique. La loi était donc chrétienne et catholique. L'enseignement, expression de l'État et de la société elle-même, devait être aussi catholique et chrétien. Si nous consultons le cours de philosophie le plus célèbre et le plus éclairé de la fin du xviii° siècle, cours qui a conservé longtemps son autorité même dans ce siècle-ci, la *Philosophia*

Lugdunensis[1], nous y voyons exposée à la suite de la morale religieuse toute la théologie catholique, et cela non pour les séminaristes, mais pour les laïques : *Cum inter philosophiæ candidatos plurimi sint qui theologiæ limen nunquam adituri sunt, eos a scholis dimissos noluimus quin brevem religionis christianæ tractatum exceperint.* Ce n'est pas d'ailleurs seulement à la fin de l'ouvrage et dans les conclusions de la morale, c'est dans le corps même du cours que le dogme théologique est partout présent. Nous y voyons enseignée par exemple l'*angélologie,* ou la théorie des anges, la doctrine de l'éternité des peines, la doctrine de la loi divine positive, c'est-à-dire l'autorité des lois ecclésiastiques. Ainsi, à n'en pas douter, en 1788 (c'est la date de notre édition), l'enseignement de la philosophie était tout imprégné de la doctrine catholique[2].

---

1. La *Philosophie de Lyon* date de 1782. Elle n'était pas destinée aux ecclésiastiques, mais aux écoles. Le titre porte : *Ad usum scholarum*, sans restriction.

2. On le voit d'ailleurs également par d'autres cours ou manuels du même temps : par exemple, le cours de l'abbé Hauchecorne, professeur au collège des Quatre-Nations, le cours d'un nommé Caron, chirurgien-major à l'hôtel des Invalides, et dont le manuel a pour objet la préparation au baccalauréat. Ce sont là des manuels infimes, mais qui résument par là d'autant mieux l'état moyen des études et les idées consacrées : nous y retrou-

Non seulement la doctrine enseignée était la doctrine catholique; mais tout le monde sait que l'enseignement en général était exclusivement entre les mains du clergé, et que, soit les congrégations enseignantes, soit l'université elle-même, étaient des corps ecclésiastiques. Enfin le caractère officiel de la religion dans l'enseignement résultait de la formule même imposée au baccalauréat ès-arts : *Juramenta præstabit candidatus dextra supra Evangelium posita, genua flectens. — D. Juras te profiteri religionem catholicam apostolicam et romanam? — R. Juro.* Ce sont bien les laïques à qui cette obligation de jurer à genoux sur l'Évangile était imposée, car précisément les ecclésiastiques en étaient exempts : *nisi fuerit in sacris ordinatus.*

Tel fut l'enseignement de la philosophie dans l'ancien régime. Que devint-il pendant et après la révolution? Il dut d'abord naturellement disparaître avec tous les établissements d'instruction publique. Il y eut quelques velléités d'organisation

---

vons en abrégé les mêmes points de doctrine ecclésiastique que dans la *Philosophie de Lyon*. Notamment, nous remarquerons dans le cours de l'abbé Hauchecorne la réfutation de l'indifférentisme en matière religieuse, en d'autres termes de la doctrine de la tolérance.

nouvelle dans ce qu'on appela les écoles centrales. Dans ces écoles, on vit la philosophie se cacher sous le nom d'idéologie et de grammaire générale. Mais on sait combien ce genre d'établissements laissaient à désirer. Les écoles centrales échouèrent presque partout et laissèrent très peu de traces. Il est vraisemblable d'ailleurs que ce ne fut que dans un petit nombre d'entre elles que le cours de grammaire générale fut organisé. Ce qui est certain c'est que, dans les commencements de l'université, quoique l'existence d'une classe de philosophie fût établie en principe, elle n'exista d'abord presque nulle part[1]. En 1810, Cousin entrait à l'École normale au sortir de rhétorique, sans avoir fait de classe de philosophie : c'est qu'il n'y en avait point. Il en fut de même probablement pour Jouffroy : autrement il n'aurait pas été si étonné qu'il nous le dit l'avoir été du problème de l'origine des idées. M. Mignet nous a attesté lui-même qu'en 1819, au lycée d'Avignon, où il a terminé ses études, il n'y avait pas de classe de philosophie; il en était de même à Marseille, où M. Thiers a fini les siennes. Il devait en être de même à peu près partout. Cependant la création de

1. Voir plus haut, p. 22.

l'École normale et la haute direction de M. Royer-Collard, nommé conseiller de l'université, donnèrent une forte impulsion à cet enseignement. Il fut organisé d'abord à Paris; il fut représenté au concours général; les jeunes élèves de l'école commencèrent à se répandre en province. Il est évident que si ce mouvement eût duré, l'honneur d'avoir fondé un enseignement libre de la philosophie appartiendrait à Royer-Collard et non à Victor Cousin; et même une part de cet honneur revient nécessairement au premier pour avoir donné le premier élan. Mais combien de temps dura cette action de Royer-Collard? M. Dubois, dans ses articles du *Globe*, la réduit à deux ou trois ans tout au plus[1]. En mettant les choses au mieux, elle a duré au plus cinq ans, de 1815 à 1820. A cette époque, commença la réaction religieuse. M. Royer-Collard est écarté. En 1822, l'École normale est supprimée. Le ministère de l'instruction publique passe entre les mains de l'évêque d'Hermopolis. L'abbé Nicole est le recteur de l'Académie de Paris. Les rectorats, les professorats, les directions des collèges communaux, les inspections sont en grande partie et presque partout confiés à des prêtres. La prétention de rendre

1. *Fragments*, t. II, p. 157 : « Nous osons à peine compter deux ou trois années de répit. »

l'enseignement au clergé et de le mettre en possession de l'université est partout affichée. La religion catholique étant la religion de l'État d'après la charte, l'enseignement devait être catholique. En même temps, on rétablissait l'ancienne scolastique. L'enseignement de la philosophie devait se faire en latin. Le programme portait parmi les questions de morale celle-ci : *de Definitione et Necessitate religionis :* ce qui ne pouvait s'entendre que de la religion catholique, religion de l'État. Cependant, sous ce régime même, un progrès important fut accompli : ce fut l'établissement d'une agrégation de philosophie. Mais veut-on savoir quels étaient les juges du concours? C'étaient M. l'abbé Daburon, inspecteur général, président, assisté de M. l'abbé Burnier-Fontanelle, doyen de la faculté de théologie [1].

Ce qui résulte de ces faits, c'est que l'œuvre d'un enseignement libre, d'un enseignement séculier de la philosophie, séparé de toute théologie et de toute

1. A ces deux personnages, qui garantissaient l'orthodoxie du concours, étaient adjoints trois membres laïques, MM. Laromiguière, Cardaillac et Bousson. Cette liste nous révèle un détai piquant; c'est qu'à cette époque il se fit une alliance entre le cléricalisme et le condillacisme. Néanmoins il faut reconnaître avec M. Damiron (*La philosophie du* xixe *siècle*, t. II, p. 117) que c'est M. Laromiguière qui, seul à cette époque, a maintenu quelque esprit philosophique dans l'enseignement.

influence ecclésiastique, était, en 1830, une œuvre encore toute neuve et à peine entamée. A cette époque, vingt ans à peine s'étaient écoulés depuis la création de l'université française; et ces vingt ans avaient été remplis d'abord par cinq années de despotisme impérial, puis par quinze ans d'existence disputée et en grande partie subjuguée par l'élément clérical. Tout était donc à faire. Le gouvernement de juillet était né principalement de la réaction contre le clergé. La plus considérable modification apportée à la charte avait été la suppression de l'article qui déclarait la religion catholique religion de l'État. L'État étant sécularisé, l'enseignement devait l'être aussi, et l'enseignement de la philosophie également. Telle a été l'entreprise de Victor Cousin, son but unique et constant; tel a été aussi le résultat obtenu. Il a voulu fonder et il a fondé en France l'enseignement laïque de la philosophie.

Pour juger de l'importance d'une telle entreprise, mesurons-en les difficultés. Ces difficultés nous paraissent peu de chose maintenant que l'œuvre est accomplie. Plus le succès a été grand, plus nous oublions les efforts qu'il a fallu pour y arriver. Nous devrions cependant nous rendre compte de ces difficultés, en les voyant se repro-

duire sous nos yeux dans un autre domaine. Encore
ne s'agit-il aujourd'hui que d'une extension ou
application nouvelle du principe, tandis qu'en 1830
il s'agissait du principe lui-même. Il s'agissait de
déposséder le clergé, au nom de l'État, d'un privilège
qu'il avait exercé exclusivement pendant tant de
siècles; il s'agissait de substituer à un corps céli-
bataire, respecté à cause de sa robe, couvert de
l'autorité religieuse toujours si sacrée, en possession d'une doctrine fixe, de lui substituer, dis-je,
un corps mêlé au monde, partagé entre la famille
et l'école, composé d'hommes de tous les cultes et
même sans culte, dont chacun individuellement est
inconnu, au moins quand il débute; il s'agissait,
non plus, comme sous la Restauration, de marier
les deux éléments avec subordination de l'élément
laïque à l'élément religieux, mais d'exclure absolument celui-ci (ou du moins de l'isoler dans sa
sphère), pour assurer à l'autre l'indépendance.
Était-ce donc là un problème si facile qu'il y ait
lieu à tant de hauteur et de dédain envers ceux qui
l'ont résolu ?

Si l'établissement de l'université en général était
déjà une si grande difficulté, cette difficulté n'était-
elle pas doublée, quand il s'agissait en particulier
de cet ordre d'enseignement que l'on appelle la

philosophie et qui touche de si près à la théologie? Pouvait-on être assuré d'avance, avant toute épreuve, qu'on aurait partout des maîtres circonspects, éclairés, délicats, attentifs à ne pas confondre la neutralité de l'État avec la prédication antireligieuse? Était-il donc si facile d'assurer la liberté de penser des maîtres sans mettre en péril la liberté de conscience des familles et des élèves? Et, lorsque nous voyons aujourd'hui la plus légère imprudence, presque aussitôt réparée, mettre tout en feu et amener les conflits dangereux, n'a-t-on pas pu, à cette époque, avoir des inquiétudes du même genre? N'était-il pas possible qu'un professeur peu exercé, peu maître de sa parole et de sa pensée, fût amené, en parlant de l'immortalité de l'âme, à combattre l'éternité des peines; en parlant de l'origine du mal, à traiter du péché originel; en parlant de Dieu, à toucher au dogme de la trinité? Précisément, parce qu'à cette époque la séparation n'avait pas encore eu lieu, on se tenait à quatre pour ne pas parler de ces choses. Toutes ces difficultés ont disparu aujourd'hui. Il s'est fait une tradition que nos jeunes professeurs possèdent naturellement parce qu'ils l'ont reçue de leurs maîtres. Il y a un tact professionnel qui s'est formé de soi-même avec le temps et qui n'a plus besoin d'être enseigné. Mais, en 1830, on était en présence de l'inconnu. Pour la première fois on envoyait des jeunes gens, à peine sortis des bancs de l'école, enseigner les matières les plus délicates et les plus hautes à d'autres jeunes gens à peine moins âgés qu'eux, et cela à huis-clos, non sous l'œil du public comme dans nos facultés, mais dans des classes fermées où personne ne pénétrait qu'une fois par hasard. On avait bien les cahiers des maîtres, mais non leur parole, leurs conversations, les discussions avec les élèves, toujours si habiles à tendre des pièges au maître et à l'attirer sur le terrain défendu. Et cette jeunesse du maître, qui était un si grand péril, était une nécessité : car il faut entrer jeune dans la carrière; et toutes les fois qu'on a voulu prendre des précautions contre l'âge, on a arrêté le recrutement.

Nous n'avons pas dit encore la difficulté la plus grave qui pesait alors sur l'université : c'était le monopole. On a oublié généralement qu'à cette époque on ne pouvait se présenter au baccalauréat ès-lettres sans avoir fait un an de rhétorique et un an de philosophie dans un lycée de l'État. Or, comment imposer, d'une part, aux familles, l'enseignement universitaire et, de l'autre, leur enseigner des doctrines que l'on pût appeler irréligieuses? Ne serait-ce pas à la religion de l'État substituer l'irréligion de l'État, et faire de l'État l'instrument d'une propagande antireligieuse? Toutes ces questions que nous voyons s'agiter sous nos yeux d'une manière si ardente en matière d'enseignement primaire étaient alors discutées avec la même passion à propos de la philosophie dans l'enseignement secondaire.

Enfin, ce qui compliquait le plus la question, c'étaient les doctrines exposées précédemment soit dans les cours, soit dans les journaux, soit dans les livres, par ceux qui prenaient possession de la direction de l'instruction publique et de la philosophie. Pour la religion, c'était Jouffroy, qui avait écrit : *Comment les dogmes finissent;* c'était Cousin qui avait dit que la philosophie, bien loin de détruire la foi, l'éclaire et la féconde, et l'élève doucement *du demi-jour de la foi chrétienne à la grande lumière de la pensée pure.* Pour la philosophie, c'était encore Jouffroy, suivant qui le problème de l'âme est *un problème prématuré;* c'était Cousin, disant que *si Dieu n'est pas tout, il n'est rien.* Les deux grands maîtres de la philosophie officielle représentaient donc, l'un un demi-scepticisme, une sorte de quasi-positivisme, l'autre un demi-panthéisme, sinon un panthéisme absolument déclaré. Comment concilier ces doctrines hasardées avec les nécessités d'un enseignement pratique de la philosophie ?

Quelques esprits libéraux et même avancés diront peut-être aujourd'hui qu'il était facile d'éviter ces difficultés et de concilier la neutralité religieuse avec l'indépendance absolue due à la science philosophique : c'était de supprimer la philosophie dans les lycées et de la renvoyer à l'enseignement supérieur. Nous ne voulons pas traiter ici cette grosse question. Restant sur le terrain historique, contentons-nous de dire qu'à l'époque dont nous parlons, personne, absolument personne, parmi les libéraux, n'aurait eu une telle pensée : c'était le parti catholique et non le parti philosophique qui demandait la suppression ou la restriction de l'enseignement de la philosophie, et c'est à ce parti que la concession a été faite en 1852. Pour les libéraux, l'établissement d'un enseignement philosophique indépendant n'était pas seulement la conséquence de l'état laïque; il était en même temps **un instrument de propagande pour le principe de la laïcité**. Le même besoin qui a fait créer de nos jours le cours de morale dans les écoles primaires, **a fait créer ou développer en 1830 dans les établissements secondaires le cours de philosophie**. Par cela seul que l'État se séparait de la religion, il se devait à lui-même de ne pas se désintéresser du gouvernement spirituel des esprits. Les lettres et les sciences ne vont pas jusqu'au fond de l'âme. Les plus grands intérêts de la vie sont représentés par la philosophie. L'idéal était de créer une société qui reposât sur des principes communs et fraternels, sans exclure la diversité des opinions et des croyances. L'unité de la raison commune était le principe : la divergence des convictions ne devait venir qu'après. Telle était la doctrine de ce temps-là.

Ce fut donc au milieu des difficultés de toute nature que nous venons de résumer, que Victor Cousin s'attacha à cette grande entreprise, à savoir l'établissement d'un enseignement laïque de la philosophie. Mais peut-être se demandera-t-on si ce fut bien là son entreprise, si nous ne lui prêtons pas après coup des idées d'un autre temps, si, peut-être involontairement et par une partialité excusable, nous n'essayons pas de lui faire une popularité posthume à l'aide des passions de notre temps. Il faut donc recourir aux sources et aux textes, invoquer ses propres déclarations, répétées à plusieurs reprises, dans les occasions les plus solennelles, et qu'il n'a jamais démenties :

nous les tirerons de la grande discussion qui eut lieu en 1844, à la Chambre des pairs, à l'occasion de la loi sur la liberté de l'enseignement, loi votée par cette Chambre après deux mois de savantes et profondes délibérations, mais qui ne fut pas transportée à la Chambre des députés. Dans cette discussion mémorable, Victor Cousin, avec une éloquence supérieure et une ténacité infatigable, tint tête à lui seul non seulement à son jeune et brillant adversaire, le chef de la droite, M. de Montalembert, mais même au parti ministériel, à ses anciens amis Villemain, Guizot, le duc de Broglie, qui essayaient alors de tenir la balance égale entre l'université et le clergé. Voici comment Cousin s'exprimait sur le principe de la laïcité dans l'enseignement secondaire, et en particulier dans l'enseignement de la philosophie :

« L'enseignement de la philosophie est donc un enseignement nécessaire. Mais, pour qu'il remplisse sa grande et salutaire mission, précisément pour qu'il serve et la religion et la société, il faut qu'il ne repose point sur les dogmes particuliers d'aucun des cultes reconnus, car autrement il ne les sert pas tous, il n'en sert qu'un seul, il ne s'applique qu'à une certaine partie de la jeunesse, il n'est plus fait pour la société tout entière. Il ne peut donc plus être donné au nom de l'État, mais au nom seul de la religion catholique; il ne peut être institué que par elle et ne peut être surveillé que par elle à tous ses degrés. Il faut alors, pour être conséquent, remettre au clergé la direction des concours d'agrégation en ce qui concerne la philosophie; il faut lui remettre l'enseignement philosophique de l'École normale, qui y prépare, et encore le droit d'interroger au baccalauréat ès-lettres sur la partie philosophique de l'examen, c'est-à-dire qu'il faut bouleverser de fond en comble l'université. — Pourquoi pas? dira-t-on. Eh bien! à la bonne heure. Mais voici une autre conséquence un peu plus embarrassante, car elle n'atteint plus seulement l'université, mais la société tout entière, telle que nous l'ont transmise la révolution et l'empire. Encore une fois, qu'a voulu la révolution et qu'a fait l'empire? Une société où tous les membres de la même patrie, quel que soit leur culte, servant dans la même armée, portant les mêmes charges, sont également admissibles à tous les emplois, doivent être imbus du même esprit civil, et par conséquent recevoir à peu près la même éducation. Tel est le fondement sur lequel est établi l'université... L'unité de nos écoles exprime, confirme l'unité de la patrie... Pour maintenir donc l'esprit de notre société, il faut maintenir celui de l'université et le *caractère séculier* de l'enseignement de la philosophie [1]. »

Cette idée d'une éducation civile et humaine, commune à tous les cultes, était si profondément ancrée dans l'esprit de Victor Cousin, qu'elle lui faisait même repousser « avec indignation », c'est son expression, le principe de la liberté d'enseignement : « Il faut alors, dit-il, et c'est ce que j'entends demander avec indignation, il faut des collèges différents pour les différents cultes, des collèges catholiques et des collèges protestants, des collèges luthériens et des collèges calvinistes, des collèges juifs et bientôt des collèges musulmans. Dès l'enfance, nous apprendrons à nous fuir les uns les autres, à nous renfermer dans des camps différents, des prêtres à notre tête, merveilleux apprentissage de cette charité civile qu'on appelle le patriotisme ! » C'est là, — reconnaissons-le aujourd'hui, — une sorte d'intolérance, mais c'est de l'intolérance en sens inverse de celle qu'on impute d'ordinaire à Victor Cousin ; c'est l'intolérance de l'esprit rationaliste, de l'esprit laïque contre l'esprit catholique ; c'est la subordination de l'église

---

1. Discours du 21 avril 1844.

à l'État, de la foi à la raison. Je ne juge pas la doctrine; je me contente de constater historiquement le point de vue auquel Cousin était placé, et c'était celui d'une philosophie entièrement affranchie de toute autorité théologique.

A plusieurs reprises, et toujours avec plus de force, il revint dans cette discussion sur ce principe de l'enseignement laïque de la philosophie. « Au fond, disait-il, ce n'est pas l'étendue excessive des cours de philosophie qu'on regrette... Non, ce qui irrite certaines prétentions contre les cours de philosophie, c'est *leur caractère laïque et séculier...* On s'en va répétant, moitié sérieusement, moitié plaisamment : Qu'est-ce que l'enseignement philosophique que donne l'université? C'est un enseignement qui n'est pas juif, qui n'est pas protestant, qui n'est pas non plus catholique. Qu'est-il donc? *Je réponds simplement : C'est un enseignement philosophique,* et la réponse est très bonne. Les professeurs de philosophie n'enseignent point et ne doivent point enseigner la théologie. Il y a, pour cet enseignement particulier, des maîtres spéciaux et éprouvés, présentés et surveillés par les autorités religieuses compétentes. Les professeurs de philosophie n'usurpent point sur le domaine religieux confié aux ministres des différents cultes. Ils se renferment dans le domaine des grandes vérités naturelles qui, grâce à Dieu, sont communes à tous les cultes et n'appartiennent à aucun en particulier. Voilà ce qu'on voudrait changer, et voilà pourquoi on prétendait hier qu'il fallait appuyer l'enseignement de la philosophie, vous l'avez entendu, sur le dogme catholique. Toutes les fois que nous entendons accuser l'enseignement philosophique d'être vague, vaporeux, sans caractère religieux déterminé, sachez que ce qu'on vous demande, c'est que le caractère religieux soit si bien déterminé que ce soit celui d'une communion particulière qui repoussera les élèves des autres communions... L'État, disait M. Guizot, l'État est laïque, l'université, qui représente l'État, *doit être laïque.* Donc, messieurs, *les enseignements que donne l'université doivent être laïques aussi...* L'université a voulu et veut toujours que *l'enseignement philosophique de ses écoles ait un caractère séculier*[1]. »

Telle était la doctrine de Victor Cousin, et cela non en 1830, le lendemain d'une révolution où tout le monde était plus ou moins entraîné par le mouvement et la fièvre de la bataille, mais quatorze

---

1. Discours du marquis de Barthélemy.

ans après, en 1844, dans la pleine possession de son autorité philosophique, quelques années à peine avant sa chute, et au moment où le clergé reprenait une attitude offensive et où le gouvernement lui-même hésitait et n'était pas éloigné de se prêter à une réaction. A la vérité, en affirmant si hautement le caractère laïque de l'université, Cousin ajoutait « qu'elle respecte tous les cultes et même qu'elle les fortifie, qu'elle les sert tous sans se mettre au service d'aucun, qu'elle est profondément morale et religieuse »; qu'elle fait pénétrer dans les âmes les convictions qui font l'honnête homme et « les croyances générales qui servent d'appui à tous les enseignements religieux ». En un mot, il n'entendait pas la philosophie laïque comme le font aujourd'hui beaucoup d'esprits, en ce sens qu'il faudrait exclure de la philosophie toute idée religieuse même naturelle. Mais à cette époque, personne, absolument personne, dans le parti libéral, n'aurait eu l'idée de demander une philosophie sans théodicée. C'était le parti catholique et non le parti libéral qui voulait supprimer la théodicée. Disons seulement que Victor Cousin entendait par laïque un enseignement affranchi de tout caractère confessionnel, et c'est là le vrai sens du mot de laïcité.

Voilà donc ce que Victor Cousin a voulu faire ; voyons maintenant ce qu'il a fait. Inutile de dire que le programme de philosophie n'avait aucun caractère théologique, j'entends par là (ce qui était alors parfaitement clair), aucun caractère qui indiquât l'intervention du dogme révélé. Même cet article équivoque et susceptible d'être interprété dans le sens d'une religion d'État : *De Necessitate religionis*, fut supprimé. Mais ce n'était pas tant du programme qu'il s'agissait que du personnel enseignant. Par cela seul que ce personnel ne se recrutait plus dans le clergé, et surtout qu'il n'était plus surveillé par le clergé, toutes les croyances religieuses y étaient représentées. On vit alors ce qui scandalisait le marquis de Barthélemy à la chambre des pairs, « des protestants enseignant l'histoire aux catholiques, des israélites enseignant la philosophie à des chrétiens ». Le jour où M. Ad. Franck fut reçu agrégé de philosophie, M. Cousin dit : « La philosophie est sécularisée [1]. » Plusieurs professeurs étaient protestants. Non seulement les professeurs n'étaient pas choisis dans un culte particulier, mais encore, ce qui en est la conséquence, ils pou-

---

[1]. Que ce fût là une vraie conquête, comment ne pas le croire, lorsqu'on vit plus tard en 1850 l'enseignement de la philosophie interdit à un professeur parce qu'il était israélite ?

vaient dans la pratique n'appartenir à aucun culte. Le personnel se recrutait à la fois parmi les croyants et les non croyants; et nous sommes obligé d'ajouter que le nombre de ceux-ci l'emportait de beaucoup sur ceux-là. Avons-nous le droit de parler ainsi et d'entrer dans l'intérieur des consciences ? Oui, sans doute; car cette indépendance à l'égard de la religion révélée se manifestait extérieurement et publiquement par des écrits, et relève par conséquent de l'histoire et de l'opinion. C'était, par exemple, Fr. Bouillier traduisant et publiant, avec une introduction franchement rationaliste, le livre de Kant intitulé : *De la Religion dans les limites de la raison.* C'était Bersot engageant à Bordeaux une vive polémique contre le père Lacordaire et disant : « On n'a pas le droit de me demander une profession de foi; je n'en ferai pas. » C'était Vacherot, qui, dans son premier volume de *l'École d'Alexandrie*, couronné par l'Institut, expliquait à tort ou à raison l'origine du dogme chrétien par l'influence platonicienne. C'était Émile Saisset, le plus circonspect, le plus équilibré des disciples de Cousin, et auquel on reprochait de tenir la balance trop égale entre la religion et la philosophie, qui écrivait dans la *Revue des Deux-Mondes* en 1845 : « Nous tenons la distinction des vérités naturelles et des vérités surnaturelles pour une distinction parfaitement artificielle. *Il n'y a pas deux ordres de vérités, il n'y a que des formes diverses de la vérité;* » et qui disait encore, dans un autre travail, explicatif du précédent : « Nous ne nous attendions pas, il faut l'avouer, à être accusé d'exprimer une ambition médiocre au nom de la philosophie. Que lui proposons-nous en effet? *La conquête pacifique du genre humain.* » Ces doctrines libérales et hardies étaient celles de presque toute l'école. A quelle époque, nous le demandons, avait-on vu en France dans l'enseignement public une telle liberté d'opinion, une telle franchise de langage? Enfin, ce qui met hors de doute le caractère de la philosophie d'alors, ce sont les attaques redoublées et véritablement furibondes dont elle était l'objet. Je ne parle pas des ouvrages sérieux et de haute polémique, tels que celui de Gioberti et celui de l'abbé Maret. Mais, à côté et au-dessous de cette controverse élevée et respectable, paraissaient d'indignes pamphlets, dont le principal : *Le Monopole universitaire*, par le chanoine Desgarets, mit en feu le monde philosophique et libéral, amena les représailles de Michelet et de Quinet, et accusait l'université de panthéisme, d'athéisme et des immoralités les plus immondes, en faisant retomber surtout sur Cousin la principale responsabilité. Même à la chambre des pairs, ses adversaires le prenaient à partie personnellement, et l'un deux, s'adressant à lui en face, lui disait : « Oui, monsieur, nous vous connaissons bien, nous vous connaissons trop bien, car nous savons tout le mal que vous avez fait... nous proclamons funeste la direction que, depuis plus de quatorze ans, vous vous efforcez avec tant de persévérance, *avec tant d'ardeur*, d'imprimer à l'enseignement philosophique en France[1]. » Que lui reprochait-on donc? Était-ce d'enseigner un déisme officiel? Non, mais bien au contraire d'avoir répandu et protégé un enseignement panthéiste et antichrétien.

La doctrine d'une philosophie laïque et indépendante était bien loin, à cette époque, d'avoir rallié tous les esprits ; au contraire, elle étonnait même les plus modérés et les plus sages. Un des hommes les plus éclairés et les plus considérés d'alors, que personne ne peut accuser d'esprit réactionnaire exagéré (nous l'avons vu finir comme sénateur républicain), M. le comte de Montalivet, se montrait si étonné de cette doctrine que, sans aucune préparation et tout en reconnaissant son incompétence

---

[1]. Discours de M. de Ségur-Lamoignon.

sur ces hautes questions, il ne pouvait s'empêcher d'intervenir : « L'honorable M. Cousin, disait Montalivet, a fait une déclaration nette et explicite, *qui n'avait encore été faite nulle part*, à savoir que, de peur d'inquiéter une seule conscience, il fallait que l'enseignement philosophique fût entièrement étranger au dogme, de telle sorte que l'université ne pourrait pas même se dire chrétienne aujourd'hui. » Remarquez ces expressions. En 1844, c'était, aux yeux de M. de Montalivet, une déclaration entièrement nouvelle et dont il n'avait jamais entendu parler, que l'enseignement philosophique devait n'avoir aucun rapport avec le dogme chrétien ; et, pour lui, c'était M. Cousin qui faisait cette déclaration pour la première fois, et cela avec assez d'énergie pour amener M. de Montalivet à la tribune et le faire parler sur un sujet où il se déclarait lui-même incompétent. Ainsi, à cette époque, des hommes pratiques, consommés dans les affaires, d'une éducation toute moderne, sans aucune connivence avec la droite cléricale, n'avaient pas encore prévu cette attitude de la philosophie et cette conséquence de la sécularisation de l'État. Ils reculaient même devant cette conséquence, quoiqu'il semblât bien que la charte eût tranché la question en abolissant la religion d'État. Mais un pair de

France, M. le marquis de Barthélemy, faisait remarquer que l'article 38 du décret de 1808, constitutif de l'université, n'avait pas été abrogé. Or cet article portait que « les écoles universitaires devaient avoir pour base les préceptes de la religion catholique ». Il concluait que, jusqu'à une nouvelle loi, « tout dans l'université doit être orthodoxe; tout doit respirer l'orthodoxie ». Et cependant, ajoutait-il, « on sait que l'université nomme non seulement des hommes de toute religion, mais des hommes sans religion ». Ainsi parlait la droite; mais M. de Montalivet lui-même, dont la parole avait d'autant plus de poids qu'on le savait ami particulier du roi Louis-Philippe, venait apporter à cette opinion l'appui de sa parole. Il disait que, selon lui, le maintien de l'article 8 du décret de 1808, imposant la religion catholique comme base de l'éducation, n'était pas en contradiction avec l'abolition de la religion d'État; car, en 1808, il n'y avait pas plus de religion d'État qu'en 1830. Il ajoutait que les mots de la charte : *Religion de la majorité*, devaient avoir un autre sens que celui de constater un fait, car on ne constate pas un fait dans une constitution. Cet article, selon M. de Montalivet, imposait à l'État « certains devoirs particuliers envers les catholiques ». Par ce biais, la religion d'état pouvait revenir tout entière. Aussi cette théorie amena-t-elle immédiatement les récriminations d'un membre protestant de la chambre des pairs, M. le baron Daunant. M. de Montalivet, reculant devant les conséquences qu'on évoquait contre lui, expliquait alors qu'il avait seulement voulu dire qu'il fallait respecter les scrupules des catholiques.

Qu'un homme d'administration et de pratique comme M. de Montalivet se montrât assez peu touché des intérêts de la philosophie, il n'y avait là, à vrai dire, rien de bien étonnant. Mais ce qui nous prouve combien la situation était alors délicate, glissante, peu assurée, combien la philosophie était en péril et que de prudence il fallait joindre à la fermeté pour la sauver, c'est de voir de quelle manière l'illustre rapporteur de la loi, bien autrement compétent dans la matière que M. de Montalivet, le feu duc de Broglie, philosophe lui-même, de quelle manière, dis-je, il jugeait l'enseignement de la philosophie dans les lycées. Il consentait sans doute à le maintenir dans les programmes de l'université, mais avec tant d'objections, que la vraie conséquence de ses paroles eût été de le supprimer. Il faisait remarquer que, nulle part, en Europe, on ne fait une aussi grande part à la philosophie dans l'enseignement secondaire. Quelle est d'ailleurs cette philosophie? M. le duc de Broglie, bien plus au courant de l'état des choses que les adversaires aveugles de l'université, savait bien que la philosophie enseignée n'était pas celle de M. Cousin, du moins dans le sens des doctrines de 1826 et 1828; ce n'était pas l'éclectisme, si ce n'est par le côté de largeur et d'impartialité qu'il avait répandu. C'était, et ce devait être, disait-il, le cartésianisme, car « c'est la seule vraie philosophie ». Mais cette philosophie même, si vraie qu'elle pût être, combien glissante, combien dangereuse pour de jeunes esprits! Quelle en est, en effet, la méthode? C'est le doute. Quel en est le principe? L'indépendance réciproque de la philosophie et de la religion. M. le duc de Broglie était trop philosophe lui-même pour ne pas reconnaître que ces deux principes fondamentaux de toute philosophie sont « des vérités »; mais ces vérités sont de bien grands dangers pour de jeunes esprits, « qu'il ne faut pas troubler et auxquels il faut laisser la sérénité de la première jeunesse ». Ajoutez à cela l'histoire de la philosophie, c'est-à-dire « le tableau des aberrations humaines »; n'est-ce pas une école de scepticisme? Cependant le rapporteur ne concluait pas à la suppression de cet enseignement, comme il semble qu'il eût dû le faire; mais pourquoi? C'est qu'en France cet enseignement est une tradition et que la philosophie y a toujours fait partie des écoles secondaires. « Ce ne serait d'ailleurs, ajoutait-il, qu'avec des ménagements infinis qu'il faudrait procéder à cette réforme afin de ne pas avoir l'air d'agir par des raisons de circonstance. » En attendant, on devait se borner à « la logique, à la morale, à quelques notions de psychologie élémentaire ». C'était d'avance indiquer à peu près le plan de réformes qui eut lieu plus tard, après le coup d'État.

En lisant ce rapport, qui émanait d'un des esprits les plus éclairés et les plus généreux de ce temps, on voit combien les jeunes générations d'aujourd'hui, qui transportent dans le passé leurs propres idées, comprennent mal ce qu'était alors la situation des choses. Même le cartésianisme paraissait alors une doctrine dangereuse à enseigner; même l'indépendance réciproque de la philosophie et de la religion était une hardiesse qui étonnait et effrayait. Introduire et acclimater le cartésianisme dans l'école eût donc été déjà par soi-même une entreprise des plus libérales; mais nous verrons que l'enseignement était bien loin de se borner au pur cartésianisme, que l'esprit du

XVIII⁰ et du XIX⁰ siècles entrait pour une grande part dans cet enseignement, que l'introduction de l'histoire de la philosophie ouvrait une large porte, et sans danger, à l'esprit de liberté. Mais nous reviendrons sur ce point quand nous nous demanderons quel était le contenu de cet enseignement. Remarquons seulement que, si restreint que le supposât le duc de Broglie, en le confondant exclusivement avec le cartésianisme, il aurait encore voulu le restreindre en le réduisant à la logique, à la morale et à quelques notions élémentaires de psychologie.

Ce plan, que le duc de Broglie avait indiqué sans le traduire en résolution ferme et en formule législative, un pair de France, M. de Ségur-Lamoignon, se chargea de le transformer en amendement, et la chambre manifesta sa défiance contre l'enseignement philosophique en renvoyant l'amendement à la commission. La commission le rejeta : mais pourquoi? Pour raison de forme. C'est que c'était un programme, et que le droit de programme n'appartenait qu'au ministre, assisté du conseil de l'instruction publique. L'amendement était donc écarté ; mais, en le rejetant, la commission le remplaçait par un autre bien plus dangereux encore et dont voici la teneur : « La matière et la forme des examens du baccalauréat ès-lettres seront déterminées par un règlement arrêté en conseil royal de l'instruction publique. Ledit règlement sera soumis à l'approbation du roi et *converti en ordonnance royale rendue dans la forme des règlements d'administration publique.* » Sous cette forme technique et administrative se cachait une révolution des plus graves. Que signifiait, en réalité, cet amendement? Il signifiait que le pouvoir de faire des programmes, qui, en principe, appartient souverainement au conseil de l'instruction publique, présidé par le ministre, était transporté au conseil des ministres et au conseil d'État. Le pouvoir pédagogique était sacrifié au pouvoir politique. La question des limites de la philosophie était renvoyée à un cabinet dont le président était le maréchal Soult et où se trouvaient, par hasard, deux membres de l'université, M. Villemain et M. Guizot, mais pas un philosophe. En entendant cette proposition, Victor Cousin bondit, et, sous l'empire de la plus vive émotion, il fit un de ses plus éloquents et plus spirituels discours, qui eut alors un grand retentissement :

« En vérité, je marche d'étonnement en étonnement. Hier et avant-hier, j'avais vu mettre en suspicion le règlement et le programme du conseil relatif à l'enseignement philosophique. Aujourd'hui je vois mettre en suspicion la puissance même qui a fait les programmes, qui a fait les règlements et qui peut les réformer. Enfin je viens d'entendre M. le ministre de l'instruction publique adhérer à l'amendement... Je résiste de toutes mes forces à cette innovation. Vous livrez l'instruction publique à la politique. Un pouvoir politique fera le programme du baccalauréat ès-lettres. Ce programme entraînera tous les règlements d'étude, et voilà le vent de la politique agitant tous nos établissements. Citez-moi un seul cas où l'État se soit adressé au Conseil d'État pour faire un règlement d'études ou un programme d'examen. Grâce à cet amendement, voilà les questions philosophiques transportées de l'humble conseil de l'université dans le grand conseil des ministres. Il faudra que MM. les ministres délibèrent sur ces questions. La tâche est nouvelle pour eux et quelque peu singulière. On verra donc MM. les ministres et, entre autres, un illustre personnage devant lequel je parle et dont la responsabilité sera particulièrement engagée, débattre l'ordre, la convenance, la clarté, l'exactitude, la parfaite précision dans l'idée et dans les termes des questions philosophiques. Je ne me permettrai pas de donner un conseil à MM. les ministres; mais il s'agira de n'insérer aucune question qui puisse de près ou de loin exciter l'inquiétude de l'orthodoxie la plus sévère ; il faudra au conseil des ministres un théologien comme en avait autrefois la république de Venise. Quel sera le théologien du conseil des ministres ? Je l'ignore ; mais j'affirme qu'il y en aura un. On consultera quelqu'un, un peu dans l'ombre peut-être. Il faudra aussi un philosophe en qui on ait confiance pour éclairer le conseil et son illustre président sur la portée souvent cachée, sur la portée de ces malheureuses questions, qui en contiennent beaucoup plus qu'elles n'en disent et sous lesquelles d'habiles gens, ces tyrans du conseil de l'université, auront caché un imperceptible venin. La discussion qui aura lieu à cet égard entre MM. les ministres sera certes d'un grand intérêt. Je ne suis pas curieux ; mais j'avoue que je voudrais bien assister à la séance du conseil où l'on rédigera définitivement le programme des questions philosophiques. »

Malgré les efforts et l'éloquence de Cousin, l'amendement proposé par la commission, accepté par le ministre, fut voté par la chambre des pairs. Ainsi, en 1844, un des grands corps de l'État reculait devant une philosophie laïque et cartésienne ! Car c'était bien là le sens du vote précédent. A coup sûr, ce n'était pas pour augmenter la liberté philosophique que la chambre des pairs renvoyait au roi et au conseil des ministres le programme de philosophie. Bien loin de là ; le rapporteur demandait au contraire que « l'enseignement de la philosophie fût, non seulement réservé, mais *uniforme* »; il disait que, « l'université étant un corps, devait répondre de ses professeurs et en rester le législateur et l'arbitre ». C'était donc dans un sens de restriction que l'on voulait exclure la philosophie de Victor Cousin. Ce que l'on condamnait dans cette philosophie, c'était de toucher aux matières religieuses sans relever de la religion. Ne pouvant pas avoir une philosophie catholique, on aimait mieux ne pas en avoir du tout ou n'en avoir que très peu.

Telle fut la mémorable discussion de 1844, où Cousin défendit non seulement sans faiblesse et sans fléchir un instant, mais peut-être même avec exagération et quelque intolérance le principe de la laïcité. Serait-il revenu plus tard sur cette doctrine lorsqu'une grande crise politique, poussant à l'extrême le principe de la démocratie et faisant apparaître d'une manière subite le gouvernement républicain, précipita tant d'esprits éclairés et libéraux du côté de la réaction religieuse ? On le croit généralement. Voyons les faits. La révolution de février trouva Victor Cousin à l'état de disgrâce. La rupture avait été en s'accusant de plus en plus entre ses amis et le ministère. Il était alors avec M. Thiers dans l'opposition ; et il eût fait partie du ministère de la régence au 24 février, si la régence eût été proclamée. L'année précédente, en 1847, soit volontairement, soit plus ou moins contraint, il avait renoncé à la présidence du concours d'agrégation pour la philosophie. M. Carnot, le ministre républicain, n'eut pas de raisons de le rappeler à cette présidence. Victor Cousin reprit seulement un moment de faveur sous le général Cavaignac[1]. Cependant la réaction faisait des progrès. La présidence de Louis Bonaparte débuta avec l'appui du parti catholique, de M. de Falloux, de M. de Montalembert, en un mot, du parti que Cousin avait combattu si énergiquement à la chambre des pairs. Que va-t-il faire ? Va-t-il, comme son illustre ami, M. Thiers, alarmé pour la sûreté des grands principes sociaux, demander à la religion et au clergé l'appui de leur haute autorité ? C'était le cas, à ce

---

1. Ce fut alors, sous le ministère de M. Freslon, qu'il fit faire un réglement sur l'agrégation des Facultés, et qu'il présida le dernier concours de ce genre qu'il y ait eu en philosophie. Il y était assisté de M. de Rémusat et de M. Jules Simon, membres de la majorité dévouée au général Cavaignac.

qu'il semble, de faire céder quelque peu les principes abstraits de la laïcité et de la sécularisation de l'État devant des intérêts plus pressants. Voyons quelle fut l'attitude de Cousin en cette circonstance.

M. de Falloux, avant de présenter à la chambre la fameuse loi de 1850, l'avait fait préparer à l'avance dans une commission extra-parlementaire, où étaient représentés tous les personnages les plus importants du parti catholique : M. de Montalembert, M. Dupanloup, M. Laurentie, M. de Riancey, M. Cochin, M. de Corcelles, M. Fresneau, M. de Melun. Deux grands laïques, s'il est permis de s'exprimer ainsi, en faisaient partie : M. Thiers et M. Cousin. Ce qui se passa dans cette commission nous a été transmis par un membre dont le nom nous est inconnu, mais qui avait certainement assisté aux débats. C'est le sujet d'un mémoire, non destiné à la publicité, adressé au pape et aux évêques, mais qui fut cependant publié le 11 septembre 1849 dans le journal *l'Ami de la religion* [1]. Voici maintenant ce que cette pièce nous apprend sur la participation de Victor Cousin aux travaux de la commission.

1. Cette pièce a été réimprimée récemment dans le *Journal général de l'Instruction publique*, novembre 1880.

« Dès le premier jour et jusqu'à la fin, la lutte de M. Thiers contre M. Cousin fut constante. Nul de ceux qui en furent les témoins ne peut l'avoir oublié. Il y eut là souvent, entre ces deux hommes, dans la vive familiarité de ces solennelles discussions, des scènes inattendues, involontaires, d'une émotion, d'une force supérieure et qui demeureront un souvenir ineffaçable pour tous. Et toujours M. Cousin défendait l'Université à outrance et reprochait à M. Thiers de ne plus la défendre, de la livrer au clergé, lorsque M. Thiers ne voulait en réalité qu'une chose : sauver la société à l'aide de l'Église.

» Tout se personnifiait dans ces deux hommes : l'un peut être étonné de son rôle, mais, trouvant dans sa riche nature tout ce qu'il fallait pour s'y élever noblement et le remplissant jusqu'au bout, avec une admirable droiture et une vigueur d'esprit et de bon sens invincibles : c'était M. Thiers ; — l'autre, moins étonné du sien, le soutint aussi jusqu'à la fin avec une force et une souplesse prodigieuse, avec des ressources inépuisables d'esprit, d'éloquence et d'habileté : c'était M. Cousin.

« Nous rendons à M. Cousin, en présence de toute l'Université, encore et pour longtemps peut-être vivante en France, grâce à lui et au vote du

7 novembre[1], nous lui rendons cet hommage qu'il a vaillamment combattu contre nous. Rien n'a pu lasser son courage; il a fait durer la lutte quatre mois entiers; il n'a pas déserté un seul jour, un seul moment, sa cause. Il l'a soutenue par tous les moyens : les plus faibles dans ses mains devenaient forts. Il n'y a rien qu'il n'ait défendu, même après l'avoir abandonné; rien qu'il n'ait essayé de sauver, rien surtout où il ait déployé plus de zèle que pour empêcher l'institution des conseils départementaux et délivrer le recteur de la présence redoutée de l'évêque. Enfin M. Cousin fut vaincu; il l'avoua, car il avoue tout; mais, le dernier jour même, il fit un dernier effort pour empêcher sa défaite d'être constatée. Et aujourd'hui, il est vainqueur; tout lui a réussi[2]. »

1. Vote de l'Assemblée législative qui avait renvoyé la loi au conseil d'État, et dont le parti catholique s'exagérait la portée.

2. Pour juger de l'attitude de Victor Cousin dans la commission de 1849, nous n'avons pas seulement le témoignage anonyme que nous venons de citer, nous avons les documents eux-mêmes. Les procès-verbaux de cette Commission de 1849 ont été récemment publiés par les défenseurs de la loi de 1850, mais pas avec une entière impartialité. Par exemple, on nous dit (p. 112) : « *Après une nouvelle critique de M. Cousin*, M. l'abbé Dupanloup parla plus longuement... » On nous donne le discours de l'abbé Dupanloup, mais non la critique de M. Cousin. Et plus loin : « Répondant à M. Dubois *qui avait repris les objections de M. Cousin*,

On voit, par ce témoignage désintéressé, qu'en 1849, même dans cette grande crise sociale qui

M. de Melun dit... » On ne nous donne pas davantage les objections de M. Dubois. Mais voici le passage auquel il est fait allusion dans la note citée plus haut : « Oui, disait M. Cousin, vous ne faites avec votre malencontreux projet autre chose que désarmer l'État en lui laissant cependant la responsabilité : c'est odieux ! Aussi j'espère bien qu'il ne se rencontrera jamais d'assemblée assez aveugle pour convertir en loi définitive ce que vous proposez... Et dussiez-vous, vous M. Thiers, mon vieil ami, vous faire en cette circonstance le soutien de ce projet... je m'élèverais contre vous pour combattre avant tout et de toute l'ardeur de mes convictions cette détestable invention du comité départemental, qui va dévorer tous les pouvoirs connus... Institution monstrueuse qui ne vivra pas longtemps, j'en suis sûr, mais trop encore pour le mal qu'elle fera inévitablement à l'Église dans l'intérêt de laquelle, par une étrange aberration d'esprit, on prétend agir. Comment ! dirais-je à ceux qui se posent en défenseurs de l'Église : c'est quand tout le monde va à elle, quand les préventions qui existaient à son égard font place à d'autres sentiments, que vous venez ainsi de gaîté de cœur et par des prétentions absurdes, compromettre cette heureuse tendance des esprits! C'est à n'y pas croire ! » Nous devons dire qu'après cette objurgation vigoureuse et si clairvoyante, M. Cousin, intimidé par M. Thiers dont il avait toujours subi le prestige, finit par céder, mais en réclamant la subordination du Conseil départemental au Conseil supérieur de l'Instruction publique. De plus, nous voyons par la note située plus haut qu'il n'est rien qu'il n'ait essayé de sauver, « *même après l'avoir abandonné* et que le dernier jour encore il fit un dernier effort ». Or la publication des procès-verbaux ne nous donne que la discussion générale et non la discussion des articles du projet de loi. Il est probable qu'après avoir cédé sur le principe, il a essayé de ressaisir le plus possible dans la discussion de détail. Mais cette partie est restée inconnue.

avait changé les idées de M. Thiers, Victor Cousin était resté inflexible : il continuait à défendre contre le clergé la cause de l'Université, c'est-à-dire la cause de l'enseignement laïque et séculier tel qu'il l'avait entendu et défendu en 1844. Car on ne supposera pas que c'est par un esprit étroit de corporation qu'il était animé. Il avait assez dit quel principe l'Université représentait à ses yeux : c'était le principe d'une éducation nationale et commune, non séparée par des passions religieuses : et c'était la philosophie à ses yeux qui était le principal agent de cette éducation : c'était donc la philosophie qu'il défendait en défendant l'université. Qu'il défendît cette cause avec exagération, qu'il ne fît pas une part suffisante au principe de liberté, nous pouvons le penser aujourd'hui ; mais, à cette époque, dans le parti libéral, on voyait dans la loi nouvelle non une loi de liberté, mais une loi de réaction ; on n'y voyait pas l'Église affranchie d'un monopole excessif, mais l'Université soumise à son tour à un joug humiliant. C'était donc l'affranchissement de la raison qui était en péril, on le croyait du moins : et c'était pour garantir cet affranchissement conquis en 1830, que Victor Cousin combattit jusqu'au bout.

Cependant, malgré les faits décisifs que nous

venons de signaler, on croit généralement que Victor Cousin a été complice de la réaction de 1850, et qu'il a contribué pour sa part à l'abaissement, à l'asservissement de la philosophie à cette époque. Un épisode de peu d'importance en lui-même a singulièrement contribué à répandre et à maintenir cette opinion. Ce fut l'exclusion de M. Taine à l'agrégation de 1851, la dernière qui eut lieu, le concours ayant été supprimé l'année suivante. M. Taine, dont le talent précoce et l'esprit original avaient été des plus remarqués, même à l'École normale, et qui jouissait déjà à cette époque d'une petite célébrité, se présentait cette année-là à l'agrégation. Il fut refusé. De là un grand scandale qui pèse encore sur le nom de Cousin. « Est-il vrai, nous dit-on, que M. Cousin ait fixé ou plutôt figé l'enseignement de la philosophie quand il présidait le concours d'agrégation? Voilà toute la question ; et *je trouve que l'exemple de M. Taine est assez frappant*[1]. » Eh bien! cet exemple si frappant ne prouve rien du tout ; et M. Taine lui-même pourrait répondre à son jeune défenseur qu'il parle de ce qu'il ne sait pas. Si M. Taine a été

---

1. *Revue internationale de l'enseignement*, p. 294, 15 mars 1882.

refusé à l'agrégation, M. Cousin en fut tout à fait innocent; car il n'y était pas. En 1851, en effet, Victor Cousin, beaucoup plus suspect lui-même que M. Taine (lequel était absolument inconnu), avait été écarté du bureau d'agrégation et remplacé par M. Portalis, qui n'avait d'autre titre à cet honneur que d'être le fils du célèbre rédacteur du code civil. S'il y eut une injustice commise, nous n'en savons rien; et même il serait beaucoup plus simple de dire que les juges ne surent pas apprécier le talent du jeune candidat, ou que peut-être lui-même ne sut pas se mettre au niveau d'un examen classique [1]. Toujours est-il que cette preuve d'intolérance si souvent invoquée contre Victor Cousin pèche entièrement par la base puisqu'elle repose sur un fait faux. Que d'ailleurs Cousin fût si hostile au jeune talent indépendant, c'est ce qui peut être réfuté par cet autre fait que, l'année précédente, ou deux ans auparavant, au plus fort de la réaction commençante, le premier agrégé fut un jeune homme qui ne le cède à M. Taine ni pour l'audace de la pensée, ni pour l'indépendance du caractère : c'est M. Challemel-

---

1. Cette dernière hypothèse est probablement la vraie, si j'en crois les souvenirs qu'en ont conservés les juges du concours.

Lacour; et le jugement que M. Cousin formula dans son rapport sur ce brillant esprit mérite d'être cité ici, car il est à l'honneur de l'un et de l'autre : « M. Challemel a de l'élévation dans l'esprit et dans la parole ; mais il paraît animé d'un feu intérieur qu'il doit s'appliquer à modérer, en portant sans cesse et en tenant sa pensée dans les régions sereines des vérités éternelles. C'est à la paix qu'elle met dans l'âme comme à l'évidence souveraine dont elle brille que la vraie philosophie se fait sentir. » En caractérisant ainsi le talent de M. Challemel-Lacour, en y signalant l'élévation et le feu intérieur, Victor Cousin ne devinait-il pas l'éminent orateur que l'on a connu depuis? Ne devinait-il pas aussi qu'une autre passion que celle d'une philosophie sereine dévorait cette âme ardente? Et est-ce là, après tout, le jugement d'un esprit timoré et intolérant[1]?

Cependant les événements marchant, la République succombe au 2 décembre. Le ministère de l'instruction publique passe entre les mains de

---

1. Que M. Cousin ait craint le talent et la liberté d'esprit dans les concours d'agrégation, c'est ce qui est suffisamment réfuté par les noms mêmes des principaux premiers agrégés : Vacherot, Ravaisson, Bersot, Barni, Fr. Bouillier, Ad. Franck, Challemel-Lacour, etc. « Entre tant de héros... »

M. Fortoul. Qu'advint-il de la philosophie? qu'advint-il de M. Cousin? La philosophie subit une crise nouvelle semblable à celle de 1822. Elle est remplacée par la logique, et le concours d'agrégation est supprimé. En même temps, Victor Cousin est mis à la retraite, remplacé au Conseil supérieur de l'instruction publique. Ainsi l'enseignement philosophique qui était né avec lui succombe avec lui[1]. Il avait été victime de la réaction de 1820, il le fut aussi de celle de 1852. Son œuvre fut donc interrompue et, en apparence, supprimée; mais il avait créé une tradition vivace et profonde qui ne demandait que l'occasion favorable pour reparaître. Ce fut l'honneur de M. Duruy, rénovateur et initiateur en tout, de renouer ce fil avant qu'il fût tout à fait brisé. En 1863, l'agrégation fut rétablie, et, si la philosophie a si facilement repris sa place dans l'enseignement, si elle a pu y concilier l'indépendance et la sagesse, c'est qu'elle a trouvé le problème déjà résolu par les maîtres qui avaient survécu à l'orage. Je suis bien loin de nier que la philosophie ne soit entrée en même temps dans des voies nouvelles, souvent heureuses, souvent

---

1. Ajoutez que, la loi de 1850 ayant supprimé le certificat d'études, la classe de philosophie ne fut plus obligatoire, et qu'elle fut à peu près abandonnée.

aussi contestables ; mais ces progrès, réels ou non, supposaient un problème antérieurement résolu, à savoir l'affranchissement théologique de la philosophie. Sur ce point, nos jeunes professeurs ont trouvé un lit tout fait, un oreiller commode. Exempts des crises et des épreuves qu'ont traversées leurs aînés, ils se sont enorgueillis d'une liberté sans péril, et ils l'ont retournée contre ceux qui la leur avaient procurée.

XIII

L'ENSEIGNEMENT DE LA PHILOSOPHIE.
LE PROGRAMME DE 1832

Nous croyons avoir démontré sans réplique notre première proposition, à savoir que Victor Cousin a fait pour l'enseignement philosophique ce que Descartes a fait pour la philosophie elle-même, qu'il l'a séparé et affranchi de la théologie. Il nous reste à chercher ce qu'a été cet enseignement en lui-même, quel a été son objet, son contenu. C'est là qu'on nous attend pour signaler cet enseignement dogmatique, figé, d'une orthodoxie étroite et intolérante, que l'on appelle la philosophie de M. Cousin. Ici encore nous n'avons rien de mieux à faire que de consulter et rappeler les faits.

En général, pour savoir quel est le caractère d'un enseignement philosophique, il faut en consulter les programmes. Sans doute, ce n'est pas là un critérium absolu, car les programmes ne sont pas toujours exactement suivis, mais ils indiquent au moins la tendance générale, la moyenne des idées et surtout la pensée de celui qui les fait et la direction qu'il entend imprimer à l'enseignement. Nous étudierons donc le programme de philosophie voté par le Conseil de l'Université en 1832, et qui a servi de règle pendant tout le temps de l'enseignement philosophique de M. Cousin; mais voyons d'abord ce qui l'a précédé.

Il n'y eut pas de programme de philosophie dans l'Université jusqu'en 1823. Jusque-là, en effet, l'enseignement avait été tellement irrégulier qu'on ne pensa pas d'abord à lui fixer sa loi; on crut qu'il n'y avait qu'à reprendre les traditions du passé, représentées, nous l'avons vu, par la *Philosophie de Lyon*. Mais déjà une philosophie nouvelle, celle de Royer-Collard et de Cousin, commençait, avec celle de Laromiguière, à se glisser dans les classes, grâce aux jeunes générations qui sortaient de l'École normale. On voulut couper court à ces tentatives d'indépendance et de nouveauté. L'École normale, nous l'avons dit, fut dissoute; l'enseignement de la philosophie dut se faire en latin, l'argumentation scolastique fut rétablie et la philosophie fut assujettie à un programme sous ce titre : *Theses logicæ, metaphysicæ et ethicæ*. Il fut rédigé par le doyen de la Faculté de théologie, M. l'abbé Burnier-Fontanelle, et reproduisait en général les divisions et la matière de la *Philosophia Lugdunensis*. A la suite de la révolution de 1830, Victor Cousin, après avoir aboli l'usage du latin dans l'enseignement philosophique[1], fit rédiger, par le Conseil de l'Université, un nouveau programme qui ne fut promulgué qu'en 1832[2]. Ce fut ce programme qui dura sans aucun changement important jusqu'à la chute de Victor Cousin et de la philosophie en 1852. Il a donc duré vingt et un ans et peut servir à donner l'idée exacte de l'enseignement que Cousin voulait fonder.

1. Il y a ici quelque exagération. Déjà, dès 1828, M. de Vatimesnil avait autorisé l'enseignement en Français (Ordonn., 26 mars 1839, titre III, art. 17). C'est seulement l'argumentation en latin qui fut supprimée en 1830.
2. On trouvera ce programme, ainsi que celui de 1823, dans l'appendice du volume de Victor Cousin, intitulé : *Défense de l'Université et de la philosophie*, 1844.

Ce programme était divisé, comme le précédent, en trois parties; mais ces parties n'étaient pas les mêmes. Au lieu de la *logique*, la *métaphysique* et la *morale*, c'étaient la *psychologie*, la *logique* et la *morale*. Il y était ajouté, en outre, une partie complémentaire et nouvelle : *l'histoire de la philosophie*. En comparant ce programme au précédent, on y est frappé tout d'abord d'une nouveauté capitale ; à savoir l'apparition de la psychologie, nouveauté dont le caractère était encore relevé par la place donnée à cet enseignement. En effet, la psychologie était presque entièrement absente du programme précédent, au moins la psychologie expérimentale. C'est ainsi qu'on n'y rencontrait ni l'analyse des sens, ni celle de la conscience, dont le nom n'était pas même prononcé, ni celle de la mémoire, de l'imagination, des sentiments et des passions, ni enfin de la volonté. L'établissement d'une psychologie séparée, indépendante, servant de base à la science, telle fut la révolution principale opérée dans l'enseignement par Victor Cousin, et la réforme opérée sur ce point est restée définitive. Rendons-nous bien compte de ce changement et mesurons-en l'importance. La création d'une psychologie expérimentale avait été l'œuvre du XVIIIe siècle. Elle avait été fondée par Loke dans son

Essai sur l'entendement humain, développée après lui par Berkeley (*Principes de la connaissance humaine*), puis par Hume, par Hutcheson, par Adam Smith; puis reprise, à un point de vue différent, mais avec la même méthode, par l'école écossaise, par Reid et par Dugald-Stewart. En France, elle avait engendré Condillac, et l'école idéologique; et la nouvelle école, celle de Royer-Collard, de Cousin, de Jouffroy, même de Maine de Biran, tout en se séparant de Condillac sur le fond des choses, maintenait cependant la méthode psychologique et en faisait même la base de la philosophie. Au fond, c'était la méthode d'observation, d'analyse et d'examen appliquée aux faits mentaux. Elle consistait à partir, en philosophie, non de notions préconçues, mais de faits, c'est-à-dire des choses données. Or, se soumettre à ce qui est donné, prendre pour base les choses telles qu'elles sont, les faits avec leurs caractères réels, c'est le fond même de l'esprit scientifique et de l'esprit moderne.

On a dit que la psychologie éclectique n'était pas une vraie psychologie parce qu'elle séparait artificiellement les faits psychologiques des faits physiologiques auxquels ils sont associés, qu'en insistant sur cette séparation, elle obéissait elle-même à des idées préconçues et à des préoccupations sous-entendues où même affichées de spiritualisme dogmatique. C'est là un tissu d'erreurs et de préjugés. La séparation de la psychologie et de la physiologie n'est pas l'œuvre de l'école éclectique ; elle est l'œuvre de l'école sensualiste du XVIIIe siècle ; elle est l'œuvre de Locke. *Je ne traiterai pas*, dit-il, *de la nature de l'âme en physicien*. Était-ce donc par ignorance que Locke écartait les recherches physiques? non, car il était médecin. Était-ce par préjugé mystique et spiritualiste? pas davantage, car c'est lui qui a dit que Dieu avait bien pu donner à la matière la puissance de penser. C'était par scrupule de méthode. Cette tradition a persisté dans l'école sensualiste du XVIIIe siècle. Ni Hume en Écosse, ni Condillac en France, n'ont fait le moindre effort pour expliquer les faits de l'âme par l'organisation. Au contraire, c'est un leibnizien, un spiritualiste, un chrétien, Ch. Bonnet, qui a perpétué au XVIIIe siècle la méthode de Descartes, c'est-à-dire la méthode physiologique. L'école de Reid, plus spiritualiste sans doute que celle de Locke, est aussi plus physiologiste. En France, le spiritualiste Maine de Biran introduit dans la psychologie beaucoup plus de physiologie que Tracy et Laromiguière, qui appartenaient à l'école sensualiste. Enfin Jouffroy lui-même n'a jamais demandé une séparation absolue entre les deux sciences. Il a dit, au contraire, « qu'elles ne doivent pas demeurer et n'ont jamais été étrangères l'une à l'autre, et qu'elles doivent se prêter des secours mutuels ». Que la philosophie ait fait des progrès dans ce sens depuis ce temps, rien de plus naturel, car cinquante années sont quelque chose dans l'histoire d'une science ; mais l'important était d'abord de constituer la psychologie subjective, sans laquelle il ne peut pas même y avoir de psychologie objective : doctrine si peu liée à des préjugés métaphysiques, que celui qui l'a le plus fortement soutenue de nos jours est M. Stuart-Mill, que personne n'accusera de préjugés de ce genre. Toujours est-il qu'en tenant compte des époques, c'était alors la psychologie écossaise qui représentait l'esprit expérimental : c'était donc ouvrir l'école à l'esprit moderne que d'introduire comme un enseignement à part et de placer en tête du cours la psychologie.

Passons à la logique. Ici encore nous allons trouver de notables différences entre le programme de 1832 et celui de 1823. Celui-ci, conforme en tout à la tradition, ne faisait guère que reproduire le plan de la *Logique de Port-Royal* et de toutes les logiques classiques. La logique y était divisée en quatre parties : 1° l'idée; 2° le jugement; 3° le raisonnement; 4° la méthode. Si nous jetons maintenant les yeux sur le programme de Cousin, ce qui frappe tout d'abord, c'est que les trois premières parties semblent avoir disparu et que le premier article est rédigé ainsi : *De la Méthode, analyse et synthèse.* Sans doute, les questions de la logique formelle reparaissent plus ou moins dans les paragraphes suivants, mais toujours au point de vue de la méthode; et, à considérer l'ensemble, on voit que les questions concrètes et pratiques (méthodes, langage, erreurs) l'emportent de beaucoup sur les questions théoriques : la logique formelle a été détrônée par la méthodologie. Quelle est la signification de ce fait ? Ici encore se manifeste la substitution de l'esprit moderne à l'esprit scolastique. Toute la révolution scientifique du xvii° siècle s'était faite en opposition avec l'esprit de la scolastique. Bacon et Descartes s'étaient accordés pour déclarer stérile et funeste la logique des écoles, et ils avaient remplacé cette logique par des recherches sur la méthode. Tous les grands savants et penseurs de ce siècle, Pascal, Newton, Spinoza, Malebranche (*Art de persuader, Regulæ philosophandi, de Emendatione intellectus, Re-*

cherche de la vérité) s'étaient fait une logique nouvelle et avaient remplacé la logique d'Aristote par la méthodologie. Il en fut de même au XVIII° siècle. Ce furent alors l'analyse et la synthèse qui eurent tous les honneurs. On avait aussi beaucoup étudié les erreurs (Malebranche et Bacon); on avait attaché une grande importance au langage et aux signes (Condillac). La logique du programme de 1832 était donc l'expression de la logique du XVII° et du XVIII° siècles, de Descartes, de Bacon, de Malebranche, de Locke et de Condillac. Elle résumait cette nouvelle logique, non seulement dans ses progrès, mais encore dans ses préjugés : car c'est un fait curieux et caractéristique que, dans le programme de 1832, on n'avait pas même osé introduire le nom et la théorie du syllogisme[1], tant on craignait de retomber dans la scolastique. En un mot, substitution de la méthodologie moderne à la logique d'Aristote : tel était le caractère de la seconde partie du programme.

Venait enfin la troisième partie, c'est-à-dire la morale. Ici encore, même caractère que précédemment. La morale était présentée sous une forme

---

[1]. Ce fut seulement en 1840 que Victor Cousin, ministre, le rétablit dans le programme par un article complémentaire.

toute psychologique ; bien plus, elle était entièrement séparée et affranchie de la métaphysique. Les deux articles essentiels concernant la morale théorique étaient résumés en ces termes : « Des divers motifs de nos actions ; peut-on les réduire à un seul ? — Décrire les phénomènes moraux sur lesquels repose ce qu'on appelle conscience morale, sentiment ou notion du devoir, distinction du bien ou du mal, obligation morale, etc. » Toute la morale était exposée, même avec la notion de sanction, même avec l'énumération des devoirs individuels et sociaux, sans mention d'aucun principe métaphysique, pas même de l'existence de Dieu. C'était seulement à l'occasion de la morale religieuse, et comme préambule aux devoirs envers Dieu qu'intervenaient les principales questions de la théodicée, qui n'était pas encore désignée sous son propre nom. La théodicée ne formait pas un chapitre à part ; elle n'était qu'un appendice de la morale, et elle ne servait en aucune manière à en établir les principes. Qu'est-ce maintenant qu'une morale qui s'expose et se développe tout entière, théoriquement et pratiquement, sans aucune théodicée, c'est-à-dire avant toute théodicée, si ce n'est ce qu'on a appelé depuis une morale indépendante, et indépendante, non seulement d'une théologie révélée, puisque toute la philosophie l'était déjà en ce sens, mais même d'une théologie naturelle? Car enseigner la morale avant toute théologie naturelle, c'est bien dire qu'on n'en a pas besoin pour en établir les principes. On peut donc dire que la morale indépendante, dont on a fait tant de bruit depuis, a été précisément l'œuvre de l'école éclectique[1]. Rappelons-nous les doctrines morales de Victor Cousin, qui n'étaient autres que celles de Kant et de Fichte. Elles reposaient sur le fait de la liberté et non sur l'autorité divine. Quant à Jouffroy, il suffit de lire le *Cours de droit naturel* pour voir qu'il fait reposer la morale sur la psychologie et non sur la métaphysique. Le programme de 1832 rappelle beaucoup plus la pensée de Jouffroy que celle de Cousin ; mais enfin ni l'un ni l'autre n'ont suspendu le sort de la morale à des questions spéculatives.

Rien n'étonnera plus les jeunes philosophes que d'entendre dire que c'est Victor Cousin et son école qui ont inventé la morale indépendante, car, si nous consultons une critique récente, nous voyons que ce qu'on reproche le plus « aux vieux programmes » c'est d'avoir subordonné la morale à la métaphy-

---

[1] Voir plus haut, ch. x, p. 218.

sique[1]. « La métaphysique, dit-on, dominait la morale ; *car on avait eu soin de placer les questions de morale après la théodicée*, qui devait leur servir de préface... Ce qu'on voulait, c'était, non pas une morale indépendante, mais, au contraire, une morale très dépendante, liée à de véritables dogmes... Le simple changement introduit par le récent programme (celui de 1880) dans la distribution des matières, marque un esprit nouveau, un esprit de liberté. »

Il y a ici une confusion d'idées qui vient de ce que l'auteur ne connaît pas les diverses phases de l'enseignement philosophique en France pendant notre siècle. Voici l'histoire de cette question.

En 1823, dans le programme qui suivit la réaction de 1822, la théodicée était en effet placée avant la morale ; mais, en 1832, comme nous venons de le voir, le programme Cousin proposa de mettre la morale avant la théodicée. En 1852, à la suite du coup d'État, ce qui resta de théodicée à cette époque dans le cours de logique fut introduit avant la morale ; mais en 1864, lors de la réforme libé-

1. *Revue internationale de l'enseignement*, 15 nov. 1881, au 15 mars 1885.

rale de M. Duruy, l'ordre antérieur fut rétabli. En 1874, après le 16 mai, la théodicée eut encore une fois l'avantage. Enfin, en 1880, sur notre proposition, la morale reprit sa place avant la théodicée. S'il y eut là, comme le dit le critique, « un esprit nouveau, un esprit de liberté », nous n'en revendiquons nullement l'honneur; mais nous devons le restituer à nos maîtres, dont nous avons seulement suivi et repris la tradition. Ce qui est certain, c'est que cet ordre, auquel le critique attache une si haute importance, a été introduit pour la première fois par le programme de Victor Cousin [1].

Beaucoup d'autres critiques adressées par l'auteur du même travail à l'enseignement philosophique de Victor Cousin ne s'appliqueraient en réalité, en supposant qu'elles ne fussent pas très exagérées, qu'aux programmes qui ont suivi le sien, c'est-à-dire aux programmes de 1864 et de 1874. Par exemple, on nous dit que la métaphysique enva-

---

1. Disons, d'ailleurs, pour éviter tout malentendu, qu'il ne s'agit ici que d'une question de méthode scientifique, et non pas du fond des choses : car en soi nous n'admettons pas plus une morale sans métaphysique, qu'une psychologie sans métaphysique, quoique nous admettions qu'il faut commencer la philosophie par la psychologie.

hissait la psychologie : « On passait rapidement sur les faits, on les dédaignait pour se perdre dans des discussions toujours ouvertes et fatalement stériles, pour aborder les problèmes de la substance de l'âme, du matérialisme et du spiritualisme. On était psychologue *a priori.* » Ces objections, vraies ou fausses (beaucoup plus fausses que vraies), ne pourraient s'appliquer, à la rigueur, qu'aux programmes ultérieurs, et non à celui de Cousin, dans lequel toute la métaphysique de l'âme se réduisait à une seule ligne placée à la fin de la psychologie : *Du moi; de son unité et de son identité. Distinction de l'âme et du corps.* Pas un mot de matérialisme et de spiritualisme; pas un mot sur la substance de l'âme[1]. On ajoute : « De même, la métaphysique se mêlait à la logique. On commençait par traiter du scepticisme et de la certitude, et par disserter sur l'essence de la vérité[2]. » Comment appliquer une pareille critique à un programme qui commence par ces mots : « La mé-

---

1. C'est en 1864 que fut introduite la question : De la spiritualité de l'âme « et, en 1874, l'examen des systèmes qui nient la distinction de l'âme et du corps ».

2. Le paragraphe : « De la vérité et de l'erreur » est de 1864. Celui : « Du scepticisme, et des différentes formes du scepticisme » est de 1874.

thode, l'analyse et la synthèse; » qui traite ensuite « de la définition et de la division, de la classification », qui se borne à demander que l'on parle « de la certitude en général et de ses différentes espèces ». Est-ce là ce qu'on peut appeler disserter sur l'essence de la vérité ? Et, après tout, de quoi parlera-t-on en logique, si ce n'est de la vérité?

N'oublions pas une dernière nouveauté ajoutée au programme de l'enseignement philosophique, c'est l'histoire de la philosophie. Cette nouveauté était alors, avec la psychologie, ce qui souleva le plus d'objections. C'était enseigner le scepticisme à la jeunesse que de dérouler devant elle « ce tableau des aberrations humaines ». L'histoire de la philosophie n'est pas une école de scepticisme, mais une école de libéralisme. De même que l'observation des faits, de même la connaissance des systèmes ouvre l'esprit et l'affranchit des préjugés et de l'intolérance. En apprenant que les plus grands hommes se sont trompés, on apprend à croire que l'on peut se tromper soi-même; on apprend aussi à respecter la pensée d'autrui, à admirer les efforts de l'esprit humain, dans ses entreprises même infructueuses; mais on apprend quelque chose de plus, c'est qu'en dépit de la diversité et de la contradiction des systèmes, il y a des vérités communes et des vérités qui s'accroissent avec le temps, que chacun peut avoir une portion de la vérité qui n'exclut pas la vérité chez les autres, enfin qu'il y a quelque chose à prendre dans toutes les écoles, et que toutes ont servi la cause de la raison humaine : c'est donc une école d'équité, de bienveillance, de fraternité en même temps que de liberté. Aussi a-t-elle disparu dans la réaction de 1852 : preuve manifeste du libéralisme de cet enseignement.

On voit quelle faible part occupent, dans le programme de Victor Cousin, les prétendus dogmes imposés, officiels, autoritaires auxquels on soutient que la science tout entière était subordonnée et comme suspendue. Mais ces dogmes qui occupent si peu de place quant à la matière, ne s'imposaient-ils point néanmoins par la forme? Le programme a-t-il ce caractère impérieux, autoritaire, dogmatique qu'on lui impute et qui constituerait, dit-on, une orthodoxie philosophique substituée à l'orthodoxie religieuse ?

Oui, sans doute, nous trouvons, dès les premières lignes du programme, un ou deux articles qui ont un caractère très autoritaire; par exemple : « De la *vraie* méthode philosophique. » Il y a donc une vraie méthode! Les méthodes ne sont donc pas libres? Une philosophie est-elle libre quand la méthode ne l'est pas? Quelle est d'ailleurs cette vraie méthode? La voici résumée dans un autre article en termes qui ne sont pas moins impérieux : « *Nécessité* de commencer l'étude de la philosophie par l'étude de la psychologie. » Ainsi, non seulement, un tel ordre est établi en fait; mais on le traduit en une obligation.

Nous reconnaissons qu'il y a là une entreprise sur la liberté ; et, dans notre programme de 1880, tout en maintenant le même ordre, on a demandé (et c'est nous-même qui avons fait cette proposition), que le professeur fût libre dans la distribution des matières. Maintenant, après avoir reconnu le fait, cherchons à l'expliquer. Pourquoi le programme de 1832 a-t-il été si impératif sur la question de la méthode ? C'est que là était la révolution. Toute révolution qui veut détruire un abus est obligée pour un temps de limiter la liberté qui ramènerait cet abus. Par exemple, la Révolution française ayant détruit le droit d'aînesse a dû limiter la liberté de tester et imposer l'égalité des partages, parce que la liberté de tester aurait ramené le droit d'aînesse. Eh bien! que voulait-on dans le programme de philosophie de 1832 ? On voulait en finir avec la scolastique qui, jusqu'en

1830, avait dominé l'enseignement, qui plaçait la logique formelle en tête de la philosophie, l'ontologie abstraite en tête de la métaphysique, et enfin qui subordonnait à la métaphysique elle-même toute la philosophie. On voulait substituer à la scolastique une philosophie moderne, animée de l'esprit de Descartes et de Bacon, de Locke, de Reid et de Kant, et même de Condillac, une psychologie fondée sur l'analyse, sur l'observation et sur l'expérience. Il fallait donc réagir contre de vieilles habitudes. Tous les cours qui se faisaient alors étaient composés dans l'esprit du programme de 1823; tous les manuels suivaient le même ordre. Sans doute, les élèves de Laromiguière avaient sauvé quelque peu l'esprit philosophique; mais ils étaient eux-mêmes asservis aux formules du programme. Pour couper court à la méthode traditionnelle, il fallut imposer d'autorité la méthode nouvelle. Aujourd'hui, de tels dangers ne sont plus à craindre; nous n'avons pas à redouter trop de métaphysique, ni trop de logique; la méthode expérimentale est suffisamment garantie, elle n'a plus besoin d'encouragement ni de protection. Libre donc aux jeunes maîtres de faire prédominer, s'ils le veulent, la logique et la métaphysique; la liberté n'a plus de dangers.

Si vous exceptez ces prolégomènes, où les prescriptions par trop impératives du programme pourraient être légitimement critiquées, mais qui n'étaient, après tout, que les précautions de l'esprit moderne contre la scolastique, nous ne rencontrons, dans aucun autre texte, ces doctrines officielles et brevetées que l'on dénonce aujourd'hui. Voyez, par exemple, la question de l'origine des idées. C'était là cependant, à cette époque, le grand champ de bataille entre les condillaciens et les éclectiques, les uns partisans de l'expérience, les autres de la raison pure. Cependant aucune doctrine particulière n'est, je ne dis pas imposée, mais même indiquée dans le programme. Nous n'y voyons que ces mots « Origine et formation des idées. Prendre pour exemple quelques-unes des plus importantes de nos idées. » Peut-on deviner par là si l'auteur du programme est partisan des idées innées ou partisan de la table rase ? Peut-être croira-t-on que la solution est indiquée plus loin, car il y a un paragraphe « sur la raison ». Eh bien? non, car la raison n'était pas entendue dans le sens de Kant, c'est-à-dire comme raison pure, comme fournissant des principes et des formes *a priori;* mais elle était définie « la faculté de connaître », et c'est à elle qu'on rapportait toutes les facultés intellectuelles : conscience, attention, mémoire, etc., sans même que, dans cette énumération particulière, la raison proprement dite fût mentionnée. Dans ce sens, M. Laromiguière, M. de Cardaillac[1] et leurs disciples pouvaient très bien accepter la différence de la sensibilité et de la raison. Ainsi, neutralité sur la question fondamentale qui divisait les deux écoles : voilà le premier point. En voici un second. Sans doute, la doctrine était spiritualiste, et, sur ce point, il n'y avait pas de différence entre Laromiguière et Cousin. Mais le spiritualisme pouvait-il se manifester sous une forme plus sage et plus discrète

---

[1]. Dans la publication de la *Revue des Deux Mondes*, nous avions inséré la note suivante : « Nous inclinons à croire que M. de Cardaillac a collaboré à la confection du programme et qu'il aura été rédigé en commun par Jouffroy et par lui : ce qui explique le caractère de circonspection et de neutralité qui s'y remarque, et qui est absolument différent de ce que l'on croit aujourd'hui. Si notre conjecture est fondée, il serait vrai de dire que Cousin, aussitôt en possession du pouvoir, aura fait rédiger le programme par ceux-là même qui ne partageaient pas ses idées. Quelle étrange intolérance! » Depuis la publication de cette note, nous sommes remonté à la source, et nous nous sommes convaincu que notre conjecture était encore plus vraie que nous ne le croyions. Car ce n'était pas un philosophe de second ordre, comme Cardaillac, c'était Laromiguière lui-même, et avec lui, Jouffroy, qui avaient en commun rédigé le programme. La commission ne se composait que d'eux seuls, sous la présidence de Cousin, comme conseiller. Le programme était donc l'œuvre d'une transaction entre l'école condillacienne et l'école écossaise. Quant à la philosophie de Cousin proprement dite, elle n'y eut aucune part.

que dans les mots que nous avons déjà cités :
« Distinction de l'âme et du corps ?.» C'est à peine
même si cela est de la métaphysique, car la
distinction de l'âme et du corps est donnée
empiriquement, par la distinction des faits de
conscience et des faits corporels. Enfin ces termes
mêmes n'impliquaient pas une solution plutôt
qu'une autre. Sans doute la question, en fait, était
résolue par l'affirmative ; mais le programme n'imposait rien.

Si nous passons à la morale, au lieu de trouver
le programme de 1832 trop dogmatique, nous le
trouvons, au contraire, tellement élastique et
tellement empirique qu'il laisse presque disparaître l'idée d'une morale et la réduit pour ainsi
dire à la psychologie. Ce n'est plus qu'une analyse
des « motifs de nos actions », une description
« des phénomènes moraux ». La loi morale n'est pas
même affirmée en tant que loi : ce n'est plus
« qu'un sentiment et une notion ». Sans doute, il
n'y a pas à soupçonner que l'enseignement de la
morale ait été débilité dans l'école de Cousin et de
Jouffroy. Le *Cours de droit naturel*, — *le Vrai,
le Beau et le Bien* nous présentent les doctrines
les plus fortes et les plus pures ; mais enfin le programme, en morale, est si peu autoritaire, qu'il

mériterait plutôt le reproche contraire. Passons enfin à la théodicée, qui, nous l'avons dit déjà, ne paraissait pas même sous son nom et servait seulement d'appendice à la morale. J'y trouve cet article : « Énumération et *appréciation* des preuves de l'existence de Dieu. » Quoi ! c'est là un dogme ! Énumérer des preuves n'est guère qu'une affaire de statistique et d'histoire : les apprécier, n'est pas l'œuvre du libre examen ? Dans aucun des programmes qui ont suivi, une aussi large part n'a été faite à la liberté des professeurs sur cette question souveraine[1].

Ainsi une psychologie expérimentale, terminée par les vues les plus discrètes sur la distinction de l'âme et du corps, une logique presque réduite à

[1]. Si l'on veut se rendre compte de l'esprit dans lequel cette question était traitée par l'école éclectique, il faut lire le beau chapitre d'Émile Saisset sur les preuves de l'existence de Dieu, dans le *Manuel de philosophie* par A. Jacques, Simon et Saisset. Saisset rejetait la preuve de Newton ; il admettait la critique de Kant sur la preuve des causes finales et sur l'argument *a priori*, il ne mentionnait même pas l'argument du consentement universel ; quant aux autres preuves, elles n'étaient toutes, suivant lui, sous des formes logiques, que l'analyse « du mouvement naturel de l'intelligence humaine qui s'élève d'elle-même à son principe (p. 418) » ; doctrine qui est précisément celle de Hegel : « Les preuves de l'existence de Dieu, dit celui-ci, ne sont que des expositions, des descriptions de l'élévation du monde à Dieu » (*Logique*, trad. fr. p. 292-296, t. I).

la méthodologie de Bacon, de Descartes et de Condillac, une morale indépendante, séparée de la théodicée, enfin une théodicée restreinte, considérée, non comme la base, mais comme le couronnement de la science, tel a été le plan que M. Cousin a préparé et fait accepter pour l'enseignement philosophique pendant vingt années.

Bien loin de trouver dans le programme de 1832 cette prédominance exclusive et intolérante des questions métaphysiques et doctrinales, ce qu'on pouvait plus justement lui reprocher, et ce qu'on lui reprochait, en effet, c'est de les avoir trop effacées et trop réduites à un rôle subalterne. En effet, à cette époque, c'était une marque d'indépendance et une sorte de révolte que de réclamer, pour les questions métaphysiques et religieuses, une part plus importante et une place plus élevée. En veut-on la preuve? — Voici deux cours de philosophie de ce temps : celui de M. Gibon (1842), et celui de M. Patrice Laroque (1838, 2ᵉ édition). Ces deux philosophes étaient l'un et l'autre des adversaires personnels de M. Cousin. C'étaient aussi deux esprits libres et avancés, nullement suspects, bien au contraire, d'esprit clérical et théologique. Que reprochaient-ils cependant l'un et l'autre au programme de philosophie? C'est précisément l'omission des questions religieuses. Que signalent-ils dans leurs préfaces comme une preuve d'originalité et d'indépendance ? C'est d'avoir donné à la théodicée une plus grande importance et de l'avoir placée avant la morale. Voici comment s'exprimait M. Gibon : « J'ai donné à la théodicée et à la morale plus d'extension qu'elles n'en ont d'ordinaire dans l'enseignement. La théodicée forme dans ce cours une partie distincte et n'est plus comprise comme complément de la morale... En développant cette partie importante de mon cours, j'ai toujours agi dans la persuasion que j'avais à exercer auprès de la jeunesse un véritable sacerdoce [1]. » C'est dans le même esprit d'opposition qu'était écrit le manuel de M. Patrice Laroque. Il se plaignait des progrès du panthéisme, qui « était descendu des chaires supérieures jusque dans les humbles chaires de nos collèges... Prémunir les élèves contre ses atteintes (c'est-à-dire contre la philosophie de Cousin) me semble aujourd'hui un des premiers devoirs de l'enseignement philosophique ». En conséquence, il revendiquait pour la théodicée une place plus élevée dans le programme : « J'ai mis en relief la théologie comme

---

1. *Avertissement*, p. 7.

une des parties les plus importantes de l'enseignement... Je tiens plus que jamais à ce qu'on ne la relègue pas dans un coin obscur d'un chapitre de morale, comme le font les philosophes écossais et leurs serviles imitateurs... Il faut ramener notre époque à de fortes croyances... La philosophie d'aujourd'hui doit être essentiellement religieuse. »

D'autres faits, plus significatifs enfin, confirment les faits précédents. Vers la fin du règne de Louis-Philippe, en 1847, la jeune école éclectique, un peu lasse, il faut le dire, du gouvernement de M. Cousin, éprouva le besoin de se donner un organe à elle, et elle fonda la *Liberté de penser*. Nous pouvons en parler avec quelque connaissance de cause ; car nous en étions[1]. Jules Simon, Amédée Jacques, Saisset, Bersot, Barni, tels furent les fondateurs de ce recueil, où débuta Ernest Renan, et qui essayait de pousser en avant la philosophie. Or, sur quels points portaient les dissidences avec le chef de l'éclectisme? Sur deux points : la religion et la politique. On le trouvait trop prudent avec l'Église; en politique, quoiqu'il fût de l'opposition, on le dépassait cependant de beaucoup, et on s'avançait

1. Nous étions très fier, à vingt-quatre ans, d'être *actionnaires* d'une Revue ! mais cela voulait dire tout simplement que nous donnerions notre prose pour rien : ce que nous avons fait.

presque sur le terrain de la démocratie. Mais, en philosophie proprement dite, les doctrines de la jeune école éclectique étaient les doctrines spiritualistes dans toute leur pureté. Bersot publiait (1846) son livre *Du Spiritualisme et de la Nature* devenu plus tard son *Essai sur la Providence*. Jules Simon publiait, dix ans après, son traité de la *Religion naturelle*. Enfin Amédée Jacques, républicain ardent et convaincu, ennemi personnel de Victor Cousin, poussant l'indépendance jusqu'à l'imprudence, et qui allait payer cette indépendance de la perte de sa carrière, enfin directeur en chef de la *Liberté de penser*, écrivait dans cette revue, après la révolution de Février, ces paroles caractéristiques : « Si l'on entend par philosophie d'État l'enseignement des grandes vérités sociales, nous le disons hautement, l'État n'a pas le droit de s'abstenir. L'État n'est pas athée. Il doit donc enseigner Dieu aux jeunes gens qu'il élève, et l'enseigner au nom de la raison humaine et du cœur humain. » Le même philosophe disait encore que l'Université enseignait « la philosophie éternelle, laquelle n'est autre que l'affirmation philosophique de l'être, de la cause, de l'intelligence, l'explication et le développement de notre droit et de notre devoir, et, par-dessus tout, de l'existence de

Dieu et des futures destinées de notre âme (*Liberté de penser*, 1848, p. 494) ». M. Michelet, de Berlin étant venu à Paris pour nous apprendre qu'il n'y a pas de démocratie sans panthéisme, Amédée Jacques, après lui avoir ouvert la *Liberté de penser*, le réfuta lui-même en disant : « Nous ne sommes ni hégéliens, ni panthéistes : ce n'est point par scrupule d'orthodoxie, c'est par conviction. » Et il le prouva par l'article même qui le fit destituer et mourir en exil, et qui n'était qu'une reproduction du *Vicaire savoyard*, injurieuse pour le christianisme, mais très nettement déiste. A cette époque, d'ailleurs, les doctrines spiritualistes, avec une nuance de religiosité, étaient universellement admises. Louis Blanc, dans son *Histoire de la Révolution*, justifiait la chute des Girondins en disant qu'ils étaient athées. L'Assemblée constituante de 1848, composée de neuf cent membres, proclamait, à l'unanimité, l'existence de Dieu. Les esprits les plus critiques et les plus hardis, les Sainte-Beuve, les Ernest Havet, dans leurs écrits sur Port-Royal et sur Pascal, parlaient avec émotion et élévation des questions religieuses, et ne laissaient pas apercevoir, peut-être ne le savaient-ils pas eux-mêmes, que leur indépendance allait bien au delà du déisme. Il y avait donc à cette époque tout un courant d'idées qui portait au spiritualisme, sans qu'il fût besoin le moins du monde de faire appel à une philosophie de commande.

On voit, par ces exemples et par ces faits, quelle étrange méprise commettent les critiques d'aujourd'hui, qui, antidatant des opinions postérieures, croient que le vice de l'enseignement de Cousin a été l'excès du dogmatisme théologique. C'était le contraire que lui reprochait l'opinion libérale, ainsi qu'à Jouffroy, au moins pendant la première partie du règne de Louis-Philippe. Au contraire, c'étaient alors les catholiques qui reprochaient à la philosophie de s'avancer sur le terrain religieux et qui réclamaient la suppression de la théodicée. On l'a vu par l'amendement de M. de Ségur-Lamoignon, presque adopté par la Chambre des pairs, et qui réduisait la philosophie à la morale et à quelques éléments de psychologie. L'auteur de cet amendement, en le développant, disait expressément qu'il s'agissait de retrancher « les hautes questions de métaphysique comprises dans la théodicée qui traite des attributs de Dieu » : A la vérité, il n'osait pas dire expressément que l'existence de Dieu serait écartée des cours; mais cela résultait évidemment de la suppression de la théodicée. Étrange revirement des temps et des tactiques politiques! le parti qui proteste aujourd'hui contre la loi athée était alors celui qui voulait retrancher l'idée de Dieu du programme universitaire et prétendait imposer à l'État un enseignement athée.

Il est très vrai qu'à partir de 1842, Victor Cousin fut obligé, par la polémique du clergé, de faire ressortir de plus en plus le caractère spiritualiste de l'enseignement universitaire. Pour donner plus de garantie aux croyances religieuses, il dressa une liste d'auteurs classiques en philosophie, qui devaient servir de modèles, et, en même temps, de limites à l'enseignement. Mais cette liste était-elle donc si exclusive et si illibérale? Qu'on en juge : à côté des cartésiens (et Malebranche déjà n'est pas un penseur si timoré), on y voyait figurer Bacon, Locke, Condillac, Ferguson, Charles Bonnet. Si Kant n'y figurait pas, ce n'était pas par suspicion de doctrine (car nous eûmes à l'étudier, en 1848, dans notre concours pour l'agrégation des Facultés); mais on le trouvait alors trop difficile pour les élèves. Ce fut pour répondre à ce catalogue d'auteurs officiellement désignés que les jeunes maîtres d'alors, Jules Simon, Émile Saisset, Amédée Jacques publièrent l'utile et populaire collection Charpentier, qui comprenait les principaux de ces philosophes.

Ici encore nous ferons remarquer que cette entreprise fut conçue dans un esprit si peu sectaire que ce fut dans cette collection que parut la première traduction française de Spinoza, par Émile Saisset, traduction que Cousin offrit lui-même à l'Académie des sciences morales. Ainsi cette école de déisme officiel est précisément celle qui, la première, a fait connaître et popularisé en France la philosophie de Spinoza.

Cependant, quand un mouvement est donné, il ne s'arrête pas. Victor Cousin, comme nous le verrons bientôt, avait été contraint, par la polémique religieuse, à interpréter, à retirer peu à peu et enfin à refondre tout entière sa philosophie première. Ce travail, que nous aurons à étudier en détail et qui ne fut pas tout d'abord très remarqué, finit cependant par lasser et, si j'ose dire, agacer de jeunes esprits que commençaient à tourmenter l'esprit critique, l'esprit voltairien, le besoin d'une philosophie plus concrète, et, en même temps, dans un autre sens, le retour aux conceptions allemandes, trop oubliées, mille causes enfin qui devaient amener un renouvellement de la pensée. Tandis que Victor Cousin succombait sous la réaction religieuse et politique, il se préparait contre lui une insurrection, venue d'un côté opposé, qui, s'emparant des griefs précédents, les traduisait en sens contraire. Ainsi la philosophie officielle reprochée à Cousin sous Louis-Philippe signifiait panthéisme, fatalisme, antichristianisme ; les mêmes mots répétés depuis signifièrent théisme obligatoire, spiritualisme de commande. Cette nouvelle objection a fait oublier l'ancienne. Antidatée par les jeunes générations qui ne savent pas l'histoire, elle s'applique aujourd'hui à tout le règne de Cousin, tandis que tout au plus pourrait-elle se justifier pour les dernières années de son gouvernement, et qu'elle a surtout pour raison d'être les écrits qui ont suivi sa chute.

Nous reconnaissons volontiers qu'à partir de 1830, Victor Cousin, préoccupé de son œuvre pratique, a cessé de pousser son école dans les recherches de théorie et l'a trop exclusivement renfermée dans l'étude de l'histoire de la philosophie, fort utilement d'ailleurs. Mais la philosophie n'est pas seulement une science, elle est aussi un moyen de culture intellectuelle et morale, une école d'examen, de tolérance, de réflexion, d'ouverture d'esprit, en un mot, un puissant engin de civilisation libérale : or la philosophie ainsi entendue est entrée pour la première fois, par Victor Cousin, dans l'enseignement public ; et, par son énergique volonté, elle a été mise à l'abri de tout contrôle et de toute tutelle du clergé. Par lui aussi, l'esprit de la philosophie moderne, de Bacon et de Descartes, de Locke et de Leibniz, de Montesquieu et de Rousseau, de Reid et, en une certaine mesure, de Kant, s'est introduit dans les écoles, dégagé de toute scolastique, à moins qu'on n'entende par scolastique la philosophie elle-même. Tout en fixant des limites qui étaient dans la nature des choses et du temps, et sans lesquelles il n'y aurait pas eu de philosophie du tout, il a cependant établi des cadres qui rendaient possibles et faciles tous les progrès futurs au fur et à mesure des besoins et du progrès naturel des esprits. Il est donc permis de dire qu'en fondant au prix de sa popularité une œuvre si importante, il a rendu à la France un service qu'aucun philosophe ne doit oublier.

XIV

L'HISTOIRE DE LA PHILOSOPHIE

L'histoire de l'enseignement philosophique fondé en 1830 a interrompu notre exposition des travaux de Victor Cousin. Cependant, même au pouvoir après 1830, même sorti du pouvoir après 1852, sa vive intelligence n'est pas restée un seul instant inactive. Il a continué ses études sur l'histoire de la philosophie; il a remanié tous ses ouvrages et refondu sa philosophie dans un sens nouveau; il s'est distrait lui-même et il a charmé le public par des études littéraires et historiques; voilà encore bien des aspects sous lesquels nous avons à le considérer avant d'en finir et de porter sur sa philosophie un jugement d'ensemble. Telles seront les dernières parties de ce travail.

Un des mérites de Victor Cousin les moins contestables et les moins contestés fut d'être en France le créateur et l'organisateur de l'histoire de la philosophie. Au xviii° siècle, le très faible essai de Deslandes, les articles de Diderot dans l'*Encyclopédie*, la plupart du temps traduits de Brucker ou extraits de Bayle, sont plutôt le témoignage d'un besoin non satisfait qu'une ébauche même de la science à créer. Seul, le livre distingué de M. de Gérando sur l'*Histoire comparée des systèmes de philosophie* peut être considéré comme une première initiation à cette science. Ce livre, malgré ses lacunes et malgré l'esprit un peu étroit qui l'inspire, n'en était pas moins, avant Cousin, le seul où l'on pût apprendre quelque chose sur le passé et sur le présent de la philosophie. Mais il n'avait eu aucune influence. C'est donc véritablement Cousin qui, avec son esprit d'entreprise et sa flamme communicatrice, a créé parmi nous une grande école d'histoire de la philosophie. Il est assez étrange qu'au lieu de lui en savoir gré, on lui en ait fait une sorte d'objection et de reproche, comme si, d'ailleurs, il n'eût pas fait autre chose; mais même, sur ce terrain, on s'étonnera de voir si peu estimée une œuvre aussi considérable. Eh quoi! tout le monde répète que le caractère propre, le génie de notre siècle, c'est l'histoire! on fait honneur à ce siècle, et avec raison, d'avoir vu naître parmi nous l'histoire littéraire, l'histoire de l'art, l'histoire des religions; et l'on ne compterait pour rien l'histoire de la philosophie! Mais peut-on séparer l'histoire religieuse de l'histoire philosophique? Le christianisme est-il intelligible sans la connaissance du platonisme et de l'école d'Alexandrie? La théologie allemande contemporaine n'a-t-elle pas son origine dans la philosophie allemande? Si c'est l'honneur de ce siècle d'avoir créé l'histoire de l'esprit humain, l'histoire de la civilisation, si les Villemain, les Guizot, les Renan ont leur place assurée parmi les créateurs de cette nouvelle science, par quel prodige d'injustice réserve-t-on à Victor Cousin le seul mérite d'avoir rendu quelque service à l'érudition, comme si l'histoire de la philosophie n'avait rien à voir avec la philosophie elle-même?

Rappelons d'abord la circonstance heureuse à laquelle nous devons l'importance que Cousin a attachée à l'histoire de la philosophie, et les travaux qu'il a accomplis dans cette direction. Cette circonstance fut qu'à l'origine de l'Université, M. de Fontanes ait eu l'idée de créer à la Faculté des lettres une chaire d'histoire de la philosophie. Il est probable que ce fut dans la pensée de faire une place à Royer-Collard à côté de Laromiguière. Appelé à la suppléance de Royer-Collard, engagé dès l'origine par son enseignement même dans l'histoire de la philosophie, Victor Cousin fut amené par là à placer très haut cette science, à lui donner le premier rang dans la culture philosophique, car il ne s'est jamais occupé d'aucune matière sans en faire aussitôt une doctrine, une thèse, un principe. Il a toujours eu le don d'enflammer le public pour tout ce qui l'intéressait lui-même; il a toujours mis le feu aux poudres. C'est ainsi que Cousin, par cela seul qu'il fut chargé d'un tel enseignement, y mit sa passion, son esprit d'initiative; il fallut que l'histoire de la philosophie devînt la philosophie elle-même; et, soit par ses propres travaux, soit par ceux de ses élèves, il en fit une science nouvelle et indépendante.

Considérons d'abord la part qui lui est personnelle. Dans ses cours, il fut contraint par le titre même de sa chaire à s'occuper de philosophie moderne, et il fut amené, en outre, par l'intérêt des problèmes philosophiques qui le préoccupaient alors plus que l'histoire elle-même, à se concentrer dans l'histoire presque contemporaine : car parler à cette époque à la Sorbonne de Saint-Lambert, de Volney, de Kant, c'était à peu près comme lorsque aujourd'hui nous parlons d'Auguste Comte et de Stuart Mill. Il dut donc étudier les écoles les plus récentes dont il essayait de concilier les résultats dans sa philosophie personnelle. Ce fut d'abord la philosophie du xviiie siècle, puis la philosophie écossaise, puis la philosophie de Kant, qui furent, en 1819 et 1820, l'objet de ses études. Sans doute on a depuis étudié Kant d'une manière plus profonde, mais nous sommes en 1820, ou même en 1817. Kant n'est pas encore traduit ; on ne peut le lire que dans le texte ou dans l'affreuse traduction latine de Born ; on n'était alors préparé à le comprendre par aucune étude antérieure. Leibniz était presque ignoré. Des abrégés comme celui de Kinker, ou de vagues expositions comme celle de Villers étaient les seules ressources qu'on eût à sa disposition. Dans ces conditions, le cours sur Kant ne pouvait être que ce qu'il a été, et c'est le vrai commencement de la connaissance et de l'influence de Kant dans notre pays.

Passons d'ailleurs sur cette première période,

qui était une période de début. Dans la seconde, à savoir de 1820 à 1828, nous avons déjà signalé les trois grandes entreprises qui ont occupé la retraite de Victor Cousin, à savoir son Descartes, son Platon et son Proclus. On ne saurait placer trop haut de tels services; et qu'il ait eu ou non, pour de si lourdes tâches, des collaborateurs, il n'en reste pas moins vrai que c'est à lui que revient l'honneur de les avoir entreprises et exécutées. Pensez à la difficulté et à la grandeur de telles entreprises : trouver un éditeur et des acheteurs (l'un ne va pas sans l'autre) pour onze volumes de Descartes, treize volumes de Platon, six volumes de Proclus, en tout, trente volumes. Nous l'avons dit déjà, de telles publications eussent-elles été possibles sans l'élan extraordinaire imprimé par Victor Cousin à l'activité philosophique, sans sa célébrité personnelle, sans la solidarité qu'il avait établie entre la philosophie et l'esprit libéral, de sorte qu'encourager ces entreprises, quelque spéculatives qu'elles fussent, c'était encore travailler au succès de la cause libérale? Ajoutez à cela ce qu'il mit de talent personnel dans ces travaux, par exemple dans les *Arguments* de Platon, dont le style mâle, large et entraînant, est d'une qualité supérieure même à ce qu'il a écrit plus tard lorsqu'il a voulu systématiquement être un écrivain ; lisez aussi tel ou tel passage de la traduction presque digne de Platon pour la beauté du langage, par exemple le discours de Galliclès, dans le *Gorgias,* ou le portrait du philosophe dans le *Théétète.* Son Proclus fut fort attaqué, et un barbarisme célèbre[1], mis en tête du premier volume fit la joie de l'Allemagne. Lui-même a reconnu plus tard avec bonne grâce son inexpérience en philologie: mais Proclus n'en fut pas moins publié et donna l'élan aux études ultérieures sur l'école d'Alexandrie. Passionné alors pour cette école, dont les doctrines, analogues à celles de l'Allemagne, avaient une conformité avec les siennes propres, Cousin consacra en outre, dans le *Journal des savants* d'alors, une série de travaux à Proclus et à Olympiodore, et, en particulier, donna de celui-ci l'analyse de plusieurs commentaires inédits.

Ce ne sont là que des travaux d'érudition, quoique liés à une pensée philosophique, la résurrection des doctrines alexandrines : mais c'est surtout en 1828 et 1829 que Cousin exposa en chaire les principes généraux de sa doctrine sur l'histoire

---

1. Opera Procli *recollexit* Victor Cousin.

de la philosophie. Le cours de 1828 ne doit pas être considéré isolément, ni séparé de celui de 1829, il est une introduction générale à l'histoire de la philosophie. Celle-ci n'a donc pas été seulement pour lui un objet spécial d'érudition et de curiosité : ce n'est qu'une partie de l'histoire générale; et l'histoire de la philosophie se rattache à la philosophie de l'histoire. L'éclectisme en histoire de la philosophie n'est que le contre-coup de l'optimisme dans la philosophie de l'histoire ; enfin, l'histoire en général ayant pour objet le développement des idées, l'histoire de la philosophie est en quelque sorte le point culminant de l'histoire elle-même, parce que les idées y expriment sous leur forme pure ce que les autres éléments de l'histoire n'expriment que sous une forme enveloppée et obscurcie.

Après avoir ramené l'histoire de la philosophie aux principes de l'histoire en général, Cousin aborda l'année suivante la science elle-même : mais, avant de s'enfermer dans une époque particulière, il crut devoir encore, dans une nouvelle introduction, passer en revue l'histoire générale de la philosophie. Ici on peut regretter que Cousin, dans ses publications ultérieures, ait brisé le cadre primitif de son enseignement. Il a voulu avoir un livre d'ensemble sur l'histoire de la philosophie, comme il avait donné dans *le Vrai, le Beau et le Bien* une vue d'ensemble de son système. Mais ce qu'il a donné plus tard sous le titre d'*Histoire générale de la philosophie*[1] n'était en réalité qu'un préambule; or ce qui peut être solide en tant qu'introduction paraîtra vague et superficiel comme ouvrage séparé. Dans le fait, l'histoire générale de la philosophie n'avait été autre chose que le préambule du cours sur Locke : elle se composait de douze leçons, qui avaient rempli le premier semestre du cours : les leçons sur Locke terminèrent l'année[2]. A ce point de vue restreint, l'*Histoire générale* est un très bel ouvrage. L'auteur y cherche surtout une classification des systèmes ; il en propose une devenue célèbre et qui reste encore comme la plus plausible et la plus rationnelle que l'on puisse essayer. Il ramène tous les systèmes à quatre principaux. On peut distinguer d'abord deux grands points de vue philosophiques essentiellement différents : d'un côté, l'élément de la

---

1. M. Barthélemy Saint-Hilaire vient d'en donner la douzième édition.

2. Cousin ne fit pas de cours en 1830. Tout son enseignement de la deuxième période se borna donc à deux mois en 1828 et à l'année 1829.

sensation avec tous ses caractères, le phénoménal, le multiple, le fini, le passager, etc.; de l'autre, l'unité, l'identité, l'infini, la substantialité. De là deux classes diverses de systèmes toujours en opposition : le sensualisme et l'idéalisme. Au sensualisme se rattachent le fatalisme, le matérialisme, l'athéisme; à l'idéalisme se rattache le spiritualisme à tous ses degrés. De la lutte de ces deux systèmes, dont aucun ne réussit à vaincre l'autre, naît le doute : de là un nouveau système, le scepticisme; et bientôt de la lassitude du doute et du besoin de croire, qui est inhérent à l'âme humaine, sort un quatrième et dernier système qui est le mysticisme.

On peut reprocher sans doute à cette doctrine d'être trop générale et trop vague, et de ne pas tenir compte des nuances : mais il ne faut pas oublier que c'était le goût, et j'ajoute le besoin du temps. On n'aimait alors que les généralités. Voyez les formules d'Auguste Comte, la théorie des trois états, qui serre si peu les phénomènes; la distinction des époques critiques et des époques organiques dans le saint-simonisme; la souveraineté de la raison dans l'école doctrinaire. C'était alors, dans toutes les écoles, une tendance aux formules abstraites, aux généralisations démesurées. Tout en signalant le vice de ces grandes généralisations, il faut aussi en comprendre la raison et la signification. Dans ce renouvellement universel des sciences et de la pensée qui a caractérisé la Restauration, on avait besoin, avant d'entrer dans le détail des choses, de cadres généraux, de points de repère qui permissent de s'orienter et qui donnassent un avant-goût des résultats. Si Cousin, au lieu de ces généralités qu'on est tenté de lui reprocher aujourd'hui, s'était contenté de monographies (comme il en faisait d'ailleurs aussi) il eût laissé quelque bon travail de plus à l'érudition : il n'eût point fondé une science.

La seconde partie du cours de 1829 est l'analyse et la critique de la philosophie de Locke. Cette partie est plutôt, sous une forme historique, une œuvre de philosophie dogmatique. C'est l'idéalisme aux prises avec le sensualisme. Cousin cherche beaucoup plus à réfuter Locke qu'à relever les parties vraies de son système. Dans un véritable éclectisme, il nous semble que l'exposition doit être séparée de la critique et que le système doit être d'abord reproduit dans toute sa force, sauf à passer plus tard à la réfutation. Cousin ici n'imite pas assez Leibniz, qui, à chaque proposition de Locke, ajoute toujours :

Cela peut être pris dans un bon sens. Notre auteur ne procède pas ainsi, et il prend presque toujours tout dans un mauvais sens. C'est ainsi qu'au lieu de tenir grand compte, comme Leibniz, de cette grave concession de Locke, que la moitié de nos idées vient de la réflexion, il le réduit le plus qu'il peut au sensualisme pur. C'était manquer, par entraînement de controverse, au principe même de son système ; Cousin entrait déjà dans cette voie qui a été celle de sa dernière phase philosophique, à savoir la tendance à insister beaucoup plus sur ce que les systèmes ont de faux que sur ce qu'ils ont de vrai.

Passons à une nouvelle période. Nous sommes en 1830 : Cousin cesse d'enseigner. Il renonce à la philosophie théorique ou n'y revient que pour modifier et corriger, nous le verrons, ses premières idées. Mais il ne cesse pas de travailler pour l'histoire de la philosophie. Son œuvre la plus considérable en ce genre est la grande publication des *Œuvres inédites d'Abélard,* et entre autres du *Sic et Non,* qu'il fait précéder d'une introduction magistrale. Cette introduction pose avec largeur et précision le problème de la philosophie du moyen âge. Le traducteur de Platon, l'éditeur de Descartes, le restaurateur de la philosophie d'Alexandrie oubliée depuis Marsile Ficin, est encore celui qui réveille de ses cendres la scolastique ensevelie depuis Descartes. Tout ce qui s'est fait depuis ce temps en France sur la philosophie du moyen âge a eu pour origine la publication de Cousin. Ajoutons qu'au volume des *Œuvres inédites d'Abélard*, publié en 1836, Cousin ajouta plus tard, en 1868, à ses frais, deux autres volumes d'œuvres complètes, déjà publiées mais non encore rassemblées. A ces travaux sur Abélard il faut joindre ce qu'il a écrit sur Roger Bacon et sur l'*Opus tertium* de cet auteur, récemment découvert dans une bibliothèque de province.

Aux travaux qui portent sur le moyen âge, ajoutons ceux qui ont pour objet le xvii° siècle, surtout ses recherches aussi neuves que curieuses sur le cartésianisme, comprenant deux volumes avec je ne sais combien de pièces inédites, — lettres de Descartes, de Malebranche, de Leibniz, curiosités cartésiennes de toute nature, etc. Le morceau le plus important de cette collection est une vie très étendue du P. André, intéressante non pas tant à cause du personnage, qui est secondaire, que parce qu'elle donne l'historique détaillé et sur pièces de la persécution que la congrégation de Jésus fit subir jusqu'au milieu du xviii° siècle à la philosophie cartésienne. Ainsi, trois volumes d'érudition philosophique, après les hautes généralités de 1828 et de 1829, voilà ce que Cousin fit pour l'histoire de la philosophie pendant le gouvernement de Juillet, dans le temps même où il était occupé à l'œuvre capitale de sa carrière active : la fondation et l'organisation de l'enseignement philosophique.

On n'aurait pas cependant le tableau complet des efforts faits par Cousin pour créer en France l'histoire savante de la philosophie si on ne tenait pas compte des travaux exécutés, sinon sous sa direction, au moins et très certainement par son impulsion. L'instrument qui a servi surtout à cette influence de Cousin a été le corps de l'Académie des sciences morales. C'est par cette Académie et, dans l'Académie, par l'organe de la section de philosophie et au moyen des prix proposés et décernés par cette section, que Cousin, d'après un plan poursuivi sans interruption pendant trente-cinq ans, a suscité une suite de savants ouvrages, dont quelques-uns sont éminents et qui, réunis, forment une histoire complète de la philosophie. C'était Cousin, comme président de la section, qui proposait les sujets, et qui, jusqu'à la fin de sa vie, a rédigé les programmes. C'est ainsi qu'ont été faits les ouvrages suivants, je ne parle que des plus célèbres : l'*Essai sur la Métaphysique d'Aristote*, de M. Ravaisson; la *Logique d'Aristote*, par M. Barthélemy Saint-Hilaire; l'*Histoire de la philosophie cartésienne*, de M. Bouillier; l'*Histoire de l'école d'Alexandrie* de M. Vacherot, l'*Histoire de la philosophie scolastique*, de M. Hauréau; l'*Histoire de la philosophie allemande*, de M. Wilm; et enfin la *Philosophie de Socrate* et la *Philosophie de Platon*, par M. Fouillée.

L'idée d'inaugurer la nouvelle Académie par la mise au concours de la philosophie d'Aristote était une idée hardie, aussi juste qu'opportune. Depuis la chute de la scolastique, Aristote était resté enseveli sous les ruines qu'avait faites la philosophie cartésienne. Proposer un tel sujet était, comme le dit Cousin dans son rapport, un événement philosophique. On sait quel fut le résultat du concours : un livre admirable qui compte aujourd'hui parmi les plus belles œuvres de la critique philosophique française. Je le demande cependant : un tel concours eût-il pu avoir lieu en 1815? Eût-il produit à cette époque une œuvre d'une intelligence aussi profonde et aussi élevée? N'est-ce pas précisément l'esprit de largeur, d'impartialité, d'optimisme à l'égard du passé, développé par Victor Cousin, l'esprit éclectique, en un mot, répandu partout, n'est-ce pas aussi la sagacité du philosophe qui juge le moment venu de faire sortir le philosophe de ses cendres, enfin, n'est-ce pas, en général, l'impulsion donnée à l'histoire de la philosophie qui a été l'occasion, ou, pour mieux dire, la cause déterminante de l'œuvre considérable et hors ligne que nul n'admire plus que nous? C'est donc encore à l'initiative de Cousin qu'il faut attribuer la résurrection d'Aristote dans la philosophie moderne, du moins en France. Si nous passons maintenant, pour abréger, à la fin et au dernier terme de ces concours dont Cousin a été l'initiateur, nous l'allons voir encore ayant la bonne fortune de susciter, au terme de sa carrière, l'un des plus beaux et des plus brillants talents parmi les nouvelles générations philosophiques, M. Alfred Fouillée. A la vérité, M. Cousin n'a pas assez vécu pour voir les résultats des deux concours sur Socrate et sur Platon; mais c'était lui qui avait choisi les sujets, c'est lui qui avait construit et rédigé les programmes; je les vois encore écrits de sa main. Comme il avait commencé, il a fini par Platon; l'idéalisme platonicien a été le nœud et le centre de toute sa carrière philosophique. Il avait toujours rêvé une grande œuvre d'ensemble dans laquelle il eût rassemblé tout ce qui est épars dans ses *Arguments* et qui nous eût donné d'une manière complète et liée toute la philosophie platonicienne. Ce qu'il n'avait pas fait, ce qu'il désespérait de pouvoir faire, il voulut susciter un jeune talent pour l'entreprendre; il sut en quelque sorte l'évoquer, le deviner, et par cela même il a encore sa part dans le beau travail de M. Alfred Fouillée.

N'oublions pas enfin que, dans le dernier concours institué par lui sur *Socrate métaphysicien*, Victor Cousin eut une part d'honneur plus grande encore et plus personnelle que celle qui lui revient déjà pour le choix du sujet et la rédaction du programme : c'est la création même du prix décerné. En effet, en 1867, l'année même qui précéda sa mort, Cousin avait offert à l'Académie, qui l'accepta, le don d'un prix triennal de 3000 francs qui devait porter son nom et qui devait être consacré à un travail de philosophie ancienne, en souvenir sans doute de tout ce qu'il avait fait pour elle. Ce prix, qui servira à sauver parmi nous l'histoire de la philosophie grecque, a déjà suscité de savants et profonds travaux[1]; et ainsi, même

---

1. Citons par exemple l'ouvrage de M. Denis sur la *Philosophie d'Origène*, de M. Chaignet sur la *Philosophie de Pythagore*, et le mémoire non encore publié de M. V. Brochard sur le *Scepticisme dans l'antiquité*.

après sa mort, Cousin aura contribué à stimuler l'activité philosophique. On doit, je crois, compter encore, parmi les services pratiques rendus à la science, la création et le don à l'État de l'admirable bibliothèque philosophique qu'il a passé sa vie à former, et qui n'est pas moins riche d'ailleurs au point de vue littéraire qu'au point de vue philosophique.

Pour conclure, nous ramènerons à trois points les services rendus par Victor Cousin à l'histoire de la philosophie : 1° il a constitué cette science et il en a établi les principes généraux et la haute valeur en la rattachant à l'histoire en général et à la philosophie elle-même; 2° il l'a enrichie à l'aide de publications grandioses (Descartes, Platon, Proclus, Abélard), auxquelles seul il a pu donner par sa gloire même la possibilité de voir le jour; et en particulier, par une fine érudition de détail, il a éclairci quelques-uns des points les plus particuliers de l'histoire des systèmes philosophiques, notamment du cartésianisme : ainsi le détail s'est joint, chez lui, à la généralité; 3° il a suscité une école d'historiens tous animés du même esprit d'impartialité, et qui ont apporté, à l'histoire de la philosophie, les méthodes les plus sûres et les plus précises.

Il resterait à signaler un dernier point, et le plus important de tous, à savoir l'emploi de l'histoire de la philosophie comme méthode de la philosophie elle-même : mais cela touche à la philosophie plus qu'à l'histoire : c'est le centre de tous les travaux de Cousin, c'est l'idée même de l'éclectisme. Ce sera l'objet de notre conclusion ; mais auparavant, considérons-le encore une dernière fois sur le terrain de la philosophie théorique.

XV

LA DERNIÈRE PHILOSOPHIE DE COUSIN

Personne n'ignore que, dans la seconde partie de sa vie, Victor Cousin a plus ou moins modifié et corrigé les doctrines de la première période. Lui-même, tout en atténuant autant qu'il a pu ces changements et en cherchant à sauver le plus possible l'unité de sa vie philosophique, n'a jamais nié cependant que, sur quelques points au moins, sur quelques opinions imprudentes, il avait dû se rétracter. Quelle a été au juste la portée de ces changements? Y a-t-il eu deux philosophies distinctes, ou une seule légèrement modifiée quant à la forme? S'il y a eu deux philosophies, quel est le lien qui les unit, la différence qui les sépare? Quel est le nœud, le secret de cette transformation ? Par quels passages et par quels degrés s'est-elle opérée ? C'est ce que nous voulons maintenant examiner.

Rappelons d'abord les principes que nous avons établis au début de ce travail. Deux traits principaux, avons-nous dit, caractérisent l'entreprise philosophique de Victor Cousin : la restauration de la métaphysique, la restauration de l'idéalisme platonicien.

Cela posé, nous pouvons dire que l'idéalisme platonicien a été et restera jusqu'au bout l'unité de la vie philosophique de Victor Cousin. Cet idéalisme domine aussi bien dans les derniers livres que dans les premiers; dans toutes ses œuvres philosophiques, c'est bien la notion de l'idéal, du divin, de l'esprit supérieur aux sens, qui est la pensée souveraine. Sur ce point fondamental, il n'a pas changé, et il y est resté fidèle depuis le premier jour jusqu'au dernier. Seulement il faut dire que l'idéalisme platonicien est susceptible de prendre deux formes : la forme française et la forme allemande, la forme cartésienne, et la forme hégélienne. Sans nous arrêter à fixer avec précision la différence de ces deux formes, ce qui serait trop long et trop difficile, et nous en référant à ce que chacun sait là-dessus, nous dirons que la transformation de la philosophie de Cousin a consisté surtout dans le passage de la forme hégélienne à la forme cartésienne, c'est-à-dire dans le retour à la forme française et dans l'abandon de la forme allemande de l'idéalisme.

Ce changement en amenait d'autres, ou plutôt il consistait précisément lui-même dans la transformation du panthéisme en théisme et de l'éclectisme en spiritualisme. En effet, si l'on examine de près ce que Cousin avait appelé jusqu'alors éclectisme, on verra que c'était précisément la prétention d'embrasser et de réconcilier tous les systèmes du passé, comme le faisait Hegel lui-même, dans une conception plus large qui n'était autre que le panthéisme. Le panthéisme, en effet, semble bien, au premier abord, donner raison à toutes les philosophies sans se subordonner à aucune ; c'est la réconciliation du spiritualisme ou du matérialisme dans une synthèse qui les dépasse tous deux. En revenant, au contraire, à la forme cartésienne, entendue d'ailleurs dans un sens de plus en plus timoré et exclusif, il ne pouvait plus être question d'éclectisme ; ou du moins on n'entendait plus par là qu'une philosophie de sens commun, donnant satisfaction non plus à tous les systèmes de philosophie, mais à toutes les opinions généralement répandues parmi les hommes. De là enfin, un dernier caractère de cette forme philosophique nouvelle, à savoir le caractère populaire et plus ou moins littéraire. Dans sa première phase, la philosophie de Victor Cousin, bien loin d'être une philosophie populaire et d'être considérée comme telle, passait au contraire, nous l'avons vu, pour une philosophie abstruse et transcendante, à laquelle on imputait les mêmes mérites et les mêmes défauts qu'à la philosophie allemande : la profondeur et l'obscurité. Au contraire, la dernière philosophie de Victor Cousin, représentée surtout par son ouvrage remanié *du Vrai, du Beau et du Bien*, ne fut plus que la forme brillante, éloquente, accessible à tous, de ce qui est passé dans la raison commune soit du platonisme, soit du cartésianisme. Enfin, cette philosophie ainsi transformée en spiritualisme théiste populaire n'avait plus rien de contraire, ni par conséquent rien qui pût être désagréable à la théologie catholique ; au contraire, en mettant sans cesse les dogmes à part dans un terrain réservé, on souscrivait à peu de chose près au fond de la philosophie chrétienne. Aussi, sans être allé jusqu'à l'adhésion explicite, Cousin avait-il fini cependant par ne plus recommander, ne plus citer avec faveur que les noms des grands philosophes chrétiens,

saint Augustin et saint Thomas, Bossuet et Fénelon;
il voyait avec peine toute incursion sur le domaine
de la théologie; il prêchait à tous le respect et le
silence à l'égard du christianisme; enfin ce n'est
un secret pour personne que les meilleurs, les
plus fidèles de ses amis étaient eux-mêmes fatigués
et quelque peu scandalisés, dans leur fierté rationaliste, de voir la philosophie si complètement
sacrifiée à la religion[1].

Tel est l'esprit général de cette dernière évolution
de Cousin, la seule que les générations récentes
aient connue. Ce changement ne se fit pas brusquement; il eut lieu peu à peu et par étapes succes-
sives qu'il est curieux et important d'expliquer.
On pense généralement que ce fut au moment où
Victor Cousin fut chargé de la direction de l'enseignement philosophique qu'il fut amené par politique à changer son attitude philosophique. C'est là

---

[1]. On trouvera peut-être quelque contradiction entre ce tableau
de la philosophie de Cousin (seconde période) et ce que nous
avons dit plus haut dans notre dernier article sur le caractère
libéral de l'enseignement philosophique fondé par lui. Mais il
faut distinguer les dates : ce n'est que tout à fait à la fin, vers
1846, et c'est surtout à partir de 1853, après que Cousin fut tombé
du pouvoir, que s'est accusé le travail de restauration dont nous
parlons. Il correspond donc, pour la plus grande partie, à la
période de sa carrière où il n'avait plus aucune influence officielle.

une erreur historique. Ce ne fut pas du tout en 1830, ce fut beaucoup plus tard qu'eut lieu la transformation dont nous venons d'esquisser les principaux traits. Pendant au moins une dizaine d'années, on ne connut d'autre philosophie de Cousin que celle que nous avons exposée. C'est ce qui résulte des faits significatifs que nous allons résumer.

C'est d'abord en 1833, dans la préface de la troisième édition des *Fragments*, que Victor Cousin, appelé à s'expliquer sur ses rapports avec la philosophie allemande, bien loin de répudier l'influence de l'Allemagne sur sa philosophie, la revendiqua, au contraire, avec le plus d'énergie et de fermeté. Il avouait hautement qu'il relevait de Schelling et de Hegel; il faisait un magnifique éloge de la philosophie de la nature, non pas en quelques lignes, mais en plusieurs pages; et il terminait par ces mots célèbres : « Les premières années du xixe siècle ont vu naître ce grand système. L'Europe le doit à l'Allemagne, et l'Allemagne le doit à Schelling; *ce système est le vrai.* » Ces mots ont été souvent cités, mais on n'en a pas assez remarqué la date. C'est trois ans après la révolution de 1830 que Cousin, devenu pair de France, conseiller de l'Université, n'hésitait pas à proclamer la philosophie de Schelling comme la vraie et dernière philosophie. Voici un second fait : en 1836, Jouffroy, dans la préface des Œuvres de Reid, où il poussait la philosophie écossaise dans une voie critique et demi-sceptique analogue à celle d'Hamilton, décrivait la philosophie française de son temps comme divisée en deux branches : la branche écossaise et la branche allemande. Il était évidemment le chef de l'une et il se regardait comme tel ; par l'autre il entendait l'école particulière de Cousin ; il le désignait lui-même, à côté de Schelling et de Hegel, parmi ceux qu'il appelait des « chercheurs d'absolu », entreprise qu'il déclarait, quant à lui, aussi chimérique qu'ont pu le faire plus tard les fauteurs du positivisme. Ainsi, en 1836, Jouffroy, si près de la source, n'avait encore aucune connaissance d'un changement de direction philosophique dans l'esprit de Victor Cousin. Arrivons à 1840. C'est cette année que commence avec éclat la croisade catholique contre la philosophie de Cousin. En laissant de côté les pamphlets de bas étage, qui sont indignes d'une mention historique, on peut signaler surtout deux ouvrages de sérieuse valeur, écrits avec une véritable déférence pour la personne et pleins d'admiration pour le talent de M. Cousin ; ce sont : l'*Essai sur le panthéisme* de l'abbé Maret, et les *Considérations sur les doctrines religieuses de Victor Cousin*, de l'abbé Gioberti, traduit en français par l'abbé Tourneur. Or ces deux ouvrages sont l'un et l'autre dirigés contre le panthéisme et le rationalisme de Victor Cousin et ne soupçonnent pas le moindre changement dans sa pensée. Ainsi, jusqu'en 1840 au moins, Cousin n'a pas éprouvé le besoin de rien changer à ses opinions philosophiques. C'est seulement à partir de cette époque, et, sans aucun doute, sous le coup de la polémique catholique, que le changement commença à se faire sentir. Reprenons les choses d'un peu plus haut pour nous rendre bien compte de cet événement.

L'occasion déterminante de la transformation philosophique de Victor Cousin a été l'accusation de panthéisme dirigée contre lui par la polémique catholique et contre laquelle il chercha à se défendre dans la préface de 1833 (2ᵉ édition des *Fragments*), dans la préface de 1838 (3ᵉ édition) et dans la préface du *Rapport* sur Pascal, en 1842. Ce qu'il y a d'intéressant à signaler dans cette controverse, c'est que, plus ou moins provoquée, je le reconnais, par les difficultés de la politique universitaire, elle avait cependant dans le fond des choses le mérite et l'avantage, au point de vue philosophique, de poser pour la première fois en France la question panthéistique.

Cette question, en effet, n'avait jamais été clairement et nettement posée dans la philosophie française. Au xviie siècle, par exemple, on comprenait si peu la question du panthéisme, que Fénelon combattait, sous le nom de spinozisme, un système qui n'était pas du tout celui de Spinoza, et il lui opposait une doctrine qui ressemblait beaucoup plus au spinozisme que celle qu'il combattait. Un seul penseur, à cette époque, a bien vu le nœud de la question : ce fut Mairan, dans sa discussion avec Malebranche, où il le presse de lui faire toucher au doigt la différence de son système et de celui de Spinoza. Mais cette correspondance de Malebranche et de Mairan était restée inconnue ; et assurément, quoique fatigué et irrité des objections de Mairan, Malebranche est mort sans avoir eu la moindre concience de son affinité avec celui qu'il appelait « le misérable Spinoza ». Au xviiie siècle, ni Voltaire ni même Diderot n'eurent connaissance de la question panthéistique : on confondait alors le panthéisme et l'athéisme. Le mot de panthéisme ne se trouve seulement pas dans l'*Encyclopédie*. Cette question est née en Allemagne, lors du grand débat de Jacobi et de

Mendelssohn sur le spinozisme de Lessing. En France, au commencement de ce siècle, madame de Staël parlait de panthéisme en parlant des philosophes allemands; mais le point de vue panthéistique était absolument ignoré de la philosophie française. Ce qui le prouve, c'est que, dans la controverse religieuse, si variée et si puissante, qui eut lieu de 1815 à 1830, il n'est jamais fait allusion au panthéisme, et le mot n'est pas même prononcé. L'abbé de Lamennais, le grand controversiste de l'époque, ne parle que de déisme et d'athéisme, jamais de panthéisme.

Le principe panthéistique a donc été posé en France pour la première fois par Victor Cousin dans la préface de 1826 et dans la fameuse proposition : « Dieu, nature et humanité[1]. » Ce fut sur le sens de cette proposition que la discussion s'établit : Victor Cousin fut amené peu à peu à en corriger et même à en retirer les principaux éléments. Ce serait une pensée superficielle de ne voir dans ces changements qu'un calcul politique et le désir de se mettre en règle avec un pouvoir ombrageux et inquiet, qui surveillait avec malveillance, et au grand péril de la philosophie,

---

1. Voir plus haut, p. 175.

l'enseignement universitaire. Non, il y avait au fond quelque chose de plus sérieux ; il y avait un problème philosophique, à savoir de déterminer avec le plus de précision possible les rapports de Dieu et du monde, de l'infini et du fini. Ce n'est pas tout de soutenir le principe de l'unité de substance (que cette substance s'appelle être, liberté, amour, pensée, comme on voudra) ; il reste encore à savoir dans quel rapport elle est, ou elle peut être, avec la personnalité des individus. C'est à l'examen de ce problème que la philosophie éclectique fut occupée pendant une vingtaine d'années, de 1840 à 1860. Cousin, même en reculant sur le terrain où il s'était avancé le premier, a donc contribué à faire serrer d'un peu plus près l'un des plus difficiles problèmes de la métaphysique.

Déjà, dans un article sur Xénophane, en 1827, et plus tard dans cette préface même de 1833 où il déclarait que le système de Schelling était le vrai, Cousin s'était expliqué sur le panthéisme, et il prétendait que sa philosophie n'avait rien à voir avec ce système. Il répudiait surtout de très haut, sous le nom de panthéisme, le système saint-simonien. Suivant lui, le panthéisme consiste à confondre Dieu avec le monde, à faire un Univers-Dieu, tandis qu'il avait lui-même toujours distingué Dieu et le monde, tout en les unissant. Mais cette première apologie ne satisfaisait nullement la critique catholique, et l'abbé Gioberti répondait que le système dont Cousin se séparait ainsi avec hauteur n'était nullement le panthéisme, mais le matérialisme et l'athéisme; or, ce n'était ni d'athéisme ni de matérialisme que Cousin était accusé, mais de panthéisme; il ne se disculpait donc qu'en déplaçant la question.

Il y avait, dans cette réplique de Gioberti, une part de vrai et une part de faux. Sans doute le saint-simonisme était un panthéisme matérialiste, mais ce n'était pas un athéisme, loin de là. Le saint-simonisme était et voulait être une religion. Dans l'*Exposition de la doctrine* de Bazard, il y a une leçon sur l'existence de Dieu prouvée par l'ordre de la nature et le consentement universel. Nous avons connu beaucoup de saint-simoniens; tous étaient des croyants avec aspirations religieuses et nullement des athées. Il fallait donc au moins prendre acte de la rectification et de la réclamation de Cousin, à savoir qu'il n'était pas panthéiste matérialiste, qu'il n'était pas partisan de la réhabilitation de la chair, enfin qu'il ne divinisait pas la matière. Mais ce que Gioberti pouvait dire et ce qu'il disait avec raison, c'est que cette forme de panthéisme n'est pas la seule en philosophie, qu'elle en est même une des plus basses, et il affirmait qu'il y en a au moins trois autres, distinctes l'une de l'autre; c'étaient, disait-il, le panthéisme *émanistique*, le panthéisme *idéalistique*, et le panthéisme *réalistique*. Ces distinctions sont exactes, mais elles peuvent servir à prouver combien il est difficile de ne pas être panthéiste. Un illustre personnage de notre temps, de l'esprit le plus pénétrant, feu M. le duc de Broglie, disait un jour : « Il est plus facile de réfuter le panthéisme que d'y échapper[1]. » Cette pensée, aussi spirituelle que profonde, s'est trouvée vérifiée par l'exemple de Gioberti lui-même. En effet, dans la polémique qui s'éleva plus tard en Italie entre Rosmini et Gioberti, celui-ci ayant accusé Rosmini de panthéisme, Rosmini répliqua par un écrit intitulé : *Gioberti et le Panthéisme*, dans lequel il montra que c'est Gioberti qui est panthéiste beaucoup plus que lui-même, et ils avaient tous deux raison.

Pour en revenir aux trois formes de panthéisme distinguées par Gioberti, on peut dire que le panthéisme émanistique est représenté par l'école

---

1. C'est à nous-même que ce mot a été dit.

d'Alexandrie, le panthéisme idéalistique par l'école éléatique, et le panthéisme réalistique par l'école de Spinoza. Dans laquelle de ces trois formes rentrerait le panthéisme du Cousin? Ce ne serait certainement pas dans la doctrine de l'émanation, car il n'a jamais fait allusion à rien de semblable; ce ne serait pas davantage le panthéisme idéaliste, car il a toujours répudié l'éléatisme; ce ne pourrait donc être que le panthéisme réaliste de Spinoza, admettant à la fois la réalité de Dieu et du monde, et les unissant par un lien indissoluble. Cependant Cousin, dans cette même préface de 1833, essayait de se distinguer de Spinoza en disant que le Dieu de Spinoza est substance mais qu'il n'est pas cause, tandis que Dieu tel qu'il le concevait lui-même était à la fois substance et cause. Mais Gioberti ne se rendait pas à cette explication et il y répondait en distinguant encore deux sortes de panthéisme réaliste : l'un qui considère les attributs et les modes comme éternels en Dieu; l'autre qui les considère comme des productions de Dieu, cette dernière forme étant celle qui caractérisait la doctrine de Cousin.

Dans la préface de 1838 (3ᵉ édition des *Fragments*), Victor Cousin revient encore sur cette question du panthéisme, et il cherche de nouvelles explications. S'il a parlé d'unité de substance, dit-il, il ne l'a fait qu'accidentellement et par hyperbole; il a voulu simplement accentuer la différence de l'être absolu et de l'être relatif; il a voulu dire qu'à proprement parler, Dieu est le seul être qui mérite ce nom; et « qu'en face de l'être absolu et infini, les substances finies sont bien près de ressembler à des phénomènes »; les platoniciens et les Pères de l'Église avaient souvent eux-mêmes employé un pareil langage. Il est à remarquer que, du temps même de Spinoza, Bayle nous rapporte une justification semblable donnée par certains spinozistes, et il démêlait avec sa sagacité pénétrante et subtile l'équivoque contenue dans cette apologie[1]. Il est douteux également que l'explication atténuante, proposée ici par Victor Cousin, pût s'appliquer à tous les passages incriminés. Sans doute, au point de vue d'un platonisme un peu exalté, on peut bien dire que le monde n'est rien par rapport à Dieu; mais, en dehors du panthéisme, on ne peut pas dire que Dieu lui-même n'existerait pas sans le monde : or c'était là ce qu'avait dit Cousin : « Un Dieu sans monde est aussi incompréhensible qu'un monde sans Dieu. »

1. *Dictionnaire*, art. SPINOZA, note DD.

Et ailleurs : « Si Dieu n'est pas tout, il n'est rien. » Cousin était plus heureux lorsqu'il soutenait que sa doctrine morale et politique sur la personnalité humaine était exclusive du panthéisme. « Si le moi est une force libre, comment serait-il une modification de l'absolu? » C'était mettre le doigt sur le point vif de la question. Comment concilier avec le panthéisme de Schelling et de Hegel la doctrine kantienne de la valeur absolue de la personne humaine? Cette difficulté est telle que certaines écoles, pour sauver la liberté humaine, se croient obligées d'écarter non seulement le panthéisme, mais le théisme même. Sans aller jusque-là, peut-on cependant reconnaître la personnalité humaine sans reconnaître par là une limite à l'identification des deux forces, c'est-à-dire au panthéisme? Restait la doctrine de la création nécessaire, que Victor Cousin, toujours dans cette même préface, essayait d'expliquer dans un sens non panthéistique. En parlant de création nécessaire, il aurait simplement voulu dire que Dieu agit conformément à son essence. Or Dieu étant toujours en acte, et cela même étant son essence, il est essentiellement créateur. Une puissance essentiellement créatrice n'a pas pu ne pas créer, de même qu'une puissance essentiellement intelligente ne peut pas ne pas penser. Cette explication ne levait pas beaucoup la difficulté; car entre une création nécessaire et une création essentielle il n'y a pas grande différence.

En résumé, jusqu'en 1838, les explications proposées étaient plutôt des réserves et des atténuations que des rétractations véritables du fond de la doctrine. Il faut arriver jusqu'en 1842 pour saisir le point précis de la transformation philosophique que nous avons indiquée. Seraient-ce les deux écrits théologiques que nous avons signalés plus haut, celui de l'abbé Maret, ou celui de l'abbé Gioberti (1840), qui auraient décidé la crise de réaction qui commence à cette époque? Est-ce la campagne ouverte alors par le clergé contre l'Université qui a déterminé cette volte-face décisive? Cela est possible et même probable. Suivons cependant les phases de cette nouvelle évolution. C'est en 1842, disons-nous, dans la première préface de son *Rapport sur les pensées de Pascal*, que Cousin sacrifie décidément le panthéisme de Hegel au théisme de Descartes et de Leibniz. Dans cette préface, il s'explique encore une fois sur le panthéisme et sur la création nécessaire. Sur le premier point, il dit que, dans tous les passages où il avait paru confondre Dieu avec le monde, il avait voulu dire simplement que Dieu n'est pas absent du monde, qu'il s'y est manifesté, qu'il y est d'une manière obscure dans la nature, d'une manière plus claire et plus distincte dans l'âme humaine : d'où il suivrait que ce qu'on appelait alors le panthéisme de M. Cousin n'aurait été en réalité que la doctrine toute chrétienne de la Providence. Sur la nécessité de la création, il distinguait avec Leibniz une nécessité physique et une nécessité morale; il consentait même à retirer cette expression de *nécessité* et à la remplacer par la *convenance;* en un mot, il se réfugiait dans l'optimisme de Leibniz.

En même temps qu'il expliquait dans le sens théiste toutes les propositions panthéistiques de ses premiers écrits, il essayait, par une interprétation analogue, de couvrir et de disculper ce qui avait paru agressif à la religion chrétienne dans plusieurs passages de ses ouvrages. Il affectait de croire que l'opposition de ses adversaires n'était autre que celle de l'école ultramontaine et traditionaliste, ennemie exagérée de la raison naturelle. Il opposait à la doctrine de l'abbé de Lamennais, qui niait toute philosophie, la doctrine traditionnelle de l'église chrétienne, qui avait toujours distingué la raison de la foi, et qui avait toujours reconnu la première comme légitime dans son domaine et dans ses limites. Il essayait de faire croire qu'il n'avait jamais été au delà de cette distinction et que lorsqu'il avait dit que la philosophie doit éclairer la foi, c'était dans le sens des grands théologiens chrétiens, qui avaient toujours essayé de rendre intelligibles les mystères par quelque analogie avec la raison : *fides quærens intellectum*.

Cette *Préface* de Pascal est la véritable déclaration de principes du nouvel éclectisme. A partir de ce moment jusqu'à sa mort, Cousin n'a fait que l'affirmer de plus en plus. Cependant il est vrai de dire que ses principales déclarations en ce sens datent surtout de 1853, c'est-à-dire de la troisième édition *du Vrai, du Beau et du Bien*. La préface de Pascal avait un instant éveillé les espérances des catholiques; mais nous voyons, par la traduction de Gioberti en 1847 par l'abbé Tourneur, que ces espérances n'avaient pas paru suffisamment réalisées. Même la première édition *du Vrai, du Beau et du Bien*, en 1846, quoique déjà singulièrement modifiée, avait encore paru assez hétérodoxe. La critique du mysticisme avait été attaquée comme une critique du christianisme. Il y était encore parlé de la doctrine de la chute comme d'un mythe. C'est surtout dans l'édition de 1853, et dans la préface de cette édition, que l'on vit hautement déclaré le désir de s'entendre avec la religion pour la défense des grandes vérités morales et religieuses[1].

Sans vouloir suivre dans le détail l'histoire des remaniements, corrections, rétractations de Victor Cousin, prenons la question de plus haut et demandons-nous d'une part ce qu'il pouvait y avoir de légitime et de fondé dans cette évolution de la philosophie de Victor Cousin, et aussi ce qu'elle a eu de factice et même de funeste pour sa gloire et pour sa cause. En principe, le retour du panthéisme au théisme n'avait rien que de légitime en soi, même philosophiquement, même scientifiquement; et Victor Cousin eût pu facilement justifier sa nouvelle philosophie sans avoir besoin de toutes les petites adresses, de toutes les petites ruses qu'il a employées pour faire croire qu'il avait toujours pensé la même chose. Toutes ces adresses, n'ayant jamais trompé personne, ont porté le plus grand préjudice à la doctrine elle-même. N'eût-il pas mieux fait de dire, par exemple, que lorsqu'il avait exposé sa première philosophie, la question

---

1. Voir aussi la fin de la dixième leçon, qui a été également ajoutée dans cette édition de 1853.

panthéistique n'était pas posée et qu'elle ne l'a été que par cette philosophie même ? En 1828, la question n'existait pas, ou elle était tout autre. Il ne s'agissait pas de savoir si l'on croirait ou non au Dieu personnel, mais si l'idée de Dieu elle-même rentrerait ou non en philosophie. Quel spiritualiste aujourd'hui n'accepterait pas l'alliance du panthéisme contre le matérialisme et le positivisme ? Or, à cette époque il ne s'agissait pas d'alliance avec le panthéisme ; car on ne savait pas même ce que c'était ; les limites et les distinctions n'étaient pas posées et ne l'ont été que plus tard par la controverse elle-même. L'idée de Dieu avait été écartée de la science par le matérialisme et l'idéologie du xviii° siècle. Le plus pressé était de l'y faire rentrer : il n'y avait pas à chicaner sur les conditions. La conception panthéistique pouvait même tout d'abord séduire par l'avantage de réconcilier et d'embrasser à la fois le spiritualisme et le matérialisme, la philosophie du xvii° siècle et celle du xviii° dans une philosophie supérieure.

Mais, il faut le dire, en 1840, ces espérances avaient été en grande partie déçues. Le panthéisme en France, avec le saint-simonisme, était retourné au matérialisme, et une révolution analogue avait eu lieu en Allemagne. Tant que Hegel avait vécu, son grand esprit avait maintenu l'équilibre entre les deux éléments dont se compose toute philosophie panthéiste; mais, lui mort, ces deux éléments s'étaient violemment séparés. La gauche hégélienne avait été de plus en plus entraînée dans la voie du naturalisme. On sait que, dans la philosophie de Hegel, l'Idée ou principe suprême passait par trois moments : l'Idée en soi (Logique); l'Idée hors de soi (Philosophie de la nature); et l'Idée en soi et pour soi (Philosophie de l'Esprit). Or la gauche hégélienne supprimait la première phase, à savoir la logique. Elle faisait, pour la philosophie de Hegel, ce que Straton de Lampsaque avait fait pour la philosophie d'Aristote : elle absorbait la métaphysique dans la physique [1]. Par réaction, la droite hégélienne revenait de plus en plus au spiritualisme. Non seulement ces divisions avaient lieu dans l'école hégélienne, mais le grand créateur de

---

1. Ravaisson, *Essai sur la métaphysique d'Aristote*, t. II, p. 27. « De même, dans l'école péripatéticienne, la métaphysique se rapprocha peu à peu de la physique, quoique par une lente dégradation. Peu à peu, l'idée d'un principe suprême consistant tout entier dans la pensée s'éloigne et s'amoindrit, laissant le monde naturel subsister et se soutenir de plus en plus par lui-même. En même temps, l'idée de la nature gagne peu à peu en force et en profondeur, et la physique s'enrichit insensiblement de la substance de la métaphysique. »

la philosophie de la nature, Schelling, faisait sur lui-même une révolution analogue, et il revenait, lui aussi, à une sorte de philosophie chrétienne. Je ne compare que les directions, et non le fond des choses ; car la dernière philosophie de Schelling est encore pleine de vues profondes et originales, tandis que Cousin a modifié la sienne dans un sens exclusivement populaire, et sans y introduire aucunes vues nouvelles : mais je ne parle que du bien fondé de la révolution en elle-même. Plus Cousin vieillissait, plus le mouvement matérialiste et athée qu'il avait combattu dans sa jeunesse reparaissait avec puissance et violence. Les idées allemandes, qu'il avait lui-même contribué à introduire, se retournaient contre la pensée spiritualiste, idéaliste, platonicienne, qui avait été et est restée l'âme de sa philosophie. Un des premiers, il avait deviné et dénoncé à ses amis ce qui allait arriver : « Il se prépare, disait-il à M. de Rémusat en 1850, un grand mouvement athée en Europe. » C'est contre ce mouvement athée que, suivant l'une des lois les plus connues de la mécanique des idées, il se rejeta dans la réaction philosophique. Qu'eût fait Hegel s'il avait lui-même assisté à ce mouvement? Qu'eût-il dit de la métaphysique de Feuerbach, de Schopenhauer et de Büchner ? Qu'eût-il dit de la théologie du docteur Strauss ?

Sans doute, comme nous le dirons, cette philosophie de plus en plus populaire et littéraire ne pouvait guère lutter avec avantage contre l'envahissement d'une philosophie armée de tant de forces nouvelles. Mais c'est là une question de forme, non de fond. La vraie question, au point de vue philosophique, était de savoir si l'on pouvait s'en tenir à un panthéisme vague qui se dissolvait de toute part en Allemagne, si le moment n'était pas venu de rentrer dans la philosophie nationale, de remonter jusqu'à la source de la philosophie française, en un mot, de revenir à la philosophie de Descartes. C'était, dira-t-on, un recul ; mais souvent, en philosophie, le recul est un progrès. N'avons-nous pas aujourd'hui un néo-kantisme? Pourquoi n'y aurait-il pas eu en 1840 un néo-cartésianisme? La première philosophie de Cousin, inclinant vers le panthéisme, laissait indécise la question des limites du Créateur et de la créature. Absorberait-on Dieu dans l'homme ou l'homme en Dieu? Le premier n'eût été que l'athéisme ; le second le mysticisme. Or Cousin n'avait jamais été ni athée ni mystique, et il ne voulait être ni l'un ni l'autre. Mais, du moment qu'on n'absorbe ni Dieu dans l'homme, ni l'homme en Dieu, quels que soient d'ailleurs les rapports indéterminés que l'on laisse entre l'un et l'autre, le panthéisme se rapproche du théisme et même sera porté à en prendre de plus en plus la forme et les formules. Que, plus tard, sous l'influence de faits nouveaux et de circonstances différentes, la philosophie ait pu être appelée à prendre des formes nouvelles que nous n'avons pas à juger ici, cela est possible, et nous ne voulons soulever aucune polémique contemporaine. Mais qu'alors, dans la dissolution universelle qui partout tournait au profit de l'athéisme, il y eût lieu à un retour à la philosophie de Descartes, renouvelée à l'aide de Leibniz et de Biran, c'est ce qui me paraît encore aujourd'hui parfaitement fondé. Cette nouvelle forme de l'éclectisme eut surtout pour interprètes les élèves de Cousin : Saisset, Jules Simon, Franck, Bouillier, Bersot; et Cousin lui-même, de plus en plus loin des choses, fut souvent, si j'ose dire, l'élève de ses élèves. Mais, sans distinguer la part de chacun, nous affirmons que ce mouvement était légitime, répondait à la situation, n'engageait nullement l'avenir; c'était une philosophie de recueillement et d'observation et non une rétractation humiliante du passé.

Néanmoins, tout en considérant comme légitime et fondée en soi l'espèce de rupture de Cousin avec lui-même, et tout en rappelant quelque chose d'analogue chez les plus grands penseurs de notre siècle : chez Fichte, accusé d'athéisme en 1796 et finissant par le mysticisme ; chez Schelling passant, nous l'avons dit, du panthéisme au néo-christianisme ; chez Biran, du stoïcisme au quiétisme ; chez Cabanis, passant du matérialisme de son premier ouvrage au théisme de la *Lettre à Fauriel;* — malgré, dis-je, tous ces exemples, nous sommes obligé cependant de reconnaître que la forme donnée par Cousin à sa dernière philosophie a été plus préjudiciable qu'utile, et a été une raison de faiblesse et de recul pour la cause même qu'il voulait servir.

Lorsque Victor Cousin commença la réforme de sa philosophie, il était éloigné de la science pure depuis une dizaine d'années par deux circonstances différentes : d'abord, son rôle d'administrateur, de directeur de l'enseignement philosophique, rôle plus ou moins lié à la politique ; en second lieu, son goût de plus en plus vif pour la littérature et pour la langue littéraire. Or la métaphysique a beau avoir des rapports très étroits avec la vie, avec les besoins légitimes de l'âme, et trouver son appui dans les instincts naturels de l'homme, elle n'en est pas moins en elle-même une science et une science des plus difficiles, que non seulement il faut apprendre, mais qu'il faut cultiver sous peine de ne plus être au courant des choses, de ne plus comprendre les questions, de négliger les difficultés les plus graves, et de tout confondre dans des généralités de plus en plus vagues. L'esprit des affaires est incompatible avec les précisions philosophiques : première raison d'affaiblissement pour la science pure. Absorbé par une autre entreprise que nous avons expliquée en détail et qui était elle-même de la plus haute importance, la création d'un grand enseignement philosophique, Victor Cousin s'était, de plus en plus, éloigné de la science technique. D'un autre côté, la littérature a sans doute ses précisions; mais elles ne sont pas les mêmes que celles de la philosophie. Les scrupules et les délicatesses de l'écrivain littérateur s'accommodent peu des nécessités techniques de la science. Cousin, relisant ses premières leçons, les trouvait barbares, insupportables, incompréhensibles; elles le rebutaient, et avec raison, car aujourd'hui encore elles ne nous intéressent qu'à titre de documents et comme moyens de reconstruction d'une philosophie oubliée. Par ces diverses raisons, la philosophie de Cousin, dans sa seconde phase, devait prendre une forme toute populaire. En ce genre, sans doute, cette philosophie a encore une sérieuse valeur; et le livre *du Vrai, du Beau et du Bien* sous sa forme dernière, restera dans notre littérature comme le monument le plus noble et le plus élégant de l'idéalisme platonicien mis à la portée du vulgaire. Mais, en même temps, on ne peut nier qu'en donnant cette forme au spiritualisme, on lui donnait en apparence une forme de lieu commun populaire de plus en plus contraire à l'esprit nouveau qui éclatait alors. Ce que Cousin n'a pas du tout compris dans le mouvement qu'il vit se former autour de lui et contre lui à la fin de sa vie, c'était le besoin scientifique, le besoin d'appliquer à la philosophie le même esprit de désintéressement abstrait que l'on apporte dans toutes les autres sciences, de chercher la vérité pour elle-même, abstraction faite de son utilité morale ou sociale. En donnant au spiritualisme la forme d'une prédication oratoire, il lui donnait la forme antiscientifique précisément au moment où l'esprit scientifique devenait un besoin plus impérieux; en cela, il tournait le dos à l'esprit du temps. Ses appels éternels au sens commun étaient ce qui compromettait le plus les doctrines qu'il voulait défendre. L'idée d'une humanité inspirée, qui avait été l'idée de Vico et de Schelling et que lui-même avait exprimée tant de fois avec éloquence, était devenue, en s'appauvrissant de plus en plus, un appel banal au sens commun vulgaire ; et Cousin retournait à la philosophie de Reid, qu'il avait lui-même autrefois si hautement dédaignée. La liberté de la science, la liberté de l'esprit non seulement à l'égard des dogmes révélés, mais à l'égard de tout dogmatisme, est un besoin légitime en philosophie et est même le besoin philosophique par excellence. Cette liberté paraissait proscrite par le nouvel éclectisme. Le droit, je dis plus, le devoir philosophique par excellence, suivant Descartes, de ne rien accepter que sur l'évidence, c'est-à-dire après examen critique et dans tous les sens, était ou paraissait sacrifié à un besoin tout pratique de se mettre d'accord avec l'opinion commune. On fournissait ainsi aux adversaires une arme facile dont ils ont usé et abusé jusqu'à satiété ; on leur donnait en apparence le droit d'opposer le spiritualisme à la science ; ce qui, dans un temps où la science elle-même allait devenir à son tour une sorte de religion, était préparer au spiritualisme les plus fâcheuses épreuves.

Il en était de même de la tentative exagérée de mettre d'accord la philosophie et la religion. Victor Cousin avait raison, sans doute, au point de vue pratique, de chercher un terrain commun sur lequel les deux puissances pussent s'entendre, et la distinction du naturel et du surnaturel est, en effet, la vraie base sur laquelle, sans attenter à la liberté de conscience, on peut fonder un enseignement neutre et laïque; car l'Église elle-même, qui admet cette distinction, n'a rien à objecter théologiquement contre un enseignement philosophique purement rationnel, pourvu qu'il ne soit pas agressif contre l'Église. Mais de cette règle pratique faire une sorte de règle théorique, interdire à la philosophie comme science ce qui n'est défendu qu'à la philosophie enseignante, chercher surtout, et avec une préférence affectée, l'expression vraie du spiritualisme dans les philosophes chrétiens, sans faire jamais, à la vérité, acte d'adhésion explicite au dogme, mais en exprimant toujours le désir qu'il ne fût pas touché au dogme, c'était donner à la philosophie l'apparence d'une auxiliaire de la religion, c'était autoriser l'accusation de vouloir fonder une orthodoxie laïque, sorte de vestibule de l'orthodoxie religieuse. Or une telle entreprise, au moment même où l'orthodoxie religieuse elle-même devenait de plus en plus étroite, où l'Église manifestait l'intention évidente de ressaisir la société, où elle éliminait successivement de son sein tous les éléments libéraux, où, réactionnaire sur elle-même, elle rétrogradait non seulement au delà de Lacordaire et de Montalembert, mais au delà de Bossuet et de Descartes, toutes ces concessions autorisaient les adversaires à confondre sous le même nom d'orthodoxie et le spiritualisme et le cléricalisme le plus absurde. C'était faire les affaires des adversaires de tout spiritualisme. Quelle est, en effet, la tactique de ceux-ci? C'est d'éliminer du terrain philosophique et scientifique le spiritualisme lui-même comme une branche de l'orthodoxie religieuse ; c'est de lui ôter les droits et les titres d'une philosophie; c'est de le confondre avec les adversaires éclairés ou non de toute libre pensée et, en particulier, avec ceux pour qui la pensée en elle-même n'a aucune valeur, et qui ne voient dans les philosophies diverses que des formes de la lutte sociale et politique.

En un mot, dans un temps où l'esprit critique devenait de plus en plus exigeant, c'était travailler à rebours que de résumer la philosophie dans quelques affirmations vagues et toujours les mêmes sous une forme qui n'était pas très éloignée de la prédication.

Nous avons vu de nos jours les conséquences de cette erreur de Victor Cousin. On l'a pris au mot ; on n'a plus vu dans sa philosophie que ce qu'il avait voulu y mettre. Le grand rôle initiateur et promoteur par lequel il avait débuté dans la carrière fut oublié, méconnu, comme il l'avait voulu lui-même. Ses livres, sans cesse remaniés et affadis, n'ont plus été connus que par les pâles exemplaires qu'il avait substitués aux fières et énergiques esquisses de sa jeunesse. Il a voulu faire disparaître toutes les traces de haute pensée qui avaient remué ses contemporains, et il y a réussi. Il est la première cause de l'injustice et de l'ingratitude des générations nouvelles ; mais, ce qui est plus grave, c'est que cette erreur n'a pas seulement nui à lui-même, elle a pesé sur son école et sur le fond même de sa philosophie. Tous ceux qui l'ont suivi ont eu à se défendre contre cette accusation d'orthodoxie et de lieu commun qu'il avait imprudemment attirée contre sa doctrine. Restituer au spiritualisme sa part et sa place dans la libre pensée, le faire rentrer dans le giron de la philosophie au même titre que toute autre doctrine, le délivrer de tout patronage artificiel et de toute complicité réactionnaire, lui ôter l'apparence d'un parti pris, le réconcilier avec le libre examen, la critique, l'esprit nouveau, telle est l'œuvre ingrate et pénible à laquelle notre illustre maître nous a condamnés et sans laquelle notre philosophie aurait continué d'être considérée comme une *ancilla theologiæ*. En rompant, pour notre part, avec cette tradition d'orthodoxie réactionnaire, nous avons toujours cru consulter le véritable intérêt de la philosophie spiritualiste, nous sommes resté fidèle à l'esprit même de Cousin, à sa grande époque, lorsqu'il disait : « La philosophie est la lumière des lumières, l'autorité des autorités. »

Au reste, nous sommes loin de penser que le spiritualisme cartésien soit le dernier mot de la pensée humaine ; même remanié à l'aide des idées de Leibniz et de Maine de Biran, il laisse encore bien des questions ouvertes et bien des points obscurs qui nous empêchent d'être complètement satisfait. Nous ne pouvons pas croire que le grand mouvement allemand de Kant à Hegel se soit produit en vain et soit absolument vide de sens ; il serait aussi bien étrange que la prodigieuse revendication qui s'est élevée de toute part en Europe au nom de l'expérimentalisme ne fût qu'une insurrection superficielle, une révolution sans portée. Quel champ ouvert encore à la philosophie de l'avenir ! Sans renier aucune de ses convictions, on peut admettre ingénument que le monde ne finit pas avec nous. Ce n'est donc nullement dans la pensée d'enrayer le travail puissant, quoique confus, de la pensée actuelle (entreprise d'ailleurs aussi inutile qu'absurde) ; ce n'est pas par lassitude d'une pensée vieillie que nous avons cru devoir réclamer les droits du passé. C'est, au contraire, parce que nous avons une foi profonde et de plus en plus vive en la philosophie, que nous avons voulu que justice fût rendue à tout le monde, et surtout au principal maître de la culture philosophique de notre siècle.

XVI

COUSIN LITTÉRATEUR ET ÉCRIVAIN

Victor Cousin n'a pas été seulement un philosophe ; il a été aussi un littérateur. Quelques-uns même disent qu'il n'a été que cela. On peut apprécier la valeur de ce jugement après la longue étude à laquelle nous nous sommes livré ; on en jugera mieux encore après notre conclusion. Ce qui est certain, c'est le goût et le talent de Cousin pour la littérature proprement dite. Il avait fait de brillantes études littéraires. A sa sortie de l'École normale, il était resté deux ans le répétiteur de Villemain, dont il avait été l'élève. Devenu suppléant de Royer-Collard, il se livra alors exclusivement à la philosophie, et nous ne l'avons vu faire aucune diversion à ces études pendant les quinze années de la Restauration. Il en fut de même dans les premières années du règne de Louis-Philippe. Son premier essai dans la pure littérature fut son écrit sur Santa-Rosa, en 1838, le premier travail qu'il ait donné à la *Revue des Deux Mondes*, dont il devint depuis lors et jusqu'à sa mort le fidèle et infatigable collaborateur. C'est dans cette *Revue* et dans le *Journal des savants* que, pendant les trente dernières années de sa vie, peu à peu détourné de la philosophie proprement dite, il se livra aux étude littéraires et historiques qui allaient devenir pour son talent l'occasion d'un si brillant rajeunissement. L'article sur Santa-Rosa fit grande sensation; c'est, en effet, une des plus belles choses qu'il ait écrites; sa plume s'était en quelque sorte amollie et attendrie au souvenir de cette amitié de jeunesse, qui avait jeté un instant un rayon de poésie dans une vie dure et laborieuse. C'est surtout en 1840, à partir de ses études sur Pascal, que le goût et même la passion de la littérature, de la langue et du style s'empara de lui et le détacha de plus en plus de la philosophie. Dès lors, le nombre de ses travaux purement littéraires va toujours croissant. En voici le résumé : *Rapport sur la nécessité d'une nouvelle* édition des *Pensées de Pascal* (1842); — *la Jeunesse de Madame de Longueville* (1852); — *la Marquise de Sablé* (1854); — *la Duchesse de Chevreuse* (1855); — *Madame de Hautefort* (1856); — *le Grand Cyrus et la Société française au xvii° siècle* (1858); — *Madame de Longueville pendant la Fronde* (1859); — *la Jeunesse de Mazarin* (1860); — *le Connétable de Luynes*, resté inachevé.

Quelles ont été les doctrines littéraires de Cousin? Il semblerait assez naturel, d'après les principes de sa philosophie, d'attendre de lui, en littérature comme en philosophie, une doctrine d'éclectisme. Ce ne fut pas du tout son rôle. L'éclectisme en littérature est représenté par Villemain et non par Cousin. C'est Villemain qui a cherché une moyenne et une transaction entre l'école classique et l'école romantique, entre l'admiration de nos chefs-d'œuvre et celle des chefs-d'œuvre étrangers, entre Racine et Shakespeare; mais lorsque Cousin est arrivé à la critique littéraire, il n'était plus, à proprement parler, éclectique; il avait fait son choix et il avait pris définitivement parti pour la philosophie spiritualiste du xvii° siècle. Pour la même raison, il prit la défense de la littérature du grand siècle. Il fut classique comme il était cartésien. Ses doctrines littéraires vinrent se rencontrer avec celles d'un autre critique éminent et illustre dont le rôle avait été précisément, en présence du romantisme et de l'éclectisme, de sauver et de relever les grandes doctrines de la tradition classique, M. Nisard. Cousin fut donc classique ainsi que M. Nisard; mais il le fut différemment. L'un et l'autre admiraient le grand siècle, mais non pas la même époque dans le même siècle. Pour M. Nisard, l'idéal de la littérature française, c'est le règne de Louis XIV. Pour Cousin, c'est le règne de Louis XIII et l'époque de la Fronde; pour lui, c'est la première moitié du XVIIe siècle qui est le grand siècle; pour M. Nisard, c'est la seconde. Ce que Cousin met au-dessus de tout, c'est la grandeur; ce que M. Nisard admire plus que tout, c'est la perfection. Pour Cousin, les plus grands hommes du règne de Louis XIV viennent de plus loin et ils ont leur origine dans la première moitié du siècle; pour M. Nisard, c'est Louis XIV qui a imprimé le cachet de sa majesté, de sa haute raison, aux hommes qu'il a su grouper autour de lui [1].

1. Je n'ai pas besoin d'ajouter à cette comparaison qu'autre chose est d'avoir jeté çà et là quelques idées originales dans des fragments et des travaux historiques, autre chose d'avoir donné dans une œuvre complète toute une théorie de la littérature française.

large, tout ce qui est écrit fait partie de la littérature : sans doute, la littérature est l'expression des mœurs et de la société ; elle est une partie de l'histoire de l'esprit humain ; à tous ces points de vue, la littérature peut comprendre tout ce qui intéresse les hommes ; mais, dans le sens propre, elle ne comprend que ce qui est écrit avec art. Il y a un art d'écrire comme un art de peindre et de dessiner. Il y a des formes littéraires comme il y a des formes plastiques. L'art d'écrire, c'est le style : est écrivain quiconque a du style ; n'est pas écrivain quiconque n'en a pas. Or Victor Cousin avait au plus haut degré le sentiment du style. Il aimait passionnément et jugeait merveilleusement les beautés du style. Il caractérisait de la manière la plus ferme et la plus concise le génie propre de nos grands écrivains. Dans son *Rapport* sur Pascal, dans son chapitre sur l'*Art français*, ajouté, en 1853, à son livre *du Vrai, du Beau et du Bien*, dans son écrit sur le *Style de Jean-Jacques Rousseau*, il résumait en quelques traits mâles et rapides toute l'histoire de la prose française.

Les deux points de vue précédents, quelque intéressants qu'il puissent paraître, ne sont pas ce qu'il y a de plus important dans l'œuvre littéraire de Victor Cousin. Ce qui est bien plus considérable, c'est le point de vue tout à fait nouveau qu'il a introduit dans l'étude et dans la critique des textes classiques. Là, il a fait, on peut le dire, une véritable révolution. Le point de départ de cette révolution a été son travail sur Pascal. Le premier (et cela était bien surprenant après tant d'éditeurs de Pascal depuis près de deux siècles), le premier, dis-je, il a eu l'idée d'aller confronter le texte des éditions consacrées avec le texte original et authentique conservé à la Bibliothèque nationale. Dire qu'il a déchiffré ce texte, ce serait probablement trop dire; il y avait heureusement deux copies, dont l'une était absolument contemporaine et faite sous les yeux de la famille, et l'autre assez postérieure. C'est à l'aide de ces deux copies que l'on a pu lire le manuscrit original, écrit, comme on sait, d'une manière tout hiéroglyphique. En se servant de ces documents et en les comparant au texte imprimé, Cousin reconnut bien vite un bon nombre d'altérations dont on peut voir le détail dans son ouvrage; et, comme son esprit était toujours porté à la généralisation, il indiqua tout d'abord la conséquence générale de ce fait, à savoir la nécessité d'une refonte de tous nos textes classiques, qui tous avaient plus ou moins subi des modifications de ce genre, par exemple les *Sermons* de Bossuet, les *Lettres* de madame de Sévigné, les *Mémoires* de Saint-Simon. Il mit en relief cette idée, à laquelle on ne s'était pas encore habitué, c'est que les classiques sont devenus pour nous des anciens, et que le XVIIe siècle est une troisième antiquité qu'il faut traiter avec le même soin religieux que les deux autres. Sainte-Beuve, dans un article[1] sur l'édition des *Pensées* par M. Faugère, remarquait avec pénétration la nouveauté du point de vue que cette manière d'entendre la critique introduisait dans la littérature française. Après la période classique, après la période romantique, il en signalait une troisième : la période philologique que M. Cousin inaugurait ; et, en effet, cette prévision s'est réalisée et c'est évidemment à cette vive prédication en faveur de la révision de nos textes classiques qu'est due la grande entreprise de M. Ad. Regnier, dans laquelle précisément nous trouvons réalisée l'œuvre réclamée par Victor Cousin.

Dans le même article que nous venons de citer, Sainte-Beuve relevait encore un des traits caractéristiques du talent de Cousin, celui d'entraîner et d'intéresser les autres à tout ce qui l'intéressait

---

1. *Revue des Deux Mondes*, 1er juillet 1844.

lui-même. « C'est la destinée et l'honneur de certains esprits, disait Sainte-Beuve, c'est la magie de certains talents illustres de ne pouvoir toucher à une question qu'elle ne s'anime un instant d'un intérêt nouveau, qu'elle ne s'enflamme et n'éclate aux yeux de tous. » En signalant ce don de Cousin, Sainte-Beuve faisait allusion à l'espèce de concurrence, et même de concurrence passagèrement victorieuse, que Cousin lui avait faite à lui-même sur un terrain que Sainte-Beuve, il faut le reconnaître, avait choisi le premier et dont il croyait s'être assuré l'absolue propriété. C'était Port-Royal, alors si ignoré et si oublié que Royer-Collard, causant de ce sujet avec Sainte-Beuve, lui-disait : « Nous causons de Port-Royal; mais savez-vous bien, monsieur, qu'il n'y a que vous et moi en ce temps-ci pour nous occuper de telles choses? »

En 1840, Sainte-Beuve publia son premier volume, et, il faut le dire pour ceux qui ignorent l'histoire de ce temps-là, ce volume n'eut aucun succès. Il parut lourd, pénible, entortillé, bourré de théologie austère et aride. L'impression générale fut celle d'un échec. Cependant les curieux commençaient à s'y intéresser et à deviner ce qu'il pouvait y avoir de vivant dans cette grande étude, lorsque tout à coup Victor Cousin intervint avec éclat par son *Rapport* sur Pascal, par son livre sur Jacqueline, par ses articles sur la philosophie de Pascal, et sur Port-Royal. Sainte-Beuve, dans la préface de son troisième volume, fait allusion à cette irruption, qui semblait lui ravir la propriété de son sujet : « Je ne viens pas me plaindre, dit-il, du succès qu'a eu mon sujet ; mais Port-Royal est devenu de mode ; c'est là un fait ; c'est plus même que je n'avais espéré, plus peut-être que je n'aurais désiré. J'y reviens aujourd'hui légèrement mortifié, ne souhaitant plus qu'une chose : l'achever dignement. » Il est donc certain, de l'aveu de Sainte-Beuve, que celui qui a lancé le sujet de Port-Royal, celui qui l'a fait entrer dans le courant public, c'est Victor Cousin. Que Sainte-Beuve en ait été légèrement mortifié, on le comprend ; mais on ne peut dire cependant qu'il y ait eu concurrence déloyale. Sainte-Beuve aurait pu faire lui-même la découverte qu'a faite Cousin ; il n'avait pour cela qu'à aller à la Bibliothèque nationale. Mais cette découverte une fois faite, Cousin pouvait-il s'en priver ? ou encore devait-il s'abstenir de la faire valoir avec feu et éloquence, ce qui était sa nature propre ? ou enfin, parlant de Pascal, pouvait-il ne pas parler de Port-Royal ? Tout cela était inévitable.

C'était une rencontre, ce n'était pas une usurpation. D'ailleurs, Sainte-Beuve a-t-il eu véritablement sujet de se plaindre de cette concurrence inattendue? Nous ne le croyons pas ; car Victor Cousin, en popularisant le sujet de Port-Royal, a précisément contribué au succès du livre de Sainte-Beuve ; il a amené les esprits à en comprendre la haute valeur littéraire. Ce qui avait paru d'abord un sujet bizarre, choisi dans un coin obscur de la littérature théologique, maintenant considéré au point de vue de cette restauration de nos antiquités classiques, au point de vue plus élevé encore de la lutte entre la raison et la foi, reprenait une valeur et une vie nouvelles, et on était mieux préparé à comprendre le génie propre de Sainte-Beuve que l'on n'avait pas encore deviné dans ses études antérieures : à savoir ce sens psychologique profond qui transformait la littérature en une vaste expérimentation morale et humaine. Le livre admirable de *Port-Royal,* dont les premiers volumes avaient été très froidement accueillis, a été entraîné à son tour dans la popularité que Cousin avait faite au sujet. L'auteur lui-même, de son côté, s'était débrouillé et dégagé ; les derniers volumes sont bien plus vifs que les premiers, et la concurrence de Cousin n'empêcha nullement Sainte-Beuve de faire à son tour une étude très neuve et très profonde sur Pascal [1].

Si nous passons maintenant aux écrits de Victor Cousin sur l'*Histoire des femmes illustres du* XVIIe *siècle*, nous lui trouverons dans cette entreprise deux prédécesseurs : Rœderer, dans son *Histoire de la société polie*, et Walckenaer dans son livre si complet sur *Madame de Sévigné et son temps* ; mais ces deux ouvrages, n'étant pas soutenus par l'éclat du style et par le nom de l'auteur, étaient restés des travaux secondaires, le premier plus littéraire, le second plus érudit, connus surtout des curieux, mais n'ayant pas pénétré dans ce qu'on appelle le grand public. Ici encore, le don signalé par Sainte-Beuve se manifesta avec le même bonheur. Tout le monde se passionna pour ou contre les héroïnes de M. Cousin; on plaisanta sur ses passions rétrospectives et sur son goût pour les beautés opulentes du grand siècle : en un mot, on le lut, on le critiqua, on en parla, et un nouveau chapitre littéraire de notre histoire fut créé.

[1]. Indépendamment de la question de texte qui était soulevée à propos des *Pensées* de Pascal, il y avait une question de fond qui mériterait d'être exposée, car elle fit un grand bruit. Mais nous ne pouvons tout dire, et ce serait rentrer sur le terrain philosophique. Voir sur cette question de scepticisme de Pascal notre livre intitulé : *Les maîtres de la pensée moderne*, p. 225.

Que Victor Cousin, séparé des affaires, éloigné de la philosophie, ait pris plaisir à distraire son imagination en la promenant dans les salons du passé et en courtisant des maîtresses idéales, il n'y avait rien là que de bien innocent et de bien légitime ; et, quand on a longtemps instruit les hommes, on a bien le droit de les amuser en s'amusant soi-même ; mais ce qu'on ne croirait pas, et ce qui est pourtant vrai, c'est que, pour Victor Cousin, cette étude de pure fantaisie faisait partie de son plan de restauration du spiritualisme. On se demande en quoi l'histoire de ces belles dames si médiocrement spiritualistes dans leur conduite pouvait servir au rétablissement des grands principes sociaux ; et, cependant, s'il fallait en croire Cousin lui-même, c'est dans cette vue qu'il aurait entrepris cette étude : « Pour nous, disait-il, en même temps que nous essayons de rappeler la jeunesse française au culte du vrai, du beau et du bien, et qu'au nom d'une saine philosophie, nous ne cessons de combattre le matérialisme et l'athéisme, il nous a paru que ces études sur la société et les femmes du xviie siècle pourraient inspirer aux générations présentes le sentiment et le goût de plus nobles mœurs, leur faire connaître, honorer et aimer la France à la plus glorieuse époque de son histoire, une France où les femmes étaient, ce semble, assez belles et excitaient d'ardentes amours, mais des amours dignes du pinceau de Corneille, de Racine et de madame de La Fayette. » On comprend que ces revendications en faveur du spiritualisme si singulièrement associées à la peinture « des nobles mœurs » de madame de Chevreuse exaspérassent des esprits nets, tranchants, positifs, tels que ceux qui prenaient à cette époque la direction de l'esprit et de l'opinion. Chez les hommes supérieurs qui vieillissent, les qualités deviennent des défauts. Le goût des idées générales, qui avait fait la grandeur de Victor Cousin dans sa première période, devenait, dans sa vieillesse, le goût des thèses et des grandes amplifications : il fallait que tout ce qu'il faisait, tout ce qu'il écrivait se rapportât à un grand dessein. On lui aurait su gré de chercher à plaire : on lui en voulait de prêcher si mal à propos.

Nous ne dirons rien des travaux purement historiques de Victor Cousin, étant trop incompétent pour les juger. Rappelons seulement que les plus autorisés et les plus exercés en ces matières, M. Mignet, M. Chéruel, accordent une haute valeur à ses travaux sur Mazarin et sur Luynes. Là encore il a fait des percées nouvelles; il a appliqué la méthode la plus sévère, n'écrivant que sur pièces, et sur documents précis, la plupart du temps inédits; il a été même un des promoteurs de ce que l'on a appelé la manie des inédits. Sans doute, ici, comme en tout, il y a des abus; mais le goût des documents précis est en définitive un progrès. Il a fait surtout les plus grands efforts pour ramener son style, toujours un peu trop tendu vers le sublime, à la simplicité, et en quelque sorte à la nudité : « Mon ambition, nous disait-il, est de plaire à M. Thiers. »

Puisque nous parlons du style, essayons de caractériser notre auteur à ce point de vue. Victor Cousin a été l'un des écrivains les plus savants de son temps, l'un de ceux qui connaissaient le mieux la langue et qui en discernaient le mieux toutes les ressources[1]. Il manquait de coloris, si l'on entend par

---

[1]. A propos du style de Cousin et de ses opinions littéraires, que l'on nous permette de rappeler ici le petit discours qu'il fit à l'Académie française, lors du débat sur le grand prix triennal disputé alors entre madame Sand, MM. Jules Simon et Henri Martin. Voici textuellement les paroles qu'il aurait prononcées, nous dit-il, et qu'il nous rapporta lui-même le lendemain : « Messieurs, leur ai-je dit, madame Sand est le premier écrivain de notre siècle et il n'y a pas de second! — Ici Villemain réclame (parenthèse de Cousin). — Non, Messieurs, ai-je repris, il n'y a pas de second! Nous tous qui sommes ici, nous sommes tous de *bons* écrivains; madame Sand est un *grand* écrivain! » Et il accusait par ce

là les images; on ne citerait pas de lui une métaphore remarquable; mais il avait au plus haut degré la qualité du mouvement, et, comme l'avait remarqué Hegel avec une étonnante intelligence de la langue française, « la force des tours ». Il était remarquable par la propriété des termes, par le tissu serré de la phrase, par la logique des liaisons et des constructions, enfin par la science de la période. Il plaçait très haut l'art de la longue phrase, l'une des plus grandes difficultés de la langue française ; tout en admirant beaucoup Montesquieu et Voltaire, il remarquait qu'ils avaient brisé la langue, et il relevait hautement le mérite de Rousseau, qui avait reconstitué la grande phrase française. On sait que la science de la période est un des caractères du génie de Bossuet, qui est le maître de tous les écrivains en ce genre. Cousin s'est essayé plusieurs fois à lutter avec lui, et, sans l'avoir égalé, on peut dire qu'il s'est rapproché quelquefois de son modèle. Quoique Victor Cousin soit surtout arrivé à la perfection de la forme dans

genre d'accentuation bien connu de ses amis, la différence du bon et du grand écrivain. Ce petit discours est lui tout entier le tour paradoxal, la parenthèse malicieuse, et au fond l'idée vraie. Il n'eût pas parlé ainsi s'il n'eût eu la conscience de la différence profonde qui existait entre un écrivain savant comme il l'était lui-même et un écrivain spontané comme George Sand.

la seconde période de sa carrière, c'est-à-dire de 1838-1868, je ne sais cependant s'il n'était pas encore supérieur à l'époque où il ne voulait pas systématiquement être écrivain. Les *Arguments* de Platon et quelques pages des *Fragments*, sans avoir peut-être la pureté de langue qu'il a cherchée plus tard, avaient en revanche ce qui lui a le plus manqué par la suite : le naturel. A cette première période, son style a une largeur et une aisance qu'il a un peu perdues plus tard. Moins classique que dans sa seconde période, il est plus lui-même; il est moins artificiel, moins tendu. Il a déjà l'art de la longue phrase, mais moins suspendue, moins construite, coulant avec plus de négligence, et, par conséquent, plus de grâce. Néanmoins, on ne peut qu'admirer l'effort qu'il a fait plus tard pour faire porter à la langue classique toutes les idées de son temps.

Mais il est temps de revenir à la philosophie, de résumer les résultats obtenus, et de caractériser l'idée fondamentale qui a été le centre de tous les travaux de Cousin, à savoir : l'idée de l'éclectisme, et aussi d'apprécier l'ensemble de ses travaux philosophiques.

XVII

L'IDÉE ÉCLECTIQUE. — CONCLUSION

Tout le monde sait que l'école de philosophie à laquelle Victor Cousin a attaché son nom, s'est appelée l'école éclectique. Lui-même a souvent revendiqué l'éclectisme comme sa pensée principale et son plus sérieux titre de gloire auprès de la postérité. Qu'est-ce donc que l'éclectisme ? Comment Cousin l'a-t-il entendu ? Qu'en est-il resté ? Tel sera l'objet de cette dernière étude. C'est le point culminant et le point central des travaux de Cousin. C'est pourquoi, tout en rencontrant plusieurs fois cette idée devant nous, nous l'avons provisoirement écartée afin de réunir en un tout les divers passages qui ont trait à cette question, et de les présenter dans leur ensemble et dans leur signification générale.

Nous avons vu le principe et le nom de l'éclectisme apparaître pour la première fois dès le mois de décembre 1817, dans la leçon d'ouverture du cours de cette année[1]. La première question qui se présente ici est de savoir si le principe de l'éclectisme, proclamé à cette époque, appartient bien en propre à Victor Cousin, et s'il ne lui serait pas venu d'Allemagne et de ses conversations avec Hegel, qui l'avaient tellement remué et agité. Il venait de passer un mois avec celui-ci à Heidelberg; il aura été frappé du grand esprit de conciliation et de cette tendance à l'optimisme qui caractérise la *Philosophie de l'histoire* de Hegel, et son *Histoire de la philosophie*. Pour Hegel comme pour Cousin, toute philosophie a raison comme toute philosophie a tort; chaque système n'est qu'un point de vue de la vérité. L'éclectisme ne serait donc qu'un emprunt à l'hégélianisme.

Cousin a protesté lui même contre cette supposition. Il cite à l'encontre un morceau intitulé : *Classification des questions et des écoles philosophiques*, qui à la vérité n'a paru pour la première

---

1. Voir plus haut, p. 64.

fois que dans les *Fragments* de 1826, mais qui, suivant lui, serait plus ancien, et aurait été la leçon d'ouverture du cours de 1816 [1], et, par conséquent, serait antérieure d'un an au voyage d'Allemagne. On y trouve, dit-il, l'idée et l'expression même d'éclectisme. Voici le passage : « Ce serait un spectacle intéressant et instructif de montrer les vices des écoles modernes en les mettant aux prises l'une avec l'autre, et de réunir leurs divers mérites dans le centre d'un vaste *éclectisme* qui les contiendrait et les compléterait toutes les trois. » Quelque décisif que paraisse ce passage, on pourrait se demander cependant si ce morceau n'a pas été plus ou moins corrigé et modifié, comme Cousin l'a fait toute sa vie lorsqu'il réimprimait quelque chose. Il pourrait donc avoir introduit en 1826, à l'époque où l'éclectisme était définitivement constitué, le mot qui l'eût transporté en arrière de dix ans, non qu'il eût cherché à prévenir d'avance une objection qu'on ne lui avait pas encore faite; mais

---

[1]. Cette leçon ne se trouve pas dans la première édition de 1841; mais on peut supposer qu'ayant été déjà publiée dans les *Fragments*, Cousin n'avait plus la rédaction primitive et l'avait oubliée. Il l'a insérée dans l'édition de 1846, en la donnant précisément comme preuve de l'antériorité de l'éclectisme à toute influence allemande : notez que, dans l'édition de 1841, il n'y a pas de leçon d'ouverture.

présentant ce morceau comme quelque chose de nouveau, sans en indiquer la date, il était parfaitement libre de le modifier et de le corriger comme il lui convenait. Il pourrait donc y avoir là quelque motif de doute. Nous croyons cependant qu'il n'en a pas été ainsi ; et ce qui nous le fait penser, c'est la manière dont l'éclectisme est introduit dans la leçon de 1817 : car, alors, il semble que l'idée se présente, non pas comme quelque chose de tout à fait nouveau, mais plutôt comme quelque chose d'antérieur, qui aurait déjà soulevé quelques objections : « Non pas que je conseille, dit-il, le syncrétisme aveugle qui a perdu l'école d'Alexandrie, et qui veut rapprocher forcément des systèmes contraires : ce que je recommande, c'est un éclectisme éclairé, qui jugeant toutes les doctrines, leur emprunte ce qu'elles ont de commun et de vrai, néglige ce qu'elles ont d'opposé et de faux, cet éclectisme qui est le véritable esprit des sciences [1]. » Parlerait-on en ces termes d'une doctrine à laquelle on ferait allusion pour la première fois ?

En supposant d'ailleurs que ce fût d'Allemagne que fût venue la première étincelle de cette doctrine, cette étincelle n'eût pas enflammé un es-

---

1. Cours de 1818 (éd. 1836), p. 11.

prit qui n'eût pas été déjà préparé. Le fait seul d'avoir eu trois maîtres, Laromiguière, Royer-Collard, Maine de Biran devait conduire un esprit généralisateur comme Cousin à une philosophie de conciliation[1]. Les conversations de Hegel n'ont dû servir qu'à provoquer ou confirmer une pensée latente ou préexistante. On peut dire sans doute que Cousin, en transformant l'optimisme systématique de Hegel en éclectisme, affaiblissait peut-être en un sens la pensée du philosophe allemand; mais dans un autre sens il lui donnait ce caractère pratique qui plait à l'esprit français, et qui pouvait s'appliquer à toutes les sphères de la connaissance : Villemain l'appliquait à la littérature et Guizot à l'histoire.

Ce qui mérite surtout d'être remarqué dans cette première déclaration d'éclectisme, c'est cette idée que « l'éclectisme est le véritable esprit des sciences ». On voit que ce qui a frappé le philosophe, c'est la pacifique impartialité qui caractérise les sciences, en opposition avec l'esprit de controverse et de dispute qui est propre à la philosophie. Il remarque que ce qui fait l'unité

---

1. C'est lui-même qui l'explique ainsi : « Je n'ai, dit-il, emprunté l'éclectisme à personne. Il est né spontanément en notre esprit du spectacle des directions opposées dans les trois dernières écoles du xviiie siècle. »

et l'accord des esprits dans les sciences, c'est la méthode, qui consiste à éliminer les points sur lesquels on discute, pour ne conserver que les principes sur lesquels on est d'accord. Pourquoi n'en serait-il pas de même en philosophie? « Dans les sciences, dit-il, le temps a choisi entre les théories particulières, laissant la part d'erreur, et a attaché les unes aux autres toutes les découvertes partielles pour en former peu à peu un ensemble vaste et harmonieux. La science intellectuelle, fille de Descartes, s'est aussi enrichie peu à peu d'une multitude d'observations exactes, de théories solides et profondes. Que lui a-t-il manqué pour marcher d'un pas égal avec les sciences physiques, dont elle est la sœur? Il lui a manqué d'entendre son propre intérêt, de rester fidèle à elle-même, de tolérer les diversités apparentes pour en tirer les vérités communes. »

Ainsi, ce qui avait frappé Victor Cousin, dès l'origine de ses recherches, c'était la diversité des systèmes et des écoles, en opposition avec l'unité et l'accord que présentent toutes les grandes sciences. Ce fait de la lutte perpétuelle des systèmes sans qu'aucun d'eux puisse jamais réussir définitivement à triompher des autres, est l'un des plus grands problèmes de la philosophie. Pendant longtemps, on a pu fermer les yeux sur ce problème et croire que l'on n'avait pas encore trouvé le véritable système, mais que, lorsqu'il apparaîtrait, tout le monde s'y rallierait. Mais l'épreuve a été renouvelée si souvent et par de si grands hommes qu'il a dû arriver un moment où l'on a perdu l'espérance de voir jamais ce système définitif, ce système type que l'esprit humain réclame. Descartes a détrôné Aristote; Locke a détrôné Descartes; Kant a détrôné Locke. Chacun d'eux a cru avoir trouvé la philosophie définitive; mais aucun n'a mis fin à la lutte et à la diversité des systèmes. On s'est donc trouvé à la fin en face d'un fait qui paraissait être la condition nécessaire de la science philosophique; et l'on a dû se demander ce que ce fait signifiait.

A cette question, trois réponses différentes ont été données. Suivant les uns, le fait seul de l'opposition et de la contradiction prouve l'erreur. Tous les systèmes sont faux et chimériques, puisqu'aucun ne peut donner la preuve de la vérité. La philosophie n'a pas de critérium. Elle doit donc chercher en dehors d'elle cette autorité qui lui manque : cette autorité est celle de l'Église; et la philosophie doit abdiquer devant la religion. Tel est le système traditionaliste, celui de Bonald et de l'abbé de Lamennais.

D'autres philosophes admettent les mêmes prémisses; mais ils en tirent d'autres conclusions. Sans doute, tous les systèmes philosophiques sont faux parce qu'ils sont opposés les uns aux autres et n'ont d'autre méthode que la controverse ; mais il en est de même des religions. Il y a autant de religions différentes que de philosophies. Si la diversité est un signe d'erreur, elle dépose contre les églises aussi bien que contre les écoles philosophiques. Il faut sans doute une autorité infaillible; mais cette autorité n'est pas celle de la religion : c'est celle de la science. La science seule tranche tous les débats, met fin à toutes les controverses. La philosophie doit donc céder devant la science; c'est la solution positiviste, la solution d'Auguste Comte.

Les deux conceptions précédentes ont le défaut de trancher le nœud sans le dénouer. Elles mettent les philosophes d'accord en les proscrivant tous. Elles fondent la philosophie sur les ruines de la philosophie. Une nouvelle solution était encore possible, sans sortir de la philosophie elle-même : c'était en elle-même qu'elle devait chercher le remède des maux dont elle souffrait. Au lieu de dire : tous les systèmes ont tort, ne pouvait-on pas dire : tous les systèmes ont raison. Tous les systèmes dans cette hypothèse sont des diversités et non des contradictions : ce sont des points de vue différents d'une seule vérité trop vaste pour être aperçue par tous. Au lieu des solutions désespérées et négatives, proposées par la religion et par la science, essayons d'une solution pacifique et conciliatrice qui introduira dans la philosophie quelque chose de l'unité et de l'objectivité qui caractérise la science proprement dite. Cette solution est la solution éclectique : c'est celle de Victor Cousin.

« Je ne viens, disait-il, ni attaquer, ni défendre aucune des trois grandes écoles du XVIII° siècle ; je ne viens pas perpétuer et envenimer la guerre qui les sépare, je viens au contraire, ami commun de toutes les écoles, offrir à toutes des paroles de paix [1] ».

Ce principe de tolérance et de concorde introduit en philosophie, Victor Cousin l'appliquait même à l'école de Condillac, dont il était, à un autre point de vue, l'infatigable adversaire.

« C'est un fait, disait-il en 1826 (préface des *Fragments*, p. 11), qu'en France et en Angleterre Locke et Condillac ont remplacé les grandes écoles antérieures. Au lieu de s'irriter de ce fait, il faut

---

1. Cours de 1818, p. 9.

tâcher de le comprendre; car, après tout, les faits ne se créent pas eux-mêmes; ils ont leurs lois. Si la philosophie de la sensation s'est accréditée, ce phénomène doit avoir sa raison. Or cette raison, si l'on y pense, fait honneur et non pas injure à l'esprit humain. Ce n'était pas sa faute s'il n'avait pu rester dans les fers du cartésianisme; car c'était au cartésianisme à le garder, à satisfaire à toutes les conditions qui peuvent éterniser un système. L'esprit du XVIII° siècle n'a pas besoin d'apologie : l'apologie d'un siècle est dans son existence. »

On croit généralement que l'éclectisme n'a pas été autre chose que la méthode qui consiste à remplacer la philosophie par l'histoire de la philosophie, et par conséquent à renfermer la philosophie dans son passé. L'éclectisme a pu en effet prendre cette forme dans la suite; mais ce n'est pas du tout de cette manière qu'il s'est présenté d'abord à la pensée de son fondateur. Il avait fait trop peu encore d'histoire de la philosophie pour être amené à cette conclusion. Non; à cette première époque, il confondait la cause de l'éclectisme avec celle de la méthode psychologique. La vraie méthode de la philosophie, comme des sciences, est la méthode d'observation; et c'est le mérite du XVIII° siècle de l'avoir posée; mais cette méthode qui part de la conscience, ne doit pas être exclusive : elle doit exprimer ce qui est dans la conscience, et tout ce qui y est sans négliger aucun élément : « Il s'agit, dit-il, de commencer en France avec la méthode du xviii siècle, mais dans un esprit éclectique, la régénération de la science intellectuelle[1]. » — « La méthode, dit-il encore, est irréprochable ; mais il faut l'appliquer selon son esprit. Il ne faut qu'observer, mais il faut observer tout. La philosophie du xviii siècle était expérimentale contre le passé, mais systématique en fait d'expérience[2]. »

L'éclectisme n'était donc pas exclusivement une œuvre historique. Il a pu devenir cela plus tard, à mesure que l'on s'est aperçu que l'esprit humain avait pensé jusque-là plus de choses qu'on n'avait cru, et qu'il n'était pas né avec Locke, Reid et Kant. Mais, dans le principe, l'éclectisme se présentait comme un appel à la méthode d'observation sincère, impartiale et complète, et l'on croyait, sur cette base, pouvoir fonder ce que Cousin appelait « l'alliance tant cherchée des sciences métaphysiques et des sciences physiques[3] ».

1. Cours de 1818, p. 11.
2. Préface des *Fragments*, p. ix.
3. *Ibid.*, p. x.

A la fin de la même préface Victor Cousin réclamait encore contre l'opinion qui faisait de l'éclectisme un simple résumé de l'histoire de la philosophie. Au contraire, c'était le système suivant lui qui éclairait l'histoire, et non l'histoire qui fondait le système :

« Toujours fidèle à la méthode psychologique, je la transportai dans l'histoire ; et confrontant les systèmes avec les faits de conscience, demandant à chaque système une représentation complète de la conscience sans pouvoir l'obtenir, j'arrivai à ce résultat, savoir que chaque système exprime un ordre de phénomènes et d'idées qui est très réel à la vérité, mais qui n'est pas seul dans la conscience, et qui pourtant dans le système joue un rôle presque exclusif ; d'où il suit que chaque système n'est pas faux, mais incomplet ; d'où il suit encore qu'en réunissant tous les systèmes incomplets, on aurait une philosophie complète adéquate à la totalité de la conscience[1]. » Ces idées, devenues banales, ne l'étaient pas en 1826 ; et au fond elles étaient vraies. N'est-il pas certain, en effet, que Condillac a voulu tout tirer de la sensation, sans faire aucune part à l'activité de

1. Préface des *Fragments*, p. XLVIII.

l'âme, et que Fichte n'a connu que l'activité du moi, sans tenir aucun compte de la sensation? N'ont-ils pas l'un et l'autre méconnu un troisième élément de la conscience, à savoir le fait intellectuel proprement dit, et ne l'ont-ils pas sacrifié soit à la volonté, soit à la sensation? En écartant ou en ajournant le point de vue systématique, en se bornant à la pure observation, on trouvait donc trois éléments dans la conscience et non pas un seul[1]. En supposant qu'une synthèse ultérieure pût avoir lieu (et nous avons montré plus haut[2] que Cousin lui-même admettait une telle synthèse), toujours est-il que, scientifiquement parlant, la coexistence de ces points de vue était la donnée la plus légitime à cette époque, toutes réserves faites, bien entendu, des aspects plus ou moins différents que le problème a pu prendre ultérieurement.

C'est encore dans les *Fragments* que se trouve une proposition célèbre, souvent citée comme preuve que l'éclectisme avait affirmé l'immutabilité de la philosophie : « La philosophie est toute faite[3], » écrivait Victor Cousin. Oui, mais on n'a-

---

1. *Fragments, Du fait de conscience*, p. 215.
2. Voir p. 129.
3. *Fragments*, p. 214.

joutait pas ce qui complète la pensée : « car l'esprit de l'homme est là. » Ce qui voulait dire que la conscience contient tous les éléments de vérité et qu'il ne s'agit que de les retrouver : « Pour posséder la vérité tout entière, il faudrait rester au centre, rentrer dans la conscience et analyser la pensée dans ses éléments, dans tous ses éléments. » ... « L'incomplet et par conséquent l'exclusif, voilà le tort de la philosophie; et encore il vaudrait mieux dire des philosophes; car la philosophie domine tous les systèmes, elle fait sa route à travers tous et ne s'arrête à aucun. »

C'est dans l'*Argument* de Platon de 1827, analysé plus haut[1] que se trouve sous sa forme la plus hardie et la plus ambitieuse, la profession de foi de l'éclectisme. Ce n'est plus seulement la conciliation des vues systématiques et incomplètes : c'est l'assimilation, l'identification des opposés. C'est le point de vue de Hegel dans ce qu'il a de plus profond et de plus téméraire. Cependant, il est probable que Cousin, après avoir écrit ces pages un peu exaltées sous l'inspiration toute récente du philosophe allemand, s'en est assez vite désenchanté, puisqu'il ne les a pas reproduites dans le volume pour lequel elles étaient faites.

1. Ch. x, p. 231.

Dans le cours de 1828, l'éclectisme vient se rattacher naturellement à l'optimisme historique qui voit dans tous les événements de l'histoire des manifestations de la pensée ; et ici l'éclectisme se joint à l'idée du progrès.

« En fait de philosophie, la raison avance sans cesse. Elle ne peut périr dans le mouvement de l'histoire ; car elle n'en est pas née. Le platonisme a commencé et il a fini. C'est un malheur, si l'on veut ; mais pour qui ? Pour le platonisme, et non pour l'humanité : car après Platon est venu Aristote, et l'histoire, sans perdre l'un, a acquis l'autre. Est-ce que Platon est perdu pour l'humanité ? Ne pouvez-vous pas le lire ? N'a-t-il pas imprimé à son siècle un mouvement qui a laissé sa trace ? N'a-t-il pas déposé dans l'humanité un élément mémorable ? Aristote et le peripatétisme y ont déposé un autre élément, et c'est de ces éléments ajoutés les uns aux autres que s'est enrichi le trésor de l'histoire... Que font les différentes philosophies ? Elles aspirent à donner de la raison une représentation complète dont chacune est bonne à sa place et dans son temps[1]. »

A ces considérations de haute portée, Victor

---

1. Cours de 1828. 6e leçon.

Cousin en joignait d'autres trop contemporaines, et affaiblissait son point de vue en finissant par le confondre avec le bon sens et la modération. Il s'appuyait sur l'exemple de la charte constitutionnelle qui était, disait-il, « la conciliation de la monarchie et de la démocratie ». Il signalait la critique littéraire cherchant une transaction entre l'élément classique et l'élément romantique, et il concluait que l'éclectisme était la philosophie du siècle : « Je demande si, quand tout est autour de nous mixte, complexe, mélangé, quand tous les contraires vivent, et vivent très bien ensemble, il est possible d'échapper à l'esprit général. L'éclectisme est la modération dans l'ordre philosophique... L'éclectisme est la philosophie nécessaire du siècle, la seule qui soit conforme à ses besoins et à son esprit. »

En appuyant ainsi l'éclectisme sur les besoins et les tendances particulières de son temps, Victor Cousin le faisait descendre quelque peu de la hauteur rationnelle où il l'avait placé jusque-là. L'associer au triomphe de la charte était lui donner un appui bien fragile. La modération est d'ailleurs un principe pratique et non scientifique. La tolérance des éléments contraires peut tout aussi bien s'appuyer sur le scepticisme que sur l'éclectisme ; et aujourd'hui, ce sont les plus sceptiques qui demandent à s'accommoder de tout. Mais ces considérations secondaires ne détruisent pas les raisons supérieures tirées de la nature des choses.

Il se plaçait à un point de vue plus philosophique, l'année suivante en 1829, en démontrant que l'esprit humain engendre nécessairement quatre systèmes irréductibles qui renaissent sans cesse malgré leurs éternelles défaites, et succombent toujours malgré leurs éternelles victoires. Il disait :

« Je ne voudrais pour rien au monde, quand je le pourrais, en retrancher un seul ; car ils sont tous, et presque également utiles. Supposez qu'un de ces systèmes périsse, c'en est fait de la philosophie tout entière. Aussi, je veux réduire le sensualisme, je ne veux pas le détruire. Détruisez-le, vous ôtez le système qui seul peut inspirer et nourrir le goût ardent des recherches physiques et l'énergie passionnée qui fait des conquêtes sur la nature ; vous ôtez à l'idéalisme la contradiction qui l'éclaire, le contre-poids qui le retient. Otez l'idéalisme ; et le sensualisme lui-même se perdra dans des hypothèses insupportables ; la philosophie se réduira au fatalisme, au matérialisme et à l'athéisme. Gardez-vous bien de détruire le scepticisme. S'il n'y avait pas dans l'humanité des gens qui font profession de critiquer tout, les soupçons seraient donnés pour des certitudes, et les rêveries d'un jour pour l'expression de l'éternelle vérité. L'utilité du mysticisme n'est pas moins évidente; il faut qu'il soit là pour revendiquer le droit sacré de l'enthousiasme, de l'inspiration et de la foi. »

Cette théorie de Cousin sur la nécessité de la coexistence des quatre systèmes est une des idées qu'on lui a le plus reprochées, comme étant entachée de scepticisme. C'est cependant une des vues les plus confirmées par l'histoire. Elle l'a même encore été après lui, malgré le traité de paix qu'il avait proposé et qui n'a duré qu'un jour. N'a-t-on pas vu en effet, après la chute de l'éclectisme, reparaître les quatre systèmes types signalés par Cousin, avec leur caractère d'intolérance exclusive, et se donnant chacun comme la dernière vérité? N'avons-nous pas vu, par exemple, renaître le sensualisme et l'empirisme, avec leurs négations absolues; l'idéalisme et ses abstractions creuses, ramenant tout à la pensée vide et non définie; le scepticisme et le relativisme, la fallacieuse et séduisante doctrine du devenir universel avec son mirage de nuances et de demi-teintes; et même quelques timides essais de mysticisme? Ainsi les quatre systèmes revenaient avec une obéissance naïve et inconsciente, exécuter les révolutions prescrites par l'éclectisme. Il n'a pas souvent été donné à un philosophe de voir se vérifier après lui une loi posée par lui. Cousin a eu cette bonne fortune; et sa chute même a été encore pour lui un succès.

Cette loi d'ailleurs ne signifie nullement que les quatre systèmes sont vrais à la fois dans toutes leur étendue, et dans l'exagération de leur principe. Non; ils sont vrais, comme le disait Leibniz, par ce qu'ils affirment; ils sont faux par ce qu'ils nient, ce sont les anticipations d'une vérité supérieure qui leur échappe, qu'ils ne peuvent embrasser, et dont ils sont chacun les expressions incomplètes et inconscientes. Au fond de toutes ces philosophies diverses, il y en a une qui en est en quelque sorte le substratum commun : dégager cette philosophie était la prétention et le rêve de l'éclectisme. Mais de ce qu'on ne peut la dégager et la formuler, il ne s'ensuit pas qu'elle n'existe pas.

L'unité idéale de la philosophie, tel est le principe solide et durable de l'éclectisme. Il n'y a qu'une philosophie comme il n'y a qu'une physique. Mais voici la différence. La physique, comme toutes les sciences positives, ne s'occupe que du particulier, du fini. Il s'ensuit qu'elle peut ajouter sans cesse des connaissances particulières les unes aux autres ; ces connaissances peuvent s'accumuler, et, lorsqu'elles sont assez multipliées, se coordonner en théories. Il n'en est pas de même en philosophie. La philosophie est la science de l'absolu, des premiers principes, du tout. Elle ne peut donc pas se faire par parcelles ; chaque système est un tout, un absolu ; mais c'est un absolu qui a passé par un esprit relatif et individuel ; c'est un absolu connu relativement : c'est l'univers réfléchi par une monade. C'est pourquoi tout système est à la fois vrai et fragile ; vrai, parce qu'il est un reflet de l'absolu ; fragile, parce qu'il n'en est qu'un reflet. Il y a donc, malgré les systèmes et à travers tous les systèmes, une philosophie objective ; mais elle est diffuse, inconsciente, mêlée à des systèmes particuliers et transitoires. Elle est analogue à ce que Hegel appelle l'*esprit objectif*, par exemple, l'esprit d'une nation, l'esprit d'une époque, qui n'est formulé, ni condensé dans aucun homme en particulier, mais qui n'en est pas moins présent et réel dans tous, et principalement dans les grands hommes. Ainsi de la philosophie :

c'est elle qui soutient et anime tous les systèmes ; mais elle les dépasse et les déborde ; elle est plus qu'eux. Les systèmes passent, mais tous laissent quelque chose après eux. Chaque grand système d'abord son esprit propre qui ne meurt pas avec le système. L'esprit platonicien a survécu au platonisme et vit encore. Quiconque pense à l'idéal et a soif d'idéal est un platonicien. L'esprit stoïcien n'a jamais disparu ; il n'a pas même été définitivement vaincu par l'esprit chrétien. Quiconque croit à la dignité et à l'inviolabilité de la personne humaine, quiconque met la force d'âme au-dessus de tout est un stoïcien. L'esprit chrétien subsiste chez ceux-là mêmes qui croient le plus violemment répudier le christianisme. Quiconque s'intéresse aux faibles est un chrétien. Ainsi en est-il de l'esprit cartésien, de l'esprit voltairien ; quiconque ne se paie que d'idées claires et distinctes est un disciple de Descartes ; quiconque ne veut être dupe en rien est un voltairien. Chacune de ces grandes formes de la pensée humaine a subsisté en s'incorporant à la raison commune, laquelle s'est développée en s'assimilant la substance du passé. Voilà pour l'esprit des doctrines ; il en est de même de leur matière. Prenez la théorie des idées de Platon : rien de plus singulier, rien de plus paradoxal, rien de plus éloigné de l'esprit positif de notre siècle. Voici cependant un grand physiologiste, le moins rêveur des hommes, nourri d'études expérimentales, ayant peu de temps à perdre à la lecture des métaphysiciens. Un jour, il veut résumer ses vues sur la vie : quelle formule lui vient à l'esprit? C'est que la vie est une « idée créatrice ». Ce vieux Platon n'a donc pas tant rêvé, puisque, deux mille ans plus tard, un savant positif ne trouve rien de mieux pour résumer sa propre science que de lui emprunter son vocabulaire. Je prends dans Aristote la distinction de l'acte et de la puissance. Cette distinction est-elle purement logique, ou porte-t-elle sur la nature des choses? Est-ce une formule qui suffit à tout embrasser, à tout expliquer? Je n'en sais rien ; mais je le demande, est-il possible aujourd'hui à l'esprit humain de penser sans la distinction de la puissance et de l'acte? Ne voyons-nous pas la science elle-même obligée de se servir de cette formule et distinguer « l'énergie potentielle et l'énergie actuelle? » On peut disputer sur la limite et l'étendue de la formule; on ne peut en nier l'utilité et la nécessité. De même la conception des atomes n'est peut-être pas la dernière conception des choses, comme le croient les épicuriens; elle n'est peut-être pas même la dernière conception de la matière ; néanmoins c'est une conception nécessaire de l'esprit ; et, au moins à titre de représentation provisoire, elle ne peut être éliminée sans dommage ; quelques chimistes mêmes la croient la seule hypothèse qui satisfasse aux phénomènes. Nous pourrions prendre toutes les formules philosophiques : le dualisme de l'étendue et de la pensée dans Descartes, la force dans Leibniz, les antinomies de Kant, le moi qui se pose lui-même de Fichte, toutes ces formules ont une signification sujette à restriction, à limite, à interprétation (c'est le travail de la science), mais une valeur quelconque qui en fait autant d'éléments nécessaires de la pensée. On a dit que cette juxtaposition de vérités éparses et hétérogènes n'était autre chose que du scepticisme. Mais était-on sceptique en physique quand on ajoutait les découvertes les unes aux autres sans les pouvoir lier, parce que le moyen de les lier manquait encore ? L'éclectisme n'a jamais dit qu'il n'y aurait plus de système et qu'il n'en fallait plus faire, et, l'eût-il dit, ce ne serait là qu'une exagération semblable à celle de toutes les autres philosophies ; mais les systèmes nouveaux eux-mêmes devront s'assimiler tous les éléments du passé. La philosophie ainsi entendue a une tradition, il y a un lien entre les siècles, entre tous les penseurs, même entre ceux qui paraissent se combattre le plus : c'est le contraire du scepticisme ; car si l'on soutient qu'il y a une seule et même raison entre les hommes malgré la diversité de leurs jugements, pourquoi n'y aurait-il pas une seule et même philosophie présente aux philosophies les plus diverses?

Une telle doctrine était nécessaire surtout en France, où l'on a toujours pratiqué, en philosophie aussi bien qu'en politique, la méthode révolutionnaire. Descartes avait rompu violemment avec Aristote et avec la scolastique; Condillac et Voltaire, avec Descartes. Tout était sans cesse à recommencer. En politique, on accorde aujourd'hui qu'on ne peut continuer à aller de rupture en rupture, brisant toujours les liens qui unissent l'avenir au passé. Pourquoi en serait-il autrement en philosophie? Victor Cousin a eu cette pensée; il a renoué la chaîne des temps. Rattacher la philosophie à son passé, lui donner une tradition, un lien, une trame, montrer l'unité de la pensée humaine à travers les vicissitudes et les discordances, n'est-ce là que de l'histoire et de l'érudition, et n'est-ce pas aussi de la philosophie?

Cependant cette philosophie qui croyait en finir avec les systèmes se présentait encore comme un système ; et, d'après la loi posée par elle-même, elle dut à son tour se dissoudre et disparaître comme tous les autres ; mais en même temps, et d'après la même loi, elle a dû laisser quelque chose d'elle-même qui est venu accroître le domaine général de l'esprit humain : c'est cet esprit d'intelligence appliqué au passé, cet effort de rapprochement et de conciliation entre les opinions les plus diverses, cette ouverture, cette libéralité de pensée qui cherche partout ce qu'il y a de bon et de vrai. Tout cela est resté. La conciliation totale est impossible, car elle ne pourrait se trouver que dans la possession d'une vérité absolue ; mais les emprunts réciproques, le sage emploi de l'héritage du passé, l'habitude de démêler une pensée commune sous des formes plus ou moins discordantes, voilà ce que l'éclectisme a légué à la philosophie ultérieure ; et ce sont là des gains d'une haute valeur. Cette croyance à l'unité de la philosophie n'est sans doute qu'un idéal irréalisable ; mais cet idéal est en même temps un postulat nécessaire, et un acte de foi sans lequel aucune philosophie n'est possible ; et on peut formuler, sur le modèle du criterium de Kant, cette règle fondamentale pour tout philosophe : « Pense de telle manière que chacune de tes pensées puisse devenir un fragment de la philosophie universelle. »

Avons-nous bien résumé la pensée de Victor Cousin? Pour nous en convaincre, laissons-le parler lui-même. Ce sont les derniers mots qu'il ait prononcés à la Sorbonne ; c'est la fin de sa dernière leçon, celle qui a clos la première partie de sa carrière philosophique[1].

« La philosophie, disait-il, n'est pas telle et telle école, mais le fonds commun et pour ainsi dire l'âme de toutes les écoles. Elle est distincte de tous les systèmes, mais elle est mêlée à chacun d'eux, car elle ne se manifeste, elle ne se développe, elle n'avance que par eux ; son unité est leur variété même, si discordante en apparence, en réalité si profondément harmonique ; son progrès et sa gloire, c'est leur perfectionnement réciproque par leur lutte pacifique... Ce que je professe avant tout, ce n'est pas telle ou telle philosophie, mais la philosophie elle-même ; ce n'est pas l'attachement à tel système, mais l'esprit philosophique supérieur à tous les systèmes. La vraie muse de l'historien de la philosophie n'est

---

1. Nous avons le regret de dire que Victor Cousin a corrigé malheureusement cette belle page dans son édition de 1864, et qu'il en a retranché précisément tout ce qui en fait la force, à savoir l'idée même de l'unité de la philosophie, pour restreindre sa pensée au pur spiritualisme.

pas la haine, mais l'amour ; et la mission de la critique n'est pas seulement de signaler les extravagances de la raison humaine, mais de démêler et de dégager du milieu de ses erreurs les vérités qui peuvent et doivent y être mêlées, et par là de relever la raison humaine à ses propres yeux, d'absoudre la philosophie dans le passé, de l'enhardir et de l'éclairer dans l'avenir. »

L'éclectisme représente donc en réalité les droits et les intérêts de la philosophie, supérieurs à toutes les philosophies particulières. Chaque philosophe identifie la philosophie avec lui-même. Il a évidemment tort ; car pourquoi ne persuade-t-il pas les autres ? Si l'un d'eux avait la possession de la vérité absolue, il triompherait indubitablement. S'il n'en triomphe pas, c'est qu'il ne possède qu'une vérité relative. Mais cela est vrai des autres comme de lui. Donc tous doivent avoir raison dans une certaine mesure. Sans doute c'est une nécessité pour chacun de nous d'appartenir à une école, à une opinion, à un système ; car il nous faut une synthèse, un fil conducteur, une foi. Mais nous devons savoir qu'au-dessus de toutes les écoles, même de la nôtre, il y a un intérêt supérieur, celui de la philosophie elle-même, dont nous ne sommes pas les seuls ministres et qui s'enrichit par le travail de nos contradicteurs, aussi bien que par le nôtre propre. Dans cette conception, la tolérance philosophique n'est pas seulement une vertu morale, une œuvre de bon vouloir et de douceur de mœurs : c'est la conséquence logique et nécessaire de la foi en la philosophie : c'est la croyance à l'objectivité de la philosophie, objectivité qui existe en soi, malgré les expressions subjectives que nous sommes obligés de lui donner.

Un éminent penseur contemporain, M. Herbert Spencer, a plus d'une fois exposé des idées tout à fait conformes à l'éclectisme, et cela avec une force toute particulière. « Il faut, dit-il, que chaque parti (ou chaque école) reconnaisse dans les prétentions de l'autre des vérités qu'il n'est pas permis de dédaigner... C'est le devoir de chaque parti de s'efforcer de comprendre l'autre, de se persuader qu'il y a dans l'autre un élément commun qui mérite d'être compris, et qui, une fois reconnu, serait la base d'une réconciliation complète[1]. » Herbert Spencer admet également, comme Cousin, la loi de l'oscillation nécessaire des systèmes philosophiques : « L'histoire de la métaphysique, dit-il, a toujours été celle de ces alternatives ryth-

---

1. *Premiers principes*, 1re partie, chap. 1, § 6.

miques entraînant un excès, tantôt d'un côté, tantôt de l'autre. » Cela fait, à quoi sert la controverse métaphysique ? Elle a pour objet, dit Spencer, « la délimitation des frontières », chacun essayant de pousser son principe de plus loin possible, mais contenu par le principe contraire. Ces débats sont-ils aussi stériles que le prétendent les ennemis de la philosophie ? La métaphysique est-elle immobile, et peut-on dire qu'elle piétine sur place ? Non, dit Spencer, car à chaque nouveau stade « les oscillations deviennent de moins en moins fortes ». Il montre, par exemple, le réalisme se rapprochant de l'idéalisme : « Le réalisme se contente d'affirmer, dit-il, que l'objet de la connaissance est une existence indépendante ; et l'antiréalisme montre que la connaissance de cette existence est relative. » Voilà un exemple de concessions réciproques dues à la discussion philosophique. On peut en signaler de semblables dans le débat du spiritualisme et du matérialisme. Aujourd'hui par exemple, le matérialisme n'est pas loin d'admettre que la conscience est contemporaine de l'origine des choses, c'est-à-dire qu'elle est la forme subjective de l'existence dont la matière est la forme objective. Mais c'est admettre expressément que la conscience ne s'explique pas par les propriétés de la matière. D'un autre côté, le spiritualisme reconnaît d'une manière définitive la nécessité des conditions physiologiques de la pensée[1]. Ainsi l'intervalle est moins grand entre les deux écoles.

On peut signaler un progrès analogue dans la question de l'origine des idées. Aujourd'hui, l'empirisme, au lieu de se contenter comme autrefois de l'expérience individuelle, fait appel à l'expérience de l'espèce et invoque l'hérédité. Soit; mais qui dit hérédité, dit innéité; ce qui est héréditaire dans l'espèce est inné dans l'individu : l'individu naît avec des notions préformées. Voilà donc une question résolue par le rapprochement des deux écoles: à savoir, l'innéité individuelle. Au delà, le débat reste ouvert comme aupa-

---

1. Victor Cousin a été un des premiers en France à soutenir qu'il peut y avoir un spiritualisme supérieur, distinct du spiritualisme vulgaire. Par exemple, en défendant la théorie des climats de Montesquieu, il disait :

« Il commence à se répandre parmi nous, de salon en salon, sur les ruines de la philosophie de la sensation mal combattue et mal détruite, je ne sais quel spiritualisme sentimental et pusillanime, bon pour des enfants et des femmes, et qui ne serait pas moins fatal à la science que le matérialisme. Je combattrai l'un avec autant de fermeté que j'ai combattu l'autre. Il est absolument nécessaire que l'homme et la nature soient en harmonie, puisque tous deux manifestent la même unité. » (Cours de 1828, 8ᵉ leçon.)

ravant; mais il y a un terrain commun, et une doctrine acquise. On pourrait montrer à peu près la même chose pour toutes les grandes questions philosophiques. Ainsi le traité de paix idéal proposé par Cousin est loin d'être signé, et il ne le sera probablement jamais; mais il y a un *modus vivendi* de conciliation qui s'accentue de plus en plus entre les écoles, or, c'est encore là de l'éclectisme.

Cette conception, loin d'être la forme du scepticisme et de l'indifférence, implique au contraire le plus haut idéalisme ou spiritualisme comme on voudra l'appeler. Car c'est supposer que la pensée en elle-même et dans son fond est capable de vérité, qu'elle est la vérité même : car ce n'est qu'à la condition que la pensée soit la vérité, que telle pensée peut être une vérité. C'est la vérité de la pensée qui fait la vérité relative des sens (et par conséquent du sensualisme), du sentiment (et par conséquent du mysticisme); et c'est encore elle qui, reconnaissant les contradictions des choses, cherche à se récuser elle-même par le moyen du scepticisme. C'est enfin cette pensée qui, tout en se proclamant elle-même comme le fond de toute pensée particulière, reconnaît cependant les conditions objectives auxquelles elle est soumise, et par là l'utilité et la nécessité des systèmes contraires.

Cette haute impartialité serait suffisante pour sauvegarder tous les intérêts philosophiques, si elle était la même de part et d'autre, et si toutes les écoles apportaient le même esprit désintéressé. Mais il n'en est pas ainsi. Les écoles contraires à l'idéalisme ou au spiritualisme, quoique toujours prêtes à protester contre l'intolérance quand elles sont les plus faibles, deviennent à leur tour intolérantes et exclusives, quand elles sont devenues les plus fortes : elles prennent pour des aveux de faiblesse les concessions de bonne foi, et elles provoquent dès lors de très légitimes, d'inévitables représailles. De là vient que la philosophie est et demeure un champ de luttes; et le spiritualisme, à son tour, est de nouveau forcé à une attitude de combat. Mais ce n'est là qu'une apparence. La vraie philosophie est essentiellement pacifique. Elle ne connaît ni ennemis, ni adversaires, mais seulement des coopérateurs. Elle est essentiellement un libre échange. Elle s'enrichit par l'importation aussi bien que par l'exportation. Toute vérité découverte appartient à tous.

Après avoir essayé d'interpréter la pensée fondamentale que Victor Cousin a léguée à la science, résumons brièvement les caractères de son œuvre philosophique, les mérites et les défauts de sa doctrine : rien de plus difficile à cause de la complexité et de la mobilité des éléments dont elle se compose.

La philosophie de Cousin, en la prenant à sa grande époque de 1818 à 1838, a, malgré tous ses mérites, deux graves défauts. Elle manque de cohérence et elle manque de précision. Ce sont ces défauts qui ont pu faire refuser à son auteur, par des juges sévères, bien à tort toutefois, le titre de philosophe.

L'ensemble de ses idées ne forme pas un système lié. C'est tantôt tel principe qui prédomine, tantôt tel autre. La coordination manque presque entièrement. Une seule fois dans son cours de 1818, ou encore en 1826, dans la préface des *Fragments*, il a essayé une exposition systématique, mais dans des termes d'une telle généralité, que ce sont plutôt des perspectives ouvertes que des doctrines solidement fondées. La principale cause de cette incohérence, c'est la manière fragmentaire dont cette philosophie s'est faite : dans des cours d'abord, ce qui entraîne toujours plus ou moins la dispersion des idées; puis dans des cours interrompus et repris à des époques éloignées; enfin dans des cours qui étaient principalement consacrés à l'histoire de la philosophie. De temps en temps (comme en 1818 et en 1828), Cousin échappait par des cours dogmatiques à la chaîne de son programme; mais c'était toujours d'une manière un peu subreptice : c'était une usurpation, une sorte d'école buissonnière. Il ne pouvait s'asservir à l'histoire; mais en philosophie ses idées étaient toujours plus ou moins improvisées, et trouvées sur le moment même, et avec l'entraînement de la parole. De plus, la largeur même de son esprit, sa curiosité infatigable et en tous sens lui fournissaient trop d'éléments à la fois; et il n'avait pas le temps de les fondre et de les digérer. C'était Condillac, c'était Reid, c'était Kant, c'était Platon, c'était Hégel, et enfin Descartes. Tout cela s'arrangeait tant bien que mal. La faculté qu'il avait de repenser avec enthousiasme tout ce qui avait été pensé par d'autres lui ôtait la force de créer et de lier.

En second lieu, si sa philosophie manquait de cohérence dans l'ensemble, elle manquait dans le détail de précision. Il a dit quelque part que les deux instruments de la philosophie, c'est l'analyse et la dialectique : or ce qui manque le plus à sa philosophie, c'est l'analyse et la dialectique. Son analyse psychologique est vague, il ne signale jamais que les faits les plus généraux. Non seulement on ne trouvera pas chez lui l'analyse réaliste de Taine (qui lui-même d'ailleurs confond souvent l'analyse scientifique avec la description pittoresque); mais on n'y trouvera pas davantage l'analyse ingénieuse des Écossais, ni l'analyse profonde de Maine de Biran. Si son analyse psychologique est vague, sa dialectique est lâche. Pressé par la savante argumentation d'Hamilton, on peut dire qu'il a esquivé le combat, et qu'il s'est faiblement défendu, quoiqu'il eût raison dans le fond. On a beaucoup admiré son *Examen* de Locke, et M. Mill lui-même reconnaît que c'est un ouvrage très ingénieux; c'est bien en effet ce qu'il a fait de plus fort en fait de controverse philosophique. Mais si nous comparons cet ouvrage aux grandes controverses métaphysiques du xviie siècle, à celle d'Arnaud contre Malebranche, ou de Leibniz contre Bayle, on verra combien l'argumentation en est peu serrée, combien elle manque de rigueur et de variété.

Si la philosophie de Cousin manque de cohérence et de précision, elle se relève en revanche par deux caractères brillants et remarquables : la largeur des vues et l'abondance des idées. En repassant pour ce travail ces nombreux volumes que nous n'avions guère lus depuis trente ans, nous avons été frappé du nombre d'idées, exprimées en belles formules, qui se sont depuis mêlées à la raison commune ou à la science, ou qui perdues et oubliées, mais reprises par les procédés plus sévères de notre temps, pourraient revivre pour l'enrichissement de la philosophie. La distinction du spontané et du réfléchi, la théorie de l'aperception pure, la doctrine de l'amour, celle de la liberté absolue, le principe de l'inspiration morale, l'idée d'une conscience de l'infini immédiatement impliquée dans la conscience du fini, la réduction de toutes les catégories à la substance et à la cause, le principe du mouvement dialectique de la pensée en soi, la théorie de la création puisée dans l'analyse de l'acte volontaire, la doctrine que l'histoire n'est que l'évolution de la pensée, la doctrine des grands hommes et des grands peuples, l'essai d'un optimisme historique, l'apologie de la gloire, et même (*exceptis excipiendis*), cette doctrine dure, mais en définitive virile et fortifiante, que les peuples n'ont ue la destinée qu'ils méritent; en métaphysique pure, sa doctrine, plus ou moins flottante entre le théisme et le panthéisme, mais au fond profonde et vraie, de l'unité essentielle et de l'identité finale des choses; et enfin, pour finir, ces deux points culminants de sa philosophie : 1° le principe de la métaphysique fondée sur la psychologie ; 2° l'histoire de la philosophie donnée comme instrument de la philosophie elle-même ; en d'autres termes, la méthode éclectique, — voilà, il nous semble, de quoi suffire à l'honneur d'un philosophe.

Que ces idées aient été plus ou moins empruntées ou renouvelées, nous ne le nions pas ; mais où est le philosophe qui n'ait rien emprunté, et qui ait tiré tout de son propre fonds ? D'ailleurs s'approprier de telles pensées, leur donner son accent et sa couleur ; de germaniques et d'antiques, les rendre françaises et contemporaines ; les introduire et les disséminer partout autour de lui, à ce point que souvent ses adversaires n'ont fait que le contredire avec ses propres idées, n'est-ce pas là aussi de l'invention ? Sans être un créateur en philosophie, il a été un promoteur, un instigateur, un remueur d'idées. Il a eu cette puissance de propagande et d'impulsion qui est propre à l'esprit français et qui ressemble plus à l'action qu'à la spéculation : « De celui-là, disait Jouffroy en parlant de son maître, on ne se demandera pas s'il est une cause. » Il a créé l'éloquence universitaire ; il a créé en France l'histoire de la philosophie ; il a fondé l'enseignement philosophique, il a renouvelé le platonisme dans un siècle de fer et d'or, réveillé la métaphysique de son sommeil, et introduit en France les conceptions allemandes. Surtout, sa principale œuvre a été de donner à la philosophie une tradition, et la conscience de son unité. Toutes ces actions si nombreuses et si diverses qui se sont souvent nui les unes aux autres par leur multiplicité même, vaudront peut-être, auprès de juges impartiaux, la création d'un système de plus. L'histoire de la philosophie est remplie de grands noms qui rappellent non des créateurs de systèmes, mais des promoteurs et des acteurs puissants. Pomponace, Marsile Ficin, Ramus, Gassendi sont de ce genre, Victor Cousin est un de ces hommes. Il représente toute une époque, tout un mouvement d'idées, toute une direction spéculative et pratique. Il est lui-même et ne se confond avec aucun autre. N'est-ce pas là un titre suffisant pour vivre dans la mémoire des hommes?

APPENDICE

Nous croyons devoir reproduire ici en appendice l'étude suivante insérée dans la *Revue des Deux Mondes*, le 1ᵉʳ février 1867, quelques jours à peine après la mort de M. Cousin. Ces pages, à ce qu'il nous semble, ne font pas double emploi avec le reste. Elles contiennent certaines parties personnelles qui ne rentraient pas dans le cadre de notre étude générale, mais qui la complètent. On remarquera peut-être quelques nuances dans l'appréciation philosophique; elles tiennent à la différence d'une improvisation rapide et d'une étude approfondie. Je dois dire aussi, pour ne rien dissimuler, que je trouve dans ces pages une note d'enthousiasme d'un tonun peu trop élevé, le fond restant parfaitement vrai ; mais il y a lieu de transposer quelque peu.

M. Victor Cousin devait donc disparaître à son tour, lui qu'on eût pu croire vraiment immortel, tant il y avait en lui de sève et de virilité ! Sa jeunesse inépuisable étonnait et charmait ceux qui l'approchaient ; un foyer toujours allumé animait cette organisation puissante. Au physique comme au moral, c'était une nature de feu : si la mort avait voulu le réduire par une de ces maladies lentes qui minent peu à peu, il l'aurait encore vaincue, ainsi qu'il a fait tant de fois. Les hommes de cette nature ne peuvent perdre la vie goutte à goutte ; ils meurent tout d'un coup. Cette énergie physique n'était que le symbole et l'expression d'une énergie plus intime, celle d'une âme toujours en mouvement, qu'une imagination enflammée portait sans cesse vers les objets les plus divers, mais qui à cette mobilité extraordinaire joignait aussi une ténacité inflexible, une volonté indomptable, les desseins le plus savamment combinés et le plus opiniâtrement suivis. Il avait été, si j'ose dire, forgé sur l'enclume de la Révolution. Né en 92, au cœur de Paris, d'une famille modeste, il tenait du peuple la spontanéité, la finesse, la gaieté, la passion, l'irréflexion ; de la Révolution, il tenait une certaine violence, une familiarité hardie, et cet esprit de propagande qui en a fait le premier chef d'école de notre temps. Le feu qui l'animait avait une telle surabondance qu'il se répandait sur tous ceux qui l'approchaient : de ceux-là mêmes qui l'ont combattu, combien n'ont pas reçu de lui la première flamme ! Son éloquence publique, nous disent ceux qui ont eu le bonheur de l'entendre, était incomparable ; son éloquence privée ne l'était pas moins. Une abondance inépuisable, une verve pleine de grâce et de malignité, une richesse de souvenirs sans égale, une soudaineté de vues, une grandeur de geste et avec cela une tête admirable et des yeux d'où l'esprit sortait comme un torrent : tel était M. Cousin dans l'intimité, tel il faut le voir, si l'on veut bien se rendre compte de la place considérable qu'il a occupée dans notre siècle et du bruit qu'a fait son nom.

Du portrait que je viens d'esquisser, partons comme d'un centre pour essayer et bien comprendre les divers aspects de cette grande figure, le professeur, le philosophe, l'écrivain.

I

C'est à l'École normale que M. Cousin débuta comme professeur, après y être entré comme élève en 1810, le premier de la première promotion de cette école célèbre. En 1812, 1813 et 1814, il enseigna à l'intérieur comme élève répétiteur, et ses premières fonctions furent de suppléer dans une chaire de littérature celui qui fut depuis son collègue à la Sorbonne et à l'Académie, M. Villemain. Ainsi le chef de la philosophie française au xix° siècle commença par donner des répétitions de vers latins. Cependant les lettres ne retinrent pas longtemps cet ardent esprit : la philosophie l'attirait. Un grand maître était là, d'une trempe toute différente de la sienne, austère, abstrait, éloquent aussi, mais d'une éloquence géométrique et tout intérieure, méditatif et dialecticien, à peine remarqué alors, et sur qui rejaillit plus tard la gloire de son illustre disciple : c'était M. Royer-Collard, depuis l'un des plus grands orateurs politiques de la France et l'un de ses meilleurs citoyens.

Cet enseignement intérieur de l'École normale, d'où devait sortir un mouvement si actif de recherches et de pensées, jouissait des avantages qui ne se rencontrent que dans ce qui est neuf et sans tradition : la liberté, la spontanéité, la recherche en tous sens, une communication incessante des maîtres aux élèves et des élèves aux maîtres; l'enseignement se faisait surtout par la conversation, car M. Cousin, à l'inverse de son maître Royer-Collard, pensait et inventait en causant. Sur quoi portaient donc ces inépuisables entretiens? quel était l'objet des laborieux efforts de ces jeunes esprits en travail? M. Jouffroy nous l'a appris dans ce mémorable récit de ses années de jeunesse, si pathétique et si puissant, qui rappelle avec plus d'éloquence et de poésie la confession philosophique de Descartes dans son *Discours de la méthode*. Le seul problème auquel s'acharnait alors le jeune professeur était le problème de l'origine des idées : il y retenait enchaînées les imaginations impatientes et avides de ses jeunes disciples. Jouffroy, nature méditative et religieuse, blessé par les atteintes du doute, désenchanté de la foi de sa jeunesse, souffrait de se voir renfermé dans l'horizon étroit d'un problème idéologique, et aspirait, comme il l'a fait toute sa vie, à donner la paix à son âme par une solution religieuse en harmonie avec les besoins logiques de son sévère et lumineux esprit. Le maître, au contraire, nature âpre et brûlante, inaccessible aux molles mélancolies du siècle, et que le vent de René n'a jamais effleuré, peu attristé par les inquiétudes du doute, et toujours tout entier à sa passion du moment, creusait « ce trou », comme l'appelle Jouffroy, avec une persévérance opiniâtre, et montrait déjà ce trait remarquable de son caractère d'enflammer et de contenir à la fois, de faire travailler les esprits, mais dans des limites fixées d'une main sévère et même dure, mélangeant ainsi deux genres d'influences qui s'excluent d'ordinaire : la discipline et l'excitation.

Bientôt les événements de 1815 ayant appelé M. Royer-Collard au gouvernement de l'instruction publique, M. Cousin passa de l'École normale à la Faculté des lettres, qui résidait alors non pas à la Sorbonne, mais rue Saint-Jacques, dans les anciens bâtiments du collège du Plessis, attenant au lycée Louis-le-Grand, bâtiments qui furent depuis consacrés à l'École normale avant la construction de l'école actuelle. Ce fut là, dans les murs d'une vieille chapelle ruinée, que M. Cousin commença, avec un succès qui dès le premier jour fut éclatant, sa carrière de professeur public de philosophie.

Si nous en croyons la tradition, M. Cousin a été le plus grand professeur qu'ait connu la France, au moins si l'on prend pour mesure du génie dans l'enseignement la grandeur de l'éloquence. La puissance de sa parole, de son geste et de son regard était telle, que les auditeurs en étaient fascinés; il y avait en lui, nous dit-on, quelque chose du prophète, et si son bon sens et sa finesse naturelle n'eussent fait contre-poids aux entraînements de sa fougue et de son ardeur, il n'eût tenu qu'à lui, dans ce temps où tant d'esprits étaient en quête d'une religion nouvelle, de s'en faire le grand-prêtre comme quelques-uns de ses contemporains. L'école idéologique, habituée à la langue abstraite et à la méthode algébrique de Condillac, ne comprenait rien à cette parole enthousiaste et enflammée. En même temps, par un contraste d'humeur qui s'est toujours rencontré dans cette nature complexe, il s'appliquait à lutter contre les matières les plus arides et les plus abstraites : c'est ainsi qu'il exposait le premier devant un public français la profonde et abstraite philosophie de Kant, et qu'il engageait un combat corps à corps avec la sérieuse et froide philosophie de Locke, si peu faite pour provoquer l'éloquence. C'est que, malgré l'enivrement de la parole, M. Cousin n'a jamais perdu de vue le grand dessein de fonder une philosophie nouvelle sur les ruines de l'idéologie sensualiste, en faisant alliance avec la nouvelle philosophie allemande, alors si peu connue parmi nous.

Je n'entrerai pas dans le détail des cours que fit M. Cousin à la Facultés des lettres dans son double enseignement; mais comment ne pas rappeler ce cours mémorable de 1828, qui est une des dates les plus éclatantes de la littérature et même de l'histoire de notre temps? Depuis huit ans, M. Cousin ainsi que M. Guizot avaient été réduits au silence par la politique soupçonneuse et rétrograde de la Restauration. En 1828, une réaction se fit dans les conseils du pouvoir : le ministère de M. de Villèle renversé laissa place à un ministère libéral, celui de M. de Martignac. L'un des premiers actes du nouveau ministère fut de rendre la parole aux professeurs dépossédés. M. Cousin nous a raconté cela bien souvent. C'était au mois d'avril; ni lui ni son illustre collègue n'étaient préparés pour un enseignement de cette importance : il ne restait d'ailleurs que peu de temps, deux ou trois mois à peine, jusqu'aux vacances. Les deux professeurs hésitèrent un instant, et pensèrent à remettre l'ouverture de leurs cours à la rentrée suivante; mais qui pouvait assurer que le mouvement libéral durât jusqu'à cette époque? Ne fallait-il pas au contraire profiter du moment, prendre acte de la concession du pouvoir et user de la parole qui était rendue? M. Cousin et M. Guizot s'arrêtèrent à cette résolution; ils ne voulurent pas même retarder l'ouverture de leurs cours, et se hasardèrent à une improvisation qui leur était rendue facile par la profondeur de leurs études antérieures : cette hardiesse nous valut deux beaux livres : l'*Histoire de la Civilisation en Europe* de M. Guizot, et l'*Introduction à l'Histoire de la Philosophie* de M. Cousin. En même temps un troisième professeur, dont le succès n'avait jamais cessé, entreprenait son tableau devenu classique de la littérature française au XVIII° siècle.

Rien aujourd'hui ne peut nous donner une idée de l'éclat et de l'émotion que produisit en France et même en Europe ce triple enseignement où toutes les idées modernes s'introduisaient pour la première fois dans les chaires publiques, propagées par les voix les plus éloquentes et les plus passionnées. Le vieux Goethe lui-même s'en émouvait dans sa majestueuse retraite ; il applaudissait à cette jeune liberté, à ces nobles hardiesses de la pensée, à ces belles nouveautés de la critique. L'Europe y voyait le symptôme et le signal d'une ère nouvelle. Ce fut un moment heureux et unique où l'on put croire que le passé et l'avenir allaient se réconcilier dans une commune entente, dans un esprit commun de sacrifice et de dévouement. La joie et l'espérance qui étaient dans les âmes ajoutaient à l'éloquence des professeurs, à la confiance du public. Ce ne fut qu'un rêve ; mais de ce rêve il est resté trois beaux livres.

Il est vrai, le cours de 1828 conserve encore la trace évidente des circonstances qui lui ont donné naissance et de la précipitation première ; le vague et la témérité des doctrines en ont été plus tard condamnés sévèrement par M. Cousin lui-même, et toutefois j'avouerai que je conserve un certain faible pour ce livre où s'est déployé tant de fougue, tant de jeunesse, tant de pensées ! Combien de vues redevenues depuis à la mode retrouveraient là leur origine ! Quel sentiment vif et profond de la puissance des idées, de leur rôle dans la marche et le progrès de la civilisation et de l'empire légitime de la philosophie sur les sociétés humaines ! Je ne veux point dire qu'il faille tout approuver dans cette idéologie enthousiaste, et en cela personne n'était plus sévère que l'auteur lui-même, car il l'était trop; mais, si plus tard M. Cousin a eu raison de se dégager de ce qu'il y avait de vaporeux et d'insaisissable dans sa pensée de 1828, encore tout imprégnée de son commerce avec Hegel, peut-être en même temps est-il permis de regretter qu'il ait un peu trop sacrifié, et qu'il ait trop coupé les ailes au génie spéculatif qui avait éclaté dans ces leçons d'une manière si spontanée et si entraînante.

Je ne puis et ne veux ici que courir sur les sommets des choses, sans quoi j'aurais à rappeler ce cours de 1829, résumé de toute l'histoire de la philosophie, qui est devenu un des livres les plus chers à M. Cousin, un de ceux qu'il a le plus travaillés et qui composera une partie importante de sa gloire, à savoir l'*Histoire générale de la philosophie;* ce cours de 1830, d'où est sorti l'ouvrage le plus solide et le plus sévèrement scientifique qu'il ait écrit, l'*Examen de la philosophie de Locke.* — Puis, revenant en arrière, j'aurais aussi à parler du cours de 1818, qui a été l'origine du livre célèbre *du Vrai, du Beau et du Bien,* du cours de 1820, qui est devenu le livre sur la *Philosophie de Kant.* Pour apprécier la valeur de ces différents cours, il faut, ce que ne font pas d'ordinaire les critiques, se transporter au temps où ils ont été faits. Combien d'idées, devenues depuis le patrimoine commun de nous tous, étaient alors neuves, hardies, séduisantes ! Nous leur en voulons précisément de ce qu'elles sont devenues nôtres ; nous leur en voulons de ce qu'elles ont formé notre esprit.

C'est d'ailleurs un des caractères de notre temps (et par là il se distingue des époques classiques et leur est inférieur), que les génies qui l'ont le plus illustré sont plus remarquables par l'influence qu'ils ont exercée sur leurs contemporains que par la somme des idées absolues et éternelles qu'ils auront léguées à la postérité. Chateaubriand, Lamennais, Cousin, sont de remarquables exemples de cette loi : grands promoteurs, grands instigateurs, grands remueurs d'idées, ils ont introduit dans le courant de l'esprit de leur temps une foule de pensées ou de sentiments qui s'y sont mêlés, confondus, dont on ne reconnaît plus l'origine, et que souvent on retourne, en croyant les créer de nouveau, contre ceux qui en ont été les premiers propagateurs.

Je n'ai pas eu le bonheur, ni aucun de ceux de mon âge, d'entendre M. Cousin dans sa chaire, puisqu'il a cessé de parler en 1830 ; mais il m'a été donné d'entendre comme l'écho de ces cours éloquents qui sont devenus le désespoir de ses successeurs. J'étais avec lui lorsque, en 1845, il se remit à réviser ses premiers cours, et notamment celui de 1818, sur le Vrai, le Beau et le Bien ; je l'écrivis sous sa dictée, je le rédigeai d'après ses conversations. Ces conversations étaient d'admirables leçons où il s'abandonnait à toute sa verve, à toute son imagination. Les traits les plus brillants et les mouvements les plus nobles que nous pouvons retrouver aujourd'hui dans le livre imprimé lui échappaient dans l'entraînement d'une improvisation absolument libre ; reproduits et fixés par une plume qui s'efforçait d'être fidèle, ils étaient ensuite corrigés et développés par un travail plus froid et plus réfléchi. Que de pages admirables furent ainsi faites, je m'en souviens, dans de belles soirées de printemps, sous les arbres majestueux de Saint-Cloud et de Sèvres, aux rayons d'un soleil couchant ! Je vois encore cet œil étincelant, j'entends cette voix vibrante, ces accents passionnés ; qu'était-il besoin d'une chaire ou d'un public ? La nature servait de théâtre, et un seul auditeur suffisait pour enflammer l'enthousiasme de l'orateur. C'était Socrate, mais Socrate parlant tout seul, et dans un de ces moments d'enthousiasme que décrit Alcibiade dans le *Banquet* de Platon.

II

Le professeur n'a jamais été contesté chez M. Cousin ; le philosophe l'a beaucoup été. Ce procès sera longtemps débattu. Contentons-nous, en évitant les controverses stériles, de recueillir les traits les plus éclatants et les moins contestables de sa carrière philosophique. Or, d'un aveu unanime, M. Cousin a fait deux choses en philosophie : il a fondé en France l'histoire de la philosophie ; il a relevé et défendu pendant cinquante ans avec une énergie indomptable l'idée spiritualiste. Ceux à qui cette idée est désagréable ne peuvent pas évidemment lui en savoir beaucoup de gré ; quant à la première de ces deux œuvres, elle est d'une utilité si évidente, toute dispute d'école mise à part, que les esprits désintéressés n'hésiteront pas à y reconnaître une solide et véritable conquête pour l'esprit humain. Nous avons déjà, dans la *Revue* même, signalé avec précision les services rendus par M. Cousin à l'histoire de la philosophie[1]. Nous n'avons pas à y revenir, notre objet étant d'ailleurs ici beaucoup moins de faire une analyse précise et exacte des travaux de M. Cousin que de donner une esquisse vraie et fidèle de son attitude philosophique.

A travers toutes les curiosités d'esprit qui l'entraînèrent à diverses époques dans les sens les plus divers, d'Écosse en Allemagne, d'Athènes à Alexandrie, et qui se fixèrent enfin sur la philosophie française du xviie siècle, il faut reconnaître, quoi qu'on en ait dit, un lien persistant, une idée dominante, l'idée spiritualiste. La distinction de la raison et des sens, l'âme, force libre distincte du corps, la loi du devoir, le droit fondé sur la liberté morale, enfin la liberté politique inséparablement attachée dans son esprit à la cause spiritualiste, en un mot le déisme de J.-J. Rousseau exprimé d'une manière plus savante par un disciple de Platon, de Descartes et de Kant, telle est la doctrine que M. Cousin n'a jamais cessé de soutenir, depuis 1815 et même 1812 jusque dans ces derniers jours, où il lisait encore à

---

[1]. Voyez la *Revue* du 15 janvier 1866, sur l'*Histoire de la Philosophie et l'Éclectisme*. — Voir ce travail dans nos *Problèmes du* xixe *siècle*, p. 380.

l'Académie une éloquente conclusion de son *Histoire générale de la Philosophie* tout empreinte de ces nobles idées.

Je n'affecterai pas sans doute d'ignorer ou d'oublier que, dans un certain temps, la philosophie de M. Cousin a été suspecte et même violemment accusée d'incliner vers l'idéalisme germanique de Schelling et de Hegel. Je pourrais répondre à cette accusation que tout n'est pas aussi mauvais qu'on le suppose dans la philosophie allemande, et je considère, pour ma part, comme une des gloires de M. Cousin d'avoir été le premier à initier la France à la pensée philosophique de l'Allemagne. Ce sera au temps à faire le triage du vrai et du faux dans cette vaste construction métaphysique élevée au delà du Rhin par tant de grands penseurs, depuis Kant jusqu'à Hegel; mais, que tout soit faux, inutile et complètement infructueux dans ce vaste ensemble de spéculation, c'est ce que nous ne pouvons accorder. M. Cousin lui-même, qui s'en est depuis séparé avec tant d'énergie, n'a jamais cessé de considérer cette période philosophique comme l'une des plus grandes de l'humanité, et, jusqu'au dernier jour, je l'ai entendu s'exprimer sur Hegel avec autant de vénération que d'admiration.

Mais n'oublions pas, d'un autre côté, que les questions philosophiques changent d'aspect suivant les temps. A l'époque dont je parle, de 1815 à 1830, le débat n'était point, comme il l'a été depuis, entre le panthéisme idéaliste de l'école hégélienne et le spiritualisme psychologique de l'école française; c'est nous qui, à notre début dans la carrière philosophique, avons trouvé le combat engagé sur ce terrain. Sous la Restauration, le seul adversaire pour l'école française, c'était le sensualisme du xviiie siècle; dans ce conflit, l'Allemagne était une alliée bien loin d'être un nouvel ennemi, car elle était engagée précisément dans le même combat. Fichte, lisez ses œuvres, s'exprimait avec autant d'éloquence et de passion que l'a fait plus tard M. Cousin contre la philosophie des sens et de la matière. L'Allemagne comme la France traduisait Platon pour réveiller le sentiment de l'idéal. Schelling et Hegel se croyaient et étaient à certains points de vue des platoniciens. En France, l'opiniâtre adversaire de l'école nouvelle, l'apôtre violent, mais convaincu, du matérialisme, Broussais, dont le nom est redevenu un signal et un drapeau, appelait ses adversaires des kanto-platoniciens, enveloppant Kant et Platon, par un singulier malentendu, dans une même accusation de mysticisme. Pouvons-nous donc nous étonner que M. Cousin, tout entier à son entreprise de lutte contre la philosophie du dernier siècle, n'ait vu alors dans la philosophie allemande que les analogies de cette pensée, fort nuageuse d'ailleurs, avec sa propre pensée?

Plus tard, lorsque le condillacisme eut été entièrement éteint, lorsqu'avec M. de Tracy disparut le dernier idéologue, et avec M. Broussais le dernier matérialiste, et que cette double cause put paraître à jamais vaincue; l'alliance philosophique de l'Écosse, de l'Allemagne et de la France, jusqu'alors si étroite en apparence, commença de se dissoudre. Le dernier grand

Écossais, M. Hamilton, poussa l'esprit de son école à sa dernière conséquence, la négation absolue de la métaphysique. Le dernier grand survivant du cycle allemand, M. de Schelling, protesta contre l'interprétation française de sa doctrine, et défendit contre M. Cousin la prédominance de la métaphysique sur la psychologie. Par cette double attaque, aussi courtoise d'ailleurs et aussi noble dans l'expression qu'elle était grave dans le fond des choses, M. Cousin fut amené à expliquer et à circonscrire avec précision sa propre philosophie et à se séparer à la fois de l'Écosse et de l'Allemagne : de l'Écosse, en maintenant la légitimité de la métaphysique ; de l'Allemagne, en soutenant la nécessité de fonder la métaphysique sur la psychologie. C'est alors qu'il se rattacha plus étroitement que jamais à la tradition de Maine de Biran et de Descartes ; c'est alors aussi que, provoqué par les objections de l'école théologique et par l'accusation montante de panthéisme qui l'enveloppait de jour en jour, il prit énergiquement parti pour la double personnalité de l'homme et de Dieu, question qui n'avait occupé jusque-là que le second plan dans sa pensée.

J'obéis ici en quelque sorte aux dernières volontés de M. Cousin en signalant, comme l'un des points auxquels il tenait le plus et qui devait rester attaché à son nom, l'idée de fonder la métaphysique sur la psychologie. Voici ce qu'il m'écrivait, il y a un an, dans une lettre où l'on sent comme un pressentiment de sa mort prochaine, à propos du travail cité plus haut : « En mettant à part parmi mes papiers, me disait-il, l'oraison funèbre[1] dont je vous ai déjà remercié, il m'est venu l'idée médiocrement modeste qu'il y faudrait quelque chose sur la psychologie et la méthode psychologique; car si, à cet égard, je n'avais pas d'efforts d'imagination à faire après MM. Royer-Collard et Maine de Biran, on me doit un peu de reconnaissance pour avoir maintenu cette méthode comme le point de départ, la règle et la mesure de toutes les autres parties de la philosophie. C'est là ce qui a fait une école française distincte de toutes les autres écoles européennes... Si donc vous reproduisez jamais l'article de la *Revue des Deux Mondes*, ma vanité demande quelques lignes de plus, afin que mon ombre soit entièrement satisfaite, et qu'au séjour des mânes, Socrate m'accueille sans trop de répugnance et me fasse une petite place parmi ses derniers écoliers. »

On a contesté tout caractère scientifique à la philosophie de M. Cousin : rien n'est plus injuste qu'une telle accusation; mais notre objet n'est pas ici de la combattre et de la discuter : contentons-nous de dire que M. Hamilton et M. de Schelling ont discuté sa doctrine et c'est pour la portée de cette doctrine une garantie et un témoignage que je considère comme suffisants.

Toutefois, ne craignons pas de le dire, la philosophie de M. Cousin a été surtout une philosophie d'opinion et de lutte, mêlée au mouvement du siècle, tantôt l'en-

---

[1]. Ce mot d'« oraison funèbre » est une allusion aimable et piquante à l'article sur l'éclectisme cité plus haut (p. 466 *note*). Dans cet article nous n'avions pas crainte d'insérer cette phrase : « Cette conception appartient à l'histoire. » A propos de ce mot, Victor Cousin m'écrivit le billet suivant: « Je viens de lire la

trainant, tantôt le suivant, tantôt le combattant. Et, pour dire la vérité, c'est surtout sous cette forme que M. Cousin a compris et aimé la philosophie; en cela, il était bien de son pays et de son temps, car en France, depuis Voltaire, la philosophie a toujours été plus ou moins militante. Pour Voltaire lui-même, pour Rousseau, pour Diderot, de nos jours pour Lamennais et pour Joseph de Maistre, et, dans un autre camp, pour Saint-Simon et Proudhon, la philosophie a toujours été une cause, un drapeau : elle allait à l'assaut, ici du catholicisme, là de l'athéisme, tantôt de la démagogie, tantôt de la société et de la propriété. Tous les penseurs de ce temps ont été des soldats. Aujourd'hui même encore je ne vois guère autour de moi dans les plus brillants de nos novateurs que des chefs d'opinion. Quelques penseurs abstraits et austères se mêlent parmi eux; mais on invoque leur nom beaucoup plus qu'on ne lit leurs livres et qu'on ne médite leurs démonstrations. Les doctrines refoulées autrefois par la parole éloquente de M. Cousin renaissent assez peu rajeunies, propagées par la passion plus que par la raison. Elles s'emparent à leur tour par tous les moyens d'une opinion blasée et énervée, toute prête à les recevoir ; et la jeunesse, selon l'expression de Kant, pour prouver qu'elle a passé l'âge de l'éducation de la nourrice, boit avec ivresse et sans réflexion le poison qu'elle trouve agréable et qu'elle croit nouveau.

Revue et je vois que vous avez voulu me donner mes étrennes. Mais *sont-ce des étrennes, ou est-ce une oraison funèbre* que vous m'envoyez par avancement d'hoirie ? »

M. Cousin, plus que tout autre, était un soldat ou plutôt un capitaine, car dès le premier jour il a commandé et n'a jamais obéi. La philosophie était pour lui une guerre, la guerre des bons principes contre les mauvais principes, du vrai contre le faux, du grand goût contre le mauvais goût, de la liberté tempérée contre les excès du despotisme et de la démagogie. C'était la défense des vérités immortelles qui sont le patrimoine de l'humanité. Il n'était pas homme à passer, comme Kant, quarante ans à l'élaboration d'un système et à publier son premier ouvrage à soixante ans. Ces lents échafaudages germaniques répugnaient à sa nature vive, alerte et passionnée. Il enlevait d'assaut un problème, et n'aimait pas les mines et les contre-mines des dialecticiens. Le détail l'ennuyait, si ce n'est en érudition. En philosophie, il ne voulait que le gros des choses et n'aimait que les grands résultats. C'est pourquoi, malgré l'originalité et la fantaisie de son imagination, il se reposa volontiers en philosophie dans le sens commun. Ses dernières admirations, ses derniers enthousiasmes ont été pour Socrate et pour le docteur Reid, c'est-à-dire pour une philosophie du bon sens, philosophie sage et familière, croyante et réservée, respectueuse des dogmes sans s'y asservir, travaillant au bien-être des hommes par le développement des idées saines et des bons sentiments [1].

1. C'est ici surtout qu'il y a une nuance entre l'appréciation que je donne de la philosophie de M. Cousin, et celle que j'ai exposée et développée dans ce livre. En 1867, j'étais, comme tout le monde, sous l'impression de la dernière philosophie de

Les considérations qui précèdent expliquent encore un des points les plus graves du rôle philosophique de M. Cousin, je veux dire son attitude à l'égard de la religion. Comme c'est là un point qui a été et sera encore l'objet des plus brûlantes controverses, il conviendrait peut-être de l'éviter dans un travail où nous ne voudrions rien avancer qui pût solliciter aucune récrimination; mais le silence serait lui-même quelque chose d'injurieux. Je dirai donc que quelques-uns des plus fidèles amis de M. Cousin n'ont point toujours eux-mêmes complètement approuvé la situation qu'il avait prise; il leur semblait que cette situation manquait de netteté et de précision, et fournissait trop de prétextes à d'incessantes attaques. Néanmoins, tout considéré, et si l'on écarte quelques intempérances de paroles et de conduite, je ne crois pas que ni dans sa conversation ni dans ses écrits de tous les temps, on ait pu jamais surprendre une autre doctrine que celle-ci : c'est que la philosophie spiritualiste doit s'allier au christianisme dans sa lutte contre les opinions athées. Je reconnais qu'à un point de vue absolument scientifique cette doctrine est susceptible de critique, car dans la pure science il n'y a ni alliance, ni coalition; il y a simplement examen et discussion. Il s'agit de démontrer et non pas de vaincre ; mais peu de personnes en France, aussi bien dans le camp des novateurs que dans le camp opposé, considèrent la philosophie à ce point de

M. Cousin, j'avais un peu oublié le rôle spéculatif et novateur qu'il avait joué dans la première partie de sa carrière et que j'ai eu surtout en vue de mettre en lumière dans le présent ouvrage.

vue purement abstrait, et M. Cousin n'a jamais eu de goût pour la métaphysique de cabinet.

Or, la philosophie étant considérée comme un champ clos, et les luttes philosophiques étant plus ou moins assimilées en notre pays aux luttes politiques, il n'est pas étonnant de voir les adversaires de la veille devenir les alliés du lendemain. On s'allie par les points communs, on réserve les dissidences pour un autre temps. M. Cousin a cru, dans les quinze dernières années de sa vie, qu'un grand mouvement athée se préparait et se développait en Europe, et sa vive imagination, qui grossissait tous les objets, lui montrait sous les aspects les plus noirs l'avenir des idées religieuses et morales dans la société moderne. Contre ce flot grossissant de l'athéisme, il pensait que toutes les forces spiritualistes de la société devaient se coaliser. Or il n'y en a pas aujourd'hui de plus grande que celle de l'Église : de là ses tentatives de rapprochement, qui ont été si critiquées et interprétées de la manière la plus malveillante. Au reste, dans tous les temps, même au temps où il a été le plus suspect aux opinions catholiques, M. Cousin a toujours cru que la religion était un élément essentiel et indestructible de l'humanité, que le christianisme était la forme la plus haute et la plus profonde de la religion; il a cru que, la philosophie n'ayant aucun moyen d'exercer sur les âmes l'action profonde et puissante du christianisme, il ne lui convenait pas d'attaquer ce qu'elle ne pouvait remplacer; mais il voulait l'indépendance respective des deux puissances, et, dans les dernières pages qu'il ait écrites et qui servent de conclusion à son *Histoire générale de la Philosophie*, il maintient encore avec fermeté la liberté de la philosophie à l'égard de la religion. Au reste ce problème, si facilement tranché par tant d'esprits vulgaires, est au nombre des plus difficiles et des plus compliqués que présente à la méditation l'état actuel du monde. Heureux ceux qui le résolvent d'autorité par l'affirmation ou la négation absolue, et qui, du sein de leur fière sécurité, proscrivent sans pitié les faiblesses de leurs semblables!

Je toucherai encore rapidement à un autre point délicat, qui a été, qui est encore, qui sera longtemps l'objet des plus vives critiques, mais qui a occupé une place si importante dans la vie philosophique de M. Cousin qu'il est nécessaire d'en dire un mot : je veux parler de l'organisation et du gouvernement de l'enseignement philosophique dans l'Université. C'est là, à mon avis, l'une des plus belles parties de sa gloire et l'une des plus solides. Il a établi et rendu possible en France une chose entièrement ou presque entièrement nouvelle : un enseignement laïque de la philosophie [1]. C'est lui qui, par son impulsion personnelle, par l'éclat donné au concours des agrégations, par son goût et sa passion pour le talent, par cette excitation au travail que nous avons déjà rappelée, a peuplé la France de jeunes professeurs qui répandaient à leur tour chez leurs élèves

---

[1]. Ce passage, écrit en 1867, prouve évidemment que nous n'avons pas attendu les luttes récentes pour caractériser ainsi l'œuvre de M. Cousin.

la chaleur de leur âme et de leurs convictions. De ces professeurs distingués par le choix de M. Cousin, combien se sont fait un nom dans les lettres, et encore aujourd'hui occupent et méritent dans des camps divers l'attention publique! Cette école, que l'on a représentée comme obéissant à un mot d'ordre et courbée sous un joug tyrannique, est celle qui a donné, au jour de l'épreuve, le plus d'exemples de ferme courage[1]; et ceux qui n'ont pas cru leur conscience engagée aux mêmes sacrifices, qui ont préféré l'enseignement qu'ils aimaient aux luttes politiques, ceux-là ne sont pas plus disposés que d'autres à la servilité. Pour ce qui est de ce prétendu mot d'ordre, je n'en ai jamais entendu parler. Nous choisissions l'enseignement philosophique parce qu'il flattait en nous l'indépendance de la pensée; jamais il n'a été demandé à personne un seul mot de soumission à des dogmes étrangers. J'en appelle au témoignage de ceux que la politique et non la philosophie a éloignés de nos rangs. Quant aux doctrines spiritualistes qu'on nous reproche et que l'on appelle aujourd'hui, dans un langage vulgaire et banal, des doctrines officielles, nous les enseignions parce que nous les croyions vraies, et ceux de nos camarades de l'École normale qui n'avaient pas les mêmes convictions choisissaient un autre enseignement. Nous étions alors entièrement persuadés que le matérialisme avait fait son temps et qu'on ne le reverrait plus parmi nous, que le panthéisme était un rêve de l'Orient, ressuscité par l'es-

---

[1]. Allusion au refus de serment sous l'empire, à MM. Vacherot, Jules Simon, Jules Barni, Bersot et beaucoup d'autres.

prit nuageux et subtil de l'Allemagne, inconciliable, suivant nous, avec le libéralisme ; car, sans personnalité, point de liberté, et comment conserver la personnalité dans une substance où tout s'engloutit? Telles étaient les pensées de la plupart d'entre nous. Qu'elles fussent naïves, l'expérience ultérieure l'a bien prouvé; telles qu'elles étaient, elles sortaient du fond de nos âmes et non point de nos cahiers ! Nous partions pour la province avec un assez maigre bagage d'idées et de connaissances; mais on travaillait pour s'instruire et s'éclairer. On inventait peu, je l'avoue, mais on réfléchissait beaucoup; on se nourrissait de la lecture des grands maîtres, et on en nourrissait son enseignement, sans faire demander à Paris ce que l'on devait enseigner. Tel a été l'enseignement fondé par M. Cousin; rien ne lui fait plus d'honneur. C'est là qu'il a développé le plus de suite et de volonté dans un dessein excellent et vraiment utile. Si depuis, par les soins d'un ministre éclairé, la philosophie est rentrée dans l'enseignement, c'est en renouant une tradition qui n'avait jamais été entièrement interrompue qu'il lui a été possible de se reconstituer avec autant de facilité que de succès.

Un mot encore sur l'impulsion personnelle de M. Cousin. Il partait d'un principe assez peu goûté des administrateurs pratiques, c'est que le professeur ne doit pas se renfermer dans sa classe ou dans son cours, mais doit travailler à côté, maintenir son esprit en haleine par des travaux élevés et libres qui l'empêchent de s'éteindre dans la routine mécanique d'un enseignement monotone; il voulait en un mot que les professeurs ne fussent pas seulement des professeurs, mais fussent encore des savants et des écrivains. C'est ainsi qu'il a fait une école dont il ne me convient pas d'exagérer les mérites, mais qui occupe certainement une place distinguée dans la littérature contemporaine. Or, sous ce rapport, son influence était de tous les instants et toujours en éveil. Était-on disposé, dans les langueurs d'un séjour de province, à s'oublier paresseusement, un mot de M. Cousin vous réveillait et vous rappelait à vous-même. Venait-on le voir à Paris pour le plaisir de causer avec lui, on en remportait le remords de n'avoir pas travaillé, et des projets ardents et précis à la fois qu'on avait hâte d'exécuter. Son éternel *sursum corda* était un aiguillon qui ne vous laissait pas un instant en repos. S'il ne suscitait pas ainsi de grandes œuvres, c'était la faute de ceux qui les faisaient (car il ne défendait à personne d'avoir du génie); mais il suscitait des œuvres utiles et de solides travaux, et c'est en général ce que fait un chef d'école, car le génie ne s'inspire que de soi-même et n'a pas besoin d'être provoqué.

III

Ce besoin énergique d'action, cette activité belliqueuse qui se manifeste dans la philosophie de M. Cousin nous donne aussi le secret de son génie d'écrivain. Il avait une théorie sur le style qui répond bien à la nature de son esprit. « Le style, disait-il, c'est le mouvement. » Ce qu'il appréciait le plus dans les grands écrivains, c'était la tournure, l'allure de la phrase, plus que la perfection de détail. Il voulait que l'entraînement de la pensée, le torrent intérieur passât dans la parole. Son style était bien l'expression de cette théorie. La force et le mouvement continu, la grande et fière allure en étaient les caractères les plus frappants. Il écrivait en orateur, comme quelqu'un qui a toujours devant lui un adversaire à persuader ou à subjuguer. Je puis donner quelques détails sur sa manière de composer : il écrivait presque toujours en dictant, et il dictait en marchant, tant l'art d'écrire était pour lui identique à l'art de parler. Il dictait avec abondance; sans se corriger, uniquement attentif à conserver l'entrain et le courant de sa pensée; mais, par un second travail fait à tête reposée, il reprenait ce qu'il avait dicté, et alors il retranchait l'inutile, le superflu, le lâche, l'incertain : dans ce second travail, il était d'une extrême sévérité et ne reculait devant aucun sacrifice. Par ce double procédé de composition, il atteignait à un style qui était à la fois entraînant et précis, qui avait le mouvement de l'improvisation et la fermeté de la réflexion, un style ardent et sobre en même temps, d'un ton un peu trop élevé quelquefois et qui n'avait pas toujours assez de nuances, mais d'une solidité et d'un éclat de toute beauté.

Rien n'était plus intéressant que d'assister au travail intérieur de cet illustre artiste. D'autres attendent l'inspiration; lui, il la commandait. Combien de fois ne nous arrive-t-il pas à nous autres, humbles écrivains, lorsque la plume ne marche pas à notre gré, lorsque la verve manque, de laisser là le travail et d'attendre une meilleure heure! Il n'en était pas ainsi de M. Cousin : il ne voulait pas être l'esclave de sa muse, il voulait la gouverner. Bien souvent je l'ai vu cherchant avec peine et labeur, tâtonnant, s'irritant, ne trouvant rien. Jamais il n'abandonnait la partie, jamais il ne remettait à un autre jour : il ne se retirait qu'après avoir vaincu ; son principe était qu'on ne doit jamais quitter son travail que satisfait. C'était surtout dans l'art du détail qu'il fallait admirer cette plume merveilleuse. Nul mieux que lui, parmi les écrivains de nos jours, ne savait manier la longue phrase, l'une des grandes beautés, mais aussi l'une des plus grandes difficultés de notre prose. Il savait la lancer, la prolonger, la suspendre, la reprendre et la faire tomber à temps d'une chute solennelle et harmonieuse. Plus tard il s'essaya à la phrase courte, autre difficulté, autre écueil, et il y réussit parfaitement bien. Il était trop fin connaisseur pour ne pas savoir qu'il y avait trop d'art dans sa manière d'écrire : aussi sa dernière préoccupation dans ses écrits historiques était-elle d'atteindre à la parfaite simplicité et même à la nudité, en évitant la sécheresse. Le récit sévère, rapide, sobre, peu de portraits, peu de réflexions, point de ton oratoire, le tout cependant toujours animé : tel était le dernier idéal qu'il se faisait du style historique; il s'y essaya avec succès dans son livre sur Mazarin.

Comme critique, il avait le goût grand ; il était surtout sensible aux beautés mâles et énergiques. Son poète de prédilection était Corneille et son prosateur Pascal. Il préférait le premier de beaucoup à Racine, et en tout il aimait mieux la manière franche, hardie de la première moitié du xvie siècle que l'art tout à fait classique de la seconde moitié. Cette hauteur et cette fermeté de goût qu'il appliquait aux grands écrivains de notre langue, il se l'appliquait à lui-même ; il se jugeait nettement, de haut et sans flatterie. A ceux qui lui vantaient son style comme une fidèle imitation du xviie siècle, « non, disait-il, je ne suis pas de ce temps, je suis de l'école de Jean-Jacques Rousseau[1] ». Évidemment c'est avec Rousseau qu'il avait appris à écrire, quoique plus tard il ait retrempé sa plume dans la langue de Pascal et de Bossuet.

Parmi les plus vives passions de M. Cousin, il faut compter le plaisir de retoucher, de remanier, de compléter ses ouvrages. Que d'efforts à chaque nouvelle édition pour améliorer et perfectionner le détail du style, pour donner plus de relief, plus d'éclat au tour de la phrase, plus de lumière à la pensée ! Depuis longtemps, ayant épuisé tout ce qu'il avait à dire en philosophie, il ne s'occupait plus guère que de recorriger et de présenter ses écrits à la postérité sous la forme la plus parfaite. Il en avait deux qu'il avait particulièrement choisis comme devant donner la meilleure idée de lui-même à ceux qui viendraient après lui, *du Vrai, du Beau et du Bien*, admirable résumé sous forme oratoire et populaire de la philosophie spiritualiste, et l'*Histoire*

1. Il disait plus énergiquement : « Je suis un grossier ; je suis de l'école de Jean-Jacques. »

générale de la Philosophie, description rapide et large de tous les systèmes. Il affectionnait particulièrement ce dernier livre, et avec raison. Avant de partir pour ce dernier voyage d'où il ne devait revenir que mort, il en avait donné une septième édition, et cependant, à peine arrivé à Cannes, déjà il pensait à en préparer une huitième. Il écrivit quelques pages nouvelles sur la philosophie des Pères de l'église, qui seront ajoutées à la prochaine édition, et, assisté de son fidèle ami M. Barthélemy Saint-Hilaire, il commença la revision des premiers chapitres. Le matin même de sa mort, il y travaillait encore, et ses leçons sur la scolastique et sur Locke portent les traces de ses dernières corrections.

Il me resterait en terminant, après avoir parlé du professeur, du philosophe, de l'écrivain, à décrire l'homme dans les aspects variés de sa puissante organisation ; mais c'est un travail trop difficile pour notre plume et qu'il n'est pas encore permis de tenter. Je me bornerai à un seul mot, à l'expression de mes sentiments personnels dans toute leur sincérité.

On a dit que les amis de M. Cousin commençaient par l'enthousiasme et finissaient par la déception. Il n'est pas un seul ami de M. Cousin qui ne proteste contre une telle imputation. Pour ce qui me concerne, je dois dire que c'est précisément le contraire qui m'est arrivé, et c'est pour cette raison que je prends la liberté de m'introduire ici personnellement, ce qui n'est pas dans mes goûts; mais quand il s'agit d'apprécier le caractère d'un homme célèbre, de vagues banalités ne suffisent pas, des témoignages précis et personnels ont

seuls de la valeur. Or il s'en faut de beaucoup que j'aie
commencé avec M. Cousin par l'enthousiasme, tout au
contraire. A l'époque où j'eus l'honneur de le connaître
pour la première fois, en 1844, l'enthousiasme public
était depuis longtemps refroidi et avait été remplacé
par des sentiments contraires. Je partageais ces sentiments aussi vivement qu'aucun jeune homme de mon
âge. Les adversaires les plus déclarés de M. Cousin
n'ont pas aujourd'hui à son égard de préventions plus
invétérées que je n'en avais alors le jour où j'entrai pour
la première fois dans cet appartement de la Sorbonne,
aujourd'hui dépeuplé, et qu'une voix intarissable et
éclatante a si longtemps animé. Notre commerce fut
d'abord difficile, et de ma part, je l'avoue aujourd'hui,
peu sympathique. De difficile, il devint froid, ce qui fut
un premier progrès; mais peu à peu le charme vint :
la bienveillance, l'intérêt, l'affection d'une part, de
l'autre une confiance chaque jour plus grande, nous
rapprochèrent de plus en plus. Mes anciennes préventions ou s'affaiblirent, ou tombèrent l'une après l'autre,
et à travers les bizarreries et, si j'ose dire, les travers
de ce caractère si compliqué, je ne vis plus que les
grands côtés. J'étais trop prévenu contre l'illusion pour
que ce charme entraînant et cet ascendant victorieux
ne fussent que de pures illusions. Il y avait en lui un
instinct de grandeur, une flamme, un véritable enthousiasme, qui ne s'imitent pas, quoi qu'en disent les difficiles, qui, à force de ne vouloir pas être dupes, finissent par être dupes de leur propre scepticisme. Cet enthousiasme, je le reconnais, n'était pas toujours exempt

de quelque solennité théâtrale, et l'imagination y avait une forte part; mais le foyer était plus profond que l'imagination elle-même : il était dans une âme toujours ardente à la poursuite du grand et du beau. D'ailleurs n'a pas qui veut l'imagination grande, et le souffle d'en haut est toujours divin, quelle que soit celle de nos facultés qu'il enflamme. L'énergie et la rudesse de sa nature impétueuse ont fait croire qu'il manquait de sensibilité, et moi-même je fus longtemps à ne lui reconnaître qu'une main dure et sévère; l'expérience m'apprit qu'il en avait une douce, cordiale et confiante. Il ne m'appartient pas d'entrer ici dans des détails qui ne peuvent intéresser personne; mais qu'il me soit permis d'attester que, dans un commerce de vingt-deux ans, j'ai toujours trouvé en lui un attachement fidèle, délicat et vigilant, sans qu'il m'ait jamais rien demandé en retour. Un dernier trait suffit pour honorer sa mémoire : il a été aimé jusqu'au bout par un homme tel que M. Barthélemy Saint-Hilaire.

M. Cousin, on le sait, est mort à Cannes presque subitement, il y a quinze jours à peine. Jusqu'à la dernière heure, nous l'apprenons par un témoin fidèle de sa mort, par un de ses médecins[1], il conserva la plénitude, la force, l'entrain de son esprit. Il est mort en s'endormant; aucune lutte, aucun effort, aucune souffrance n'a signalé ses derniers moments, et la mort même n'a pas altéré la fière et forte beauté de ses traits. Il ne put avoir avec personne aucune communi-

---

1. Le docteur Second, dans *les Échos de Cannes* du 18 janvier.

cation, aucune conversation; personne n'a recueilli ses dernières pensées, personne n'a eu le dernier secret de cet homme qui a eu un si grand rôle dans l'histoire philosophique de notre âge. Comme amis, nous devons nous féliciter qu'il soit mort sans douleur et sans conscience, mais comme philosophes nous devons regretter qu'il n'ait point retrouvé ses sens. Il eût été beau de voir en face de la mort ce grand traducteur du *Phédon*; il l'eût contemplée, soyez-en sûr, avec sérénité et avec force, et, pour nous, notre conviction est qu'il fût resté fidèle jusqu'au bout aux deux grandes causes de sa vie, le spiritualisme et la philosophie.

TABLE

	Pages.
AVANT-PROPOS	V
I. — Les Maîtres de Victor Cousin. — Son premier enseignement, 1815-1817	1
II. — Voyage en Allemagne	29
III. — Le Cours de 1818 : *Du Vrai, du Beau et du Bien*. — La métaphysique : la théorie de la raison	56
IV. — Le Cours de 1818. — La théologie, l'esthétique et la morale	82
V. — L'Enseignement de l'École normale. — Les deux programmes : 1817-1818	99
VI. — Cours de 1820. — Leçons inédites. — La métaphysique	122
VII. — Les Leçons inédites de 1820. — La morale	139
VIII. — La Disgrâce (1820). — La préface des *Fragments*.	159
IX. — Cousin et Hegel	180
X. — Les *Arguments de Platon*. — Un argument oublié.	215
XI. — Le Cours de 1828	247
XII. — L'Enseignement de la philosophie de 1830 à 1852. — Philosophie et théologie	267
XIII. — L'Enseignement de la philosophie. — Le programme de 1832	314
XIV. — L'Histoire de la philosophie	346
XV. — La Dernière philosophie de Cousin	365
XVI. — Cousin littérateur et écrivain	399
XVII. — L'Idée éclectique. — Conclusion	417
APPENDICE	455

BOURLOTON. — Imprimeries réunies, B.

www.ingramcontent.com/pod-product-compliance
Lightning Source LLC
Chambersburg PA
CBHW060237230426
43664CB00011B/1681